AF533834

Niklas Holzberg

Horaz

Niklas Holzberg

HORAZ

Dichter und Werk

Verlag C. H. Beck München

Für Werner Suerbaum

Satz: Kösel, Krugzell
Druck und Bindung: CPI – Ebner & Spiegel, Ulm
Gedruckt auf säurefreiem, alterungsbeständigem Papier
(hergestellt aus chlorfrei gebleichtem Zellstoff)
Printed in Germany
ISBN 978 3 406 57962 2

www.beck.de

Inhalt

Vorwort

Unter den vier römischen Dichtern, die nach wie vor am häufigsten gelesen und interpretiert werden – Catull, Vergil, Horaz und Ovid –, ist Horaz zweifellos derjenige, den zu verstehen und angemessen zu würdigen einem modernen Publikum am schwersten fällt. Vor allem zwei Erklärungen bieten sich dafür an: Dieser Autor, der 161 Gedichte in neun Büchern und das *Carmen saeculare* (Lied zur Jahrhundertfeier) verfaßte, wirkt zum einen ganz wesentlich durch seine Vers- und Sprachkunst, und das kann im Grunde nur richtig goutieren, wer die Texte im lateinischen Original liest. Zum anderen bewegt Horaz sich stofflich auf einem besonders hohen Niveau, weil er überwiegend reflektiert, ja stellenweise sogar doziert, dagegen nicht allzu oft detailliert beschreibt und relativ wenige längere Erzählungen zu bieten hat. Zwar erfreute er sich gerade wegen seiner formalen Meisterschaft und wegen des philosophischen Gehalts seiner Verse von der Renaissance bis ins 20. Jahrhundert hinein enormer Wertschätzung, aber in jüngerer Zeit ist er in den Schatten Ovids getreten. Denn in dem Hauptwerk dieses Dichters, den *Metamorphosen*, «geschieht» ständig etwas. Ein solcher Text erschließt sich leichter als antike Lebensweisheit und kann durch Übersetzungen einem denkbar großen Leserkreis nahegebracht werden.

Vor rund 50 Jahren, als Horaz zumindest bei den humanistisch Gebildeten noch in hohem Ansehen stand, war das Erlernen der Sprache, in der er seine Verse schrieb, an den Gymnasien mit sehr strengen Anforderungen verbunden: Die Schüler mußten sich bemühen, das Lateinische aktiv zu beherrschen. Doch das ist nun vorbei und wäre mittlerweile auch schwerlich zu rechtfertigen. Daher können diejenigen, die unter den gegenwärtigen Bedingungen das Zertifikat «Latinum» erwerben, vielleicht nicht ohne weiteres nachvollziehen, daß Horaz viele Leser früherer Zeiten primär durch seinen virtuosen Umgang mit der lateinischen Dichtersprache faszinierte. Warum ihm das gelingen konnte, erfahren wir etwa von Friedrich Nietzsche, der in seiner *Götzen-Dämmerung* von 1888 schreibt: «Bis heute habe ich an keinem Dichter dasselbe artistische Entzücken gehabt, das mir von Anfang an eine Horazische Ode gab. In gewissen Sprachen ist Das, was hier erreicht ist, nicht einmal zu w o l l e n. Dies Mosaik von Worten, wo jedes Wort als Klang, als Ort, als Begriff, nach rechts und links und über das Ganze hin seine Kraft ausströmt, dies minimum in Umfang und Zahl der Zeichen, dies damit erzielte maximum in der Energie der Zeichen – das Alles ist römisch und, wenn man mir glauben will, vornehm *par excellence*. Der ganze Rest von Poesie wird dagegen etwas zu Populäres – eine blosse Gefühls-Geschwätzigkeit ... Den Griechen verdanke ich durchaus keine verwandt starken Eindrücke.» (Kritische Studienausgabe, hg. v. Colli/Montinari, Bd. 6, S. 154 f.).

Was Nietzsche hier beobachtet, läßt sich in der Tat am lateinischen Text zeigen, aber das kann ein Buch wie das vorliegende nicht leisten. Immerhin erlauben es bestimmte Gegebenheiten der deutschen Sprache – sie hat ja zum Beispiel wie das Lateinische mehrere Flexionsendungen, weshalb auch hier die Abfolge der Worte im Satz nicht so streng reguliert ist wie etwa im Englischen –, mit Hilfe möglichst wörtlicher Prosaübertragungen eine gewisse Vorstellung von der Formkunst des Horaz zu vermitteln. Das soll anhand der Textzitate versucht werden; wichtige Anregungen gaben mir hier die Bilinguen Bernhard Kytzlers ([2]2006), Guy Lees (1998) und Otto Schönbergers ([2]1991) sowie die Interpretationen Friedrich Klingners (1943; 1964) und Viktor Pöschls (1970).

Den Schwerpunkt meiner Ausführungen möchte ich freilich auf die inhaltliche Interpretation dessen legen, was der antike römische Poet einem möglichst breiten Lesepublikum heute noch zu sagen hat. Wie bereits angedeutet, bestehen seine Verse zu einem großen Teil aus Reflexion, und dabei geht es häufig um Wege zum glücklichen Leben, also ein Thema, mit dem sich im Altertum vor allem die Moralphilosophie auseinandersetzte. Ihre Vertreter, die verschiedenen Schulen entstammten – unter anderem derjenigen Epikurs, zu der Horaz eine besondere Affinität hatte –, waren in Rom bei den Angehörigen der Oberschicht mitunter als persönliche Berater tätig. Als solche glichen sie dem Typus des modernen Psychiaters, denn auch diese «Hausphilosophen» bemühten sich, den Senatoren oder Rittern, die ihre Dienste in Anspruch nahmen, bei der Bewältigung von Problemen des täglichen Lebens zu helfen. In einem seiner Gedichtbücher, das Briefe in Versen enthält, redet Horaz zu seinen Adressaten mehrfach mit der Stimme eines «Hausphilosophen». Andere Rollen, in die der Dichter schlüpft, um moralphilosophische Gedanken zu äußern, sind etwa die des lyrischen Sängers beim Gastmahl im Freundeskreis oder diejenige des politischen Mahners, der seine Stimme an das römische Volk richtet; so finden wir es vor allem in seinen lyrischen Gedichten, den Oden. Man ist es von neuzeitlichen Versen gewohnt, daß sich darin nicht der Autor selbst, sondern sein poetisches Ich, also seine *persona* (wörtlich «Maske») artikuliert, und das gilt bereits für den antiken Dichter Horaz. Wie jetzt schon deutlich geworden sein dürfte, trägt er in seinen Gedichtbüchern mehrere Masken.

In den vier Kapiteln, die ich dem Werk des Horaz widme, betrachte ich die neun Bücher, die es umfaßt, als ganze, indem ich sie linear lese. So verfuhren höchstwahrscheinlich die Zeitgenossen, die während der Lektüre nicht Blätter umwendeten, sondern einen Papyrus aufwickelten. Ich werde also nicht, wie es oft geschieht, einzelne Gedichte aus den Buchkontexten lösen und sie unter thematischen Gesichtspunkten behandeln. Bei sukzessivem, sehr aufmerksamem Studium der Texte entdeckt man nämlich, daß Horaz zumindest als Autor von Gedichtbüchern in gewisser Weise sehr wohl «erzählt». Denn die Rollen, die er seine *persona* spielen läßt – er hat sie auf die jeweils von ihm gewählte literarische Gattung abgestimmt –, sind Varianten seines poetischen Selbstporträts. Sie repräsentieren einzelne Abschnitte innerhalb einer fiktiven Darstellung des eigenen Lebens, die sich als Momentaufnahmen der Vita wie ein roter Faden durch die zwei Bücher *Satiren*, das Buch der *Epoden*, die vier Bücher *Oden* und die zwei Bücher *Episteln* hindurchziehen. Wir stoßen also in den vier Gedichtsammlungen immer wieder auf Texte, in denen das poetische Ich von sich autobiographisch spricht, und wenn man diese in der Reihenfolge liest, in der sie in den Sammlungen stehen, fügen sie sich zu einer «Geschichte» zusammen. Im Verbund mit den übrigen Gedichten des Horazischen Œuvres bildet die «Geschichte» eine künstlerische Einheit, die sichtbar zu machen eine wichtige Aufgabe des vorliegenden Buches sein soll.

Vermutlich stimmt manches von dem, was das poetische Ich über sich berichtet, mit dem überein, was der Autor Horaz tatsächlich erlebt hat, und deshalb halte ich es für sinnvoll, auch seine *persona* mit dem Namen Horaz zu bezeichnen (zumal das poetische Ich sich zweimal selbst *Horatius* nennt: in *Od.* 4.6.44 und *Epi.* 1.14.5). Aber auf jeden Fall gehen die Interpretationen dieses Buches von einer klaren Trennung zwischen Dichtung und Wahrheit aus. Deshalb wird zu Beginn in einem längeren Kapitel über das Leben des Horaz sowie die politischen und literarischen Voraussetzungen für sein künstlerisches Schaffen all das zusammengetragen, was man als historisch nachweisbar beziehungsweise einigermaßen glaubwürdig ansehen darf. Daraus ergibt sich dann zwangsläufig für die anschließenden vier Kapitel über das Werk des Dichters, daß man gut daran tut, das in den einzelnen Texten redende Ich nicht generell mit demjenigen des realen Autors zu identifizieren.

Anhand der hier gewählten Form der Präsentation von Vita und Poesie des Horaz hoffe ich zu erreichen, daß der Leser sich von diesem «ich» Sagenden, der ihm schrittweise Einsicht in seinen Werdegang als Mensch und Dichter gestattet, direkt angesprochen fühlt. Das wiederum dürfte es dem Leser erleichtern, die Gedanken, die der Dichter vor über 2000 Jahren durch seine *persona* an die Zeitgenossen weitergab – zum Beispiel seine Vorstellungen von der richtigen Lebensführung –, mit Blick auf den eigenen Erfahrungshorizont adäquat zu würdigen. Damit weniger bekannte Namen, Sachen und Begriffe, die im Zusammenhang mit der Interpretation des Horazischen Œuvres zu verwenden unumgänglich war, die Lektüre nicht erschweren, werden sie in einem Glossar erklärt.

Wesentliche Anregungen für mein Konzept erhielt ich aus Büchern und Aufsätzen folgender Horaz-Forscher: William Anderson, David Armstrong, Alessandro Barchiesi, Carl Becker, Alberto Cavarzere, I. M. Le M. DuQuesnay, Lowell Edmunds, Denis Feeney, Eduard Fraenkel, Kirk Freudenburg, Emily Gowers, Stephen Harrison, Richard Heinze, Gregory Hutchinson, Friedrich Klingner, Ortwin Knorr, Martin Korenjak, Michèle Lowrie, Roland Mayer, Ellen Oliensis, Viktor Pöschl, Thomas Poiss, Michael Putnam, Klaus Sallmann, Matthew Santirocco, Otto Seel, Werner Suerbaum, Lindsay Watson und James Zetzel. Denjenigen von ihnen, mit denen ich mündlich und/oder brieflich über meine Arbeit am Horaz-Text diskutieren konnte, sei für ihre Anregungen herzlich gedankt. Mein ganz besonderer Dank gilt Isabella Wiegand, die das Manuskript mehrfach höchst gewissenhaft und kritisch durchsah. Wertvolle Hinweise, die gleichfalls das Ergebnis sorgfältiger Korrektur sind, verdanke ich Regina Höschele, Margot Neger und Daniela Ziegler nützliche Auskünfte zu einzelnen Problemen Martin Hose und Sven Lorenz.

Gewidmet sei das Buch Werner Suerbaum. Sein Katalog zu der von ihm zum 2000. Todestag des Horaz im Jahre 1993 zusammengestellten Münchner Ausstellung *Q. Horatii Flacci disiecti membra poetae* ist für mich die schönste und zugleich faszinierendste Hommage eines großen Philologen für einen großen Dichter, die ich kenne.

München, im Frühjahr 2008 *Niklas Holzberg*

Historische und poetische Bruchstücke

Der zerstückelte Dichter

In der 1989 entstandenen Hollywood-Produktion *Dead Poets Society* («Der Club der toten Dichter»), die international viel Beachtung fand, läßt in einer frühen Szene der Englischlehrer John Keating einen seiner Eleven den Anfang eines Gedichtes von Robert Herrick zitieren: *Gather ye rosebuds while ye may* («Pflückt Rosenknospen, solange es geht ...»). Diesen Worten, so erläutert Keating, entspreche das lateinische *carpe diem!* (Nutze den Tag!), und er empfiehlt den durch beide Zitate ausgedrückten Gedanken den Schülern als Motto für die künftige Lebenseinstellung. Aber nirgends in dem Film erfährt man, daß es Horaz war, der erstmals mit *carpe diem* zum sorgenfreien Genuß des Hier und Jetzt aufforderte, und zwar in Vers 8 der Ode 1.11. Spätestens seit *Dead Poets Society* kennt man also in aller Welt einen von dem Römer formulierten Satz, der zudem im Zentrum seiner Lebensphilosophie steht. Doch was weiß man über ihn selbst? Horaz ist natürlich heute wie früher für Dozenten und Studenten der Altphilologie sowie für Lehrer und Schüler an Gymnasien, die Latein anbieten, eine feste Größe. Aber kann auch der weitere Kreis der an Weltliteratur Interessierten, derjenige der gebildeten Laien, in unserer Zeit etwas mit dem Namen des Römers verbinden?

Bis zur Mitte des 20. Jahrhunderts war das zweifellos der Fall; ein kurioses Ereignis des Jahres 1944 mag dies exemplarisch belegen. Der britische Major Patrick Leigh Fermor und eine Gruppe von griechischen Freischärlern hatten damals auf Kreta den deutschen General Karl Kreipe gefangengenommen und in die Berge entführt, wo sich nach einer nächtlichen Verschnaufpause bei Morgengrauen folgende Szene abspielte: Kreipe, der seine Augen auf den Gipfel des Ida richtete, murmelte dabei, von dem Anblick offenbar sehr ergriffen:

Vides ut alta stet nive candidum
Soracte ...
(Siehst du, wie aufragt im hohen Schnee weißglänzend der Soracte ...).

Was der General zitierte, ist der Anfang von Ode 1.9, und Fermor, der das Gedicht ebenso im Gedächtnis behalten hatte, fuhr fort:

... nec iam sustineant onus
silvae laborantes,
(... und nicht mehr ertragen die Last die Wälder, sich abmühend),

um dann die Ode zu Ende aufzusagen (Ziolkowski 2005, 183 f.). Zwei einander als Feinde gegenüberstehende Angehörige von Nationen, in deren Erziehungssystemen immer noch die humanistische Bildung den höchsten Rang einnahm, ließen einträchtig zwischen den Fronten einen Schulautor wiederaufleben, dessen Verse wohl einen nachhaltigen Eindruck auf sie gemacht hatten. Damit sehen wir sie in einer Tradition, die im 1. Jahrhundert n. Chr. begann und bis in ihre Zeit nur vorübergehend unterbrochen wurde: Seit etwa 80 n. Chr. waren Horaz-Gedichte zunächst in Rom bis ins 6. Jahrhundert und spätestens seit dem 11. Jahrhundert in ganz Westeuropa ein festes Element im Schulunterricht.

Innerhalb der abendländischen Geistesgeschichte erlangte Horaz besondere Bedeutung dadurch, daß er den Dichtern der frühen Neuzeit entscheidende Anregungen für ihre lyrische Poesie gab. Nachdem man sich im Mittelalter vorrangig mit den Satiren und Episteln beschäftigt hatte – bezeichnenderweise nennt Dante *Orazio* einen *satiro* (*Göttliche Komödie*, *Inferno*, 4.89) –, übten seit dem 15. Jahrhundert, als das wiedererwachte Interesse an der Antike von Italien auf die übrigen Länder Westeuropas übergriff, vor allem die Oden einen starken Einfluß aus. Zunächst ließen sich die Autoren neulateinischer Gedichte von Horaz inspirieren, dann folgten die Poeten, die ihre Verse in den verschiedenen Volkssprachen schrieben. Bei ihnen hielt die Bewunderung der Horazischen Lyrik bis in die Zeit der Französischen Revolution an; so erlebte zum Beispiel in Deutschland die Rezeption der Oden in den Gedichten der Anakreontiker – unter ihnen Johann Wilhelm Ludwig Gleim und Karl Wilhelm Ramler – eine Blütezeit. Horaz, der in seinen Gedichten mehrfach über die von ihm ausgeübte Kunst theoretisiert, galt allein schon deswegen als einer der wichtigsten Dichter des Altertums. Seine 476 Verse umfassende Epistel an einen Piso und dessen Söhne, in der er sich am ausführlichsten zu Fragen der Poetik äußert und die spätestens seit dem Ende des 1. Jahrhunderts n. Chr. als Werk sui generis mit dem Titel *Ars poetica* (Dichtkunst) gelesen wurde, lieferte in der frühen Neuzeit die Basis für zahlreiche gelehrte Abhandlungen über das Schreiben von Poesie.

Reflektieren in lyrischen Versen und eine normative Poetik, wie sie der Pisonenbrief nach allgemeiner Ansicht forderte, entsprachen durchaus dem Geschmack der Aufklärung, aber nicht mehr dem der Romantik, und so kam es, daß Horaz etwa seit Anfang des 19. Jahrhunderts von seinen «Kollegen» kaum mehr als Lyriker nachgeahmt und ebensowenig als maßgebliche Autorität im Bereich der Dichtungstheorie anerkannt wurde. Außerdem wertete man die römischen Poeten jetzt gegenüber den griechischen ab, weil sie nicht mehr den geltenden Idealvorstellungen von Originalität genügten und geradezu als Epigonen ihrer hellenischen Vorgänger erschienen. Dieses Negativurteil verlor zwar seit Beginn des 20. Jahrhunderts insoweit an Einfluß, als zum Beispiel Catull, Vergil und Ovid nun wieder von Literaten rezipiert wurden – den *Metamorphosen* bescherte die Postmoderne eine ungewöhnlich breite Nachwirkung –, aber Horaz profitierte so gut wie gar nicht von der produktiven Rückbesinnung auf die Römer. Beliebt war er immerhin nach wie vor dort, wo er schon von jeher ein großes Renommee gehabt hatte: bei den Vertretern des Fachs Klassische Philologie an den Universitäten und Gymnasien sowie bei all denen, die sich nach dem Ende ihrer Schulzeit gerne an ihn erinnerten; nicht wenige von ihnen, darunter die beiden erwähnten Offiziere, bewahrten sich sogar die Fähigkeit, von Horaz verfaßte Verse oder ganze Gedichte auswendig zu zitieren.

Nach dem Zweiten Weltkrieg setzte allerdings überall im westlichen Kulturkreis eine Reduzierung des schulischen Lateinunterrichts ein, die vielerorts die Minimalisierung der Lektüre römischer Autoren zur Folge hatte. Es liegt auf der Hand, daß der besonders schwierige Autor Horaz allmählich fast ganz aus den Lehrplänen verschwinden mußte. Liest man ihn heute im Gymnasium, dann werden gewiß nicht zufällig zwei Texte favorisiert, welche ausnahmsweise eine längere «Geschichte» zu bieten haben: die von der Begegnung des Dichters mit einem Schwätzer in Satire 1.9 und die Fabel von Stadtmaus und Landmaus in Satire 2.6. Aber im Bewußtsein des Bildungsbürgertums existieren auch diese zwei Gedichte zusammen mit den übrigen 160 fast nur noch in Sentenzen und Sprüchen wie *carpe diem*, wobei diejenigen, die dergleichen im Munde führen, nicht immer auf die Herkunft verweisen. Das konnte freilich schon lange vor der Entstehung des Films *Dead Poets Society* geschehen, wie Thomas Manns *Buddenbrooks* von 1901 belegen. Dort hält sich der Mitgiftjäger Bendix Grünlich etwas auf seine Kenntnis der alten Römer zugute. Nachdem er beim ersten Auftritt im Familienkreis zu dem seinen Cicero präparierenden Schüler Christian Buddenbrook gesagt hat: «*Quousque tandem, Catilina* ... hä-ä-hm, ja, ich habe mein Latein gleichfalls noch nicht völlig vergessen!» (III 1), ist später über ihn zu erfahren, er habe für sich und seine Frau eine Villa außerhalb Hamburgs gekauft und dazu bemerkt: «*procul negotiis*». «Nein», kommentiert der Erzähler, «er hatte sein Latein gleichfalls noch nicht völlig vergessen!» (III 14). Das hatte Grünlich nicht, aber offenbar den Gewährsmann für die beiden Worte. Sie bedeuten «fern den Geschäften» und stammen aus Vers 1 der Epode 2.

Eine Sammlung von Horaz-Stellen, die früher nicht selten zitiert wurden und zu einem geringen Teil im 21. Jahrhundert fortleben, findet sich in dem bekanntesten Kompendium solcher Bonmots: Georg Büchmann, *Geflügelte Worte. Der Zitatenschatz des deutschen Volkes.* Das erstmals 1864 und danach in zahllosen Neuauflagen erschienene Buch hat außer im Shakespeare-Abschnitt in dem über Horaz die meisten Passagen aus dem Werk eines fremdsprachigen Autors aufzuweisen; die 32. Auflage (Berlin 1972) enthält insgesamt 67, darunter außer *carpe diem* und *procul negotiis* zum Beispiel *nuda veritas* (die nackte Wahrheit), *nunc est bibendum* (nun heißt es trinken), *aurea mediocritas* (goldener Mittelweg), *ridentem dicere verum* (lachend die Wahrheit sagen), *tua res agitur* (dich geht es etwas an), *in medias res* (mitten in die Dinge hinein) und *laudator temporis acti* (Lobredner der Vergangenheit). Diese neun «geflügelten Worte» und wenige weitere – also keineswegs alle bei Büchmann verzeichneten – sind offensichtlich alles, was sich vom Gesamtwerk des Horaz in die Köpfe der Gebildeten unserer Zeit gerettet hat. Zu *disiecta membra poetae*, das wohl nicht mehr gebräuchlich ist, bemerkt Büchmann: «‹Satiren› I, 4, 62 sagt Horaz, nachdem er ein klangvolles Fragment des Ennius angeführt hat, Invenias etiam disiecti membra poetae, d. h. ‹Auch die aus dem Rhythmus gerissenen einzelnen Glieder verraten noch den echten Dichter›» (S. 551). Im Originaltext ist also *disiecti membra poetae* zu lesen, und das bedeutet: «die Glieder des zerstückelten Dichters». Was den Dichter Horaz betrifft, kennen ihn viele Menschen – und das ist nun die Antwort auf die oben gestellte Frage nach den Assoziationen, die sein Name gegenwärtig in erster Linie erweckt – nur in zerstückelter Form: als ein unzusammenhängendes Skelett von Zitaten. Um so mehr fühle ich mich dazu herausgefordert, das Korpus, aus dem die Zitate immer wieder gerissen werden, als Ganzes zu würdigen.

Der Gesamtbetrachtung des Werks muß eines auf jeden Fall vorausgehen: der in den nächsten sechs Abschnitten dieses Kapitels vorzulegende Überblick über die historischen und literarischen Entstehungsbedingungen. Er wird ergeben, daß wir wenig einigermaßen Glaubwürdiges vom Leben des Horaz wissen, weshalb sich auch die Biographie des realen Autors für uns lediglich aus Bruchstücken konstituiert. Dasselbe gilt, wie außerdem zu zeigen ist, für die Werke der Griechen und Römer, an die Horaz mit seiner Poesie anknüpfte: Die Texte derer, welche die von ihm verwendeten Gattungen begründeten, sind uns nur fragmentarisch kenntlich. Das Horazische Œuvre dagegen gehört zu den nicht allzu zahlreichen Werken antiker Autoren, die vollständig auf uns gekommen sind, und es ist durch mittelalterliche Kodizes, von denen einige schon im 9. Jahrhundert geschrieben wurden, vorzüglich überliefert. Zudem werden sich die neun Gedichtbücher, die im Hauptteil dieser Monographie in den Blick zu nehmen sind, als eine denkbar kunstvoll komponierte Einheit präsentieren. Sie bildet einen krassen Gegensatz zu der Vorstellung, die man sich von Horaz macht, wenn man in ihm nicht mehr als einen Lieferanten «geflügelter Worte» und somit einen «zerstückelten Dichter» sieht.

Ritter auf dem richtigen Roß

Wer sich anhand von historischen Testimonien über das Leben des Horaz informieren möchte, dem stehen außer einer zeitgenössischen Inschrift (S. 25) und einer kurzen Erwähnung des Dichters bei Ovid (*Tristia* 4.10.49 f.) zwei Quellen zur Verfügung: das Horazische Werk und ein Auszug aus der von Sueton (ca. 70–130) verfaßten Lebensbeschreibung. Die Dichter-Viten dieses Schriftstellers fußen außer auf Archivmaterial einerseits und Wanderanekdoten andererseits zu einem nicht geringen Teil auf Passagen in den jeweiligen Œuvres, die Sueton unbekümmert als Dokumente las. Zwar handelt es sich dabei im Falle des Horaz vor allem um dessen Selbstzeugnisse, aber da diese stets in eine poetische Aussage integriert sind, erregen mehrere von ihnen den Verdacht, stilisiert oder gar fingiert zu sein. So erfahren wir zum Beispiel aus Ode 2.7, Horaz habe bei Philippi (42 v. Chr.), wo er im Bürgerkrieg Octavians und des Marcus Antonius gegen die Republikaner auf deren Seite kämpfte, unter Zurücklassung seiner *parmula* (Schild) die Flucht ergriffen und sei dabei von Gott Merkur in einer dichten Wolke «emporgehoben» worden. Letzteres ist eindeutig eine Anspielung auf Szenen der Homerischen *Ilias*, in denen ein Held durch einen Unsterblichen vom Schlachtfeld entrückt wird, also ein Mythos. Aber auch der preisgegebene Schild dürfte Fiktion sein – zum einen, weil die *parmula* in der Zeit des Horaz nicht mehr im Gebrauch war, zum anderen, weil schon drei seiner Vorgänger in den von ihm gewählten Gattungen, die frühgriechischen Dichter Archilochos, Alkaios und Anakreon, behaupten, sie hätten im Kampf ihren Schild weggeworfen (Archil. 5 West; Alk. 401 B Voigt; Anakr. 85 Gentili). Immerhin ist der Bericht des Horaz insoweit sicherlich authentisch, als er in Philippi dabei war und zu den Verlierern gehörte. Nur autobiographische Angaben des Dichters, die wie diese auf einen historischen Kern reduziert werden können, sollen im laufenden Abschnitt berücksichtigt werden, während die Auseinandersetzung mit Stilisiertem und Fiktivem für die Interpretation der einzelnen Werke des Horaz aufgespart bleibt.

Zweifellos korrekt ist Suetons Information, Quintus Horatius Flaccus – so der volle Name – sei am 8. Dezember 65 v. Chr. geboren worden. Der

Dichter verweist zweimal auf das Jahr (*Epo.* 13.6; *Od.* 3.21.1), und das Neptunfest, das Horaz in Ode 3.28 feiern möchte, könnte dasselbe sein wie der auf den 8. Dezember fallende Poseidontag in Athen. Auch Suetons Angabe, Horaz sei am 27. November 8 v. Chr., also im Alter von 56 Jahren, gestorben, dürfte richtig sein. Über eines allerdings sollte man sich im klaren sein: Todesdaten gerieten in der Antike schnell in Vergessenheit – es sei denn, der Verstorbene war ein Kaiser oder ein christlicher Heiliger –, und deshalb scheint auch hier die Möglichkeit freier Erfindung mit Hilfe irgendwelcher Äußerungen des Horaz in seinem Werk nicht gänzlich abwegig. Man bedenke: Der Dichter verkündet in *Od.* 2.17.5–9 seinem Freund Maecenas, er werde, wenn dieser sterbe, ihm noch am selben Tag in den Tod folgen. Maecenas wiederum schied nach Auskunft einer zuverlässigen Quelle 8 n. Chr. aus dem Leben (Dio Cassius, *Römische Geschichte* 55.7.1), die Buchstaben seines Namens ergeben, griechisch geschrieben und als Ziffern gelesen, 330, und diese Zahl führt, wenn man sie zum 1. Januar addiert, auf den 27.11. Da antike Astrologen solche Rechenspiele ernsthaft zu betreiben pflegten, ist immerhin denkbar, daß ein Gewährsmann Suetons das Datum in Ermangelung eines diesbezüglichen Dokuments «errechnete». Dazu könnte auch Ode 1.11, welche die beiden berühmten Worte *carpe diem* enthält, angeregt haben. Dort sagt Horaz zu einer Leukonoë, sie solle weder fragen, welches «Ende» die Götter ihm und ihr gesetzt hätten, noch babylonische Sternzeichen prüfen. Bezog man das im Altertum auf das Lebensende, mochte ein Astrologe daraus, daß die Ode 56 Wörter umfaßt, Schlüsse auf die Zahl der Lebensjahre des Dichters ziehen (Bradshaw 2002).

Auf festem Boden stehen wir wieder mit dem Namen der Geburtsstadt des Horaz: Venusia, das heutige Venosa an der Grenze zwischen Apulien und Lukanien (*Sat.* 2.1.34 ff.). Der Vater des Dichters war laut Sueton, der sich auf Horaz beruft (er meint die Stellen *Sat.* 1.6.6 und 45 f. sowie *Epi.* 1.20.20), ein ehemaliger Sklave. Es könnte allerdings sein, daß Horaz senior vor der Geburt seines Sohnes lediglich vorübergehend seine Freiheit verloren hatte. Denn als die Römer Venusia im Bundesgenossenkrieg (91–89 v. Chr.) eroberten und mehr als 3000 Bewohner gefangennahmen, befand sich unter den Versklavten möglicherweise der Vater des Dichters, und wenn das zutrifft und er zu den angesehenen Bürgern der Stadt zählte, erhielt er vermutlich nach nicht allzu langer Zeit seinen ursprünglichen Status zurück. Demnach wäre er kein Freigelassener im üblichen Sinne gewesen. Horaz würde dann in den drei Textpassagen, wo er von sich als dem Sohn eines ehemaligen Sklaven spricht, lediglich üble Nachrede derer zitieren, die ihn als solchen bezeichneten. Besonders *Sat.* 1.6.45 f. gestattet diese Interpretation; dort sagt der Dichter:

Nun kehre ich zu mir zurück, dem «Sohn eines freigelassenen Vaters»,
den alle herabsetzen als «Sohn eines freigelassenen Vaters».

Man kann die zweimalige Pointierung jeweils am Versende – im Original heißt es dort nur *libertino patre natum* – durchaus als eine Anspielung darauf verstehen, daß «alle» dem Dichter diese drei Worte auf der Straße mehrfach nachriefen. Und das wäre dann geradezu böswillige Übertreibung gewesen, wenn der Vater nur zeitweilig als im Krieg gefangener Sklave gedient und nach der Freilassung das volle Bürgerrecht bekommen hatte (Williams 1995).

Jedenfalls dürfte Horaz senior ein beträchtliches Vermögen besessen haben. Denn er konnte es sich leisten, den Sohn zur Schulausbildung nach Rom zu schicken (*Sat.* 1.6.72 ff.; *Epi.* 2.2.41 f.) und ihm anschließend sogar ein Philosophiestudium in Athen zu finanzieren (*Epi.* 2.2.43–45). Es war der Beruf eines *coactor* (Makler) – ein solcher mußte die nach Auktionen zu zahlenden Gelder kassieren –, der dem Vater nicht nur dies, sondern auch den Ankauf von Land gestattete (*Sat.* 1.6.71; *Epi.* 2.2.50 f.). In Rom, wo er mit seinem Sohn während dessen Schulzeit lebte, erwarb der Vater wohl ein gewisses Renommee, und damit mag es zusammenhängen, daß Horaz in den Stand eines römischen *eques* (Ritter) aufzusteigen vermochte. Spätestens um 30 v. Chr. hatte er das Recht, in der Öffentlichkeit als solcher aufzutreten, erkennbar an den Abzeichen seines Standes: der Toga, der Tunika mit Purpurstreifen und dem goldenen Ring am Finger; dies setzt das in jener Zeit publizierte zweite Satirenbuch eindeutig voraus (2.7.53 f.). Wahrscheinlich war Horaz aber schon während seines Studiums ein Angehöriger des Ritterstandes. Damals ernannte ihn nämlich der Caesarmörder Brutus zum Militärtribunen (*Sat.* 1.6.48; vgl. *Epi.* 2.2.47), also zum Kommandeur einer der Legionen, mit der die Republikaner bei Philippi gegen Octavian und Antonius kämpften, und dazu hätte es kaum kommen können, wenn der Herr Student nicht *eques* gewesen wäre. Horaz hatte zwar dann Teil an der Niederlage gegen die beiden genannten Feldherrn, die durch ihren Sieg die mächtigsten Männer Roms wurden, aber laut Sueton (vgl. auch *Sat.* 2.6.36) gelang es ihm nach der Rückkehr in die Hauptstadt, ein sehr geachtetes Amt auf Lebenszeit anzutreten: das eines *scriba quaestorius* (Sekretär des Quästors). Als solcher war er die rechte Hand eines Magistrats und konnte eine optimale Basis dafür schaffen, sein vorübergehend geschrumpftes Vermögen aufzufüllen – er hatte inzwischen aufgrund von Konfiskationen das väterliche Gut verloren (*Epi.* 2.2.50 f.) – und literarischer Tätigkeit die dafür erforderliche Zeit zu widmen. Damit dürfte er in den frühen dreißiger Jahren des 1. Jahrhunderts v. Chr. begonnen haben.

Daß Horaz zu dem Zeitpunkt, als er seine erste Gedichtsammlung, *Satiren* Buch 1, publizierte – das geschah irgendwann zwischen 35 und 33 v. Chr. –, ein wohlhabender, geachteter Bürger war, verdankte er gewiß nicht allein seinen Geldmitteln und seiner sozialen Position, sondern auch und vor allem folgender Tatsache: Er wechselte nicht lange nach Philippi von der republikanischen Seite auf die der Sieger und favorisierte Octavian, den späteren Kaiser Augustus, also nicht dessen damaligen Verbündeten und späteren Rivalen Antonius; damit setzte der Ritter Horaz, wie sich bald erweisen sollte, auf das richtige Pferd. Vielleicht schloß er sich mit seiner Entscheidung dem politischen Votum des Dichters Vergil an (70–19 v. Chr.), der, nur fünf Jahre älter als er, schon im Eröffnungsgedicht seines Erstlingswerks, der *Bucolica* (Hirtengedichte) von etwa 35 v. Chr., Octavian durch den Mund des Hirten Tityrus als göttlichen Jüngling preisen läßt (1.6; 42). Jedenfalls war es Vergil, der zusammen mit dem Dichter Varius Rufus den jungen Horaz etwa 38 v. Chr. mit Octavians engem Vertrauten Maecenas, einem sehr reichen Ritter, bekannt machte (*Sat.* 1.6.54 ff.; 2.6.40 f.). Dieser wurde von nun an zu dem wichtigsten Gönner und Freund des Horaz und dürfte ihn bald auch einem weiteren mächtigen Förderer, Octavian, vorgestellt haben. Unter dessen Kommando kämpfte Horaz vermutlich – der Vergleich der autobiographischen Bemerkungen in *Od.* 2.6.7 f.; 3.4.26–28; *Epi.* 1.20.23 legt das nahe – 36 v. Chr. in der Seeschlacht bei Naulochos, in welcher der Imperator seinen republikanischen Gegner Sextus Pompeius besiegte.

In Gedicht 9 seines Epodenbuchs präsentiert Horaz sich explizit als Teilnehmer einer weiteren, für Octavian besonders bedeutsamen Seeschlacht: derjenigen bei Actium (31 v. Chr.), in der Antonius zusammen mit seiner Geliebten Kleopatra, der Königin von Ägypten, unterlag. Als Horaz das Epodenbuch, das er mit Blick auf die Lage der Nation unmittelbar nach Actium schrieb, im Sommer 30 v. Chr. veröffentlichte, befand er sich bereits einige Jahre im Besitz eines Landgutes (*Sat.* 2.6.1 ff.) in den Sabinerbergen nahe bei dem heutigen Ort Licenza. Man glaubt allgemein, der Dichter habe das Sabinum von Maecenas geschenkt bekommen. Das sagt Horaz zwar nie direkt, deutet es aber mehrfach an, zum Beispiel gleich im Zusammenhang mit der ersten Erwähnung des Anwesens in Gedicht 6 des zweiten Satirenbuchs, das wie das Epodenbuch im Jahre 30 v. Chr. erschienen sein dürfte. Dort bedankt der Dichter sich für das Sabinum bei dem Gott Merkur und läßt, indem er ihn mit *Maia nate* apostrophiert (5: Maias Sohn), vermutlich den Namen *Maecenas* (Genitiv *Maecenatis*) anklingen. Das ländliche Wohnhaus des Horaz identifiziert man seit dem 17. Jahrhundert allgemein mit den Ruinen einer römischen Villa, die rund 30 Kilometer nordwestlich von Tivoli ausgegraben wurden. Zweifellos war bei der Gleichsetzung von jeher Wunschdenken im Spiel, und natürlich legen lokale Fremdenführer größten Wert darauf, die Ruinen als «Villa Oraziana» zu präsentieren. Aber selbst wenn die wenigen Gelehrten, welche die Identität mit dem Sabinum bestreiten, im Unrecht sein sollten, lohnt es im Rahmen einer Monographie über Leben und Werk des Horaz gewiß nicht, sich ein genaues Bild von der Ausgrabungsstätte zu machen. Denn das verhilft keineswegs zu einem besseren Verständnis der Gedichte, in denen vom Sabinum die Rede ist. Horaz gibt so gut wie gar keine Beschreibung seines Landgutes, da ihm offenbar vorrangig daran liegt, es als eines von mehreren Symbolen für die von ihm gewählte Lebensform in seinen poetischen Diskurs zu integrieren.

Mit dem bisher Referierten ist bereits das meiste für uns noch Greifbare über den Menschen und römischen Bürger Horaz gesagt. Es handelt sich dabei um wenige historisch gesicherte Daten aus der Zeit von seiner Geburt bis zu dem Jahr nach Actium, also lediglich um Bruchstücke der frühen Vita. Was Sueton darüber hinaus zu bieten hat, ist nicht viel mehr als eine Information über das Sexualleben des Dichters, die ganz sicher aus einer Wanderanekdote, also einer im Altertum auch über andere prominente Personen erzählten Geschichte, herausgesponnen wurde – Horaz soll überall in seinem Schlafzimmer Spiegel aufgestellt haben, um sich von jeder Seite beim Koitus sehen zu können –, sowie eine Handvoll kurzer Auszüge aus Briefen des Augustus an Maecenas und Horaz. Was der Prinzeps darin schreibt, zeugt von einem engen freundschaftlichen Verhältnis zwischen ihm und dem Dichter; es wurde, wie man von Sueton erfährt, nicht getrübt, als Horaz das Angebot des Augustus, ihm als Sekretär bei der Korrespondenz zu helfen, nicht annahm. Alle übrigen für die Biographie des Horaz auswertbaren Angaben im Textkorpus und in Suetons Lebensabriß, die noch nicht genannt wurden, sind im Zusammenhang mit der Chronologie der Werkentstehung relevant. Diesem Thema ist der nächste Abschnitt gewidmet.

Aufstieg von Rolle zu Rolle

Am Anfang der Epoche, die man als diejenige der augusteischen Dichtung bezeichnen kann – sie ist auf die Zeit zwischen 35 v. und 16 n. Chr. zu datieren und für uns durch die Werke des Vergil, Horaz, Properz, Tibull und Ovid repräsentiert –, stehen die ungefähr in das Jahr 35 v. Chr. zu setzenden *Bucolica* Vergils und das vermutlich nicht lange danach publizierte erste Buch *Satiren* des Horaz. Dort erwähnt dieser in feinfühliger Umschreibung die Hirtenpoesie des Freundes, wobei er sie «zart und anmutig» (*molle atque facetum*) nennt (10.44 f.), und der Aufbau seines Buches ist an demjenigen Vergils orientiert. Wie die *Bucolica* umfaßt *Satiren* 1 zehn Gedichte, die, weil 6.1 hier wie dort einen Neuansatz signalisiert, in zwei gleich lange Gruppen zerlegt werden. Außerdem weisen einzelne Texte Motivverwandtschaft auf, etwa Hirtengedicht 8 mit Satire 8, wo es jeweils um Zauberei geht. Mit den *Bucolica* begann Vergil ein Lebenswerk, das er nach dem Prinzip der Aszendenz aufbaute: Er steigerte das Niveau seiner literarischen Produktion in drei Stufen, indem er auf die im Hirtenmilieu angesiedelte Poesie mit dem Lehrgedicht vom Landbau (*Georgica*) einen anspruchsvolleren Text und darauf wiederum die *Aeneis* folgen ließ, die als Epos zu der im Altertum angesehensten poetischen Gattung gehörte. Es sieht sehr stark danach aus, daß Horaz mit seinen ersten Gedichtsammlungen einen vergleichbaren Dreischritt inszenierte. Zunächst konzipierte er die beiden Satirenbücher als Werk einer «zu Fuß gehenden Muse» (2.6.17: *musaque pedestri*). Dann schuf er mit seiner Form der Epode eine Kombination aus jambisch schmähendem und schon ein wenig ans Lyrische anklingendem Gedicht. Nachdem er 17 Epoden in einem Buch herausgegeben hatte, publizierte er in *Oden* Buch 1–3 lyrische Poesie. Zwar zählt er seine Spielart dieses Genres wie Satiren und Epoden zur «kleinen» Dichtung (S. 33 f. und 61), aber die Sammlung enthält mehrere Texte, die sich stofflich und stilistisch unverkennbar mit der *Aeneis* berühren, darunter die «Römeroden» (3.1–6).

Dazu, daß man in der Sequenz *Satiren–Epoden–Oden* das Vergilische Prinzip des «Aufstiegs» wiedererkennt, darf man sich durch eine wichtige Beobachtung Matthew Santiroccos (1986, 25) berechtigt fühlen: Horaz wollte offenbar mit der Anordnung der ersten drei Gedichte in *Oden* Buch 1 deutlich machen, ihm sei das genannte Prinzip bewußt. Denn in Ode 1.1 finden sich intertextuelle Bezüge zu *Bucolica*-Stellen (vgl. z. B. V. 21 mit *Buc.* 7.46); 1.2 gleicht motivisch dem Ende von Buch 1 der *Georgica* (498–514), und in 1.3 warnt Horaz den Freund Vergil vor einer Seereise, mit der er, wie wir noch sehen werden, vermutlich keine richtige Fahrt, sondern die Abfassung der *Aeneis* meint. Der Dichter der *Satiren*, *Epoden* und *Oden* begnügte sich aber nicht mit den an der Aszendenz von *Bucolica*, *Georgica* und *Aeneis* orientierten drei Schritten, sondern tat noch einen vierten: Nach Vollendung der drei Bücher vereinigenden Sammlung lyrischer Gedichte beschäftigte er sich in Versbriefen, von denen er zunächst 20 in einem Buch herausbrachte, vorrangig mit philosophischen Problemen. Es wäre denkbar, daß ihn dazu ebenfalls der Freund angeregt hatte. Laut Suetons Vergil-Vita soll der Autor der *Aeneis* geplant haben, nach Abschluß des Werkes das übrige Leben nur noch der Philosophie zu widmen (§ 35). Er selbst konnte, da er noch vor der endgültigen

Fertigstellung des Epos starb, sein Vorhaben nicht mehr verwirklichen. Horaz dagegen erreichte die vierte Stufe, die zu betreten Vergil versagt blieb, und begab sich zudem mit dem vierten Odenbuch noch einmal auf die dritte zurück. Wie es dazu kam, wird sich zeigen, wenn ich jetzt die Entstehungsgeschichte der einzelnen Werke des Horaz chronologisch nachzeichne.

Von den Satiren zum ersten Epistelbuch

Die erste Veröffentlichung des Horaz, *Satiren* 1, erfolgte irgendwann nach 35 v. Chr. (S. 19 f.), aber nicht später als 33. Denn in *Satiren* 2 spielt er auf dieses Jahr mit der Erwähnung des gerade amtierenden Ädilen Agrippa an (3.185), und das zweite Buch legte er den Lesern wahrscheinlich nicht zusammen mit dem ersten vor. Einen Grund dafür, daß man allgemein von einem zeitlichen Abstand zwischen *Satiren* 1 und 2 ausgeht, liefert das Verhältnis des Horaz zur jeweils aktuellen Situation des römischen Staates. Den politischen Hintergrund zu Buch 1 bildet die Zeit vor 33 v. Chr., in der es zwar zu Spannungen zwischen Octavian und Antonius kommen konnte, die beiden aber noch nicht miteinander um die höchste Macht rivalisierten. Horaz gibt sich in dem Buch betont unpolitisch, erwähnt jedoch immerhin in 1.5 ein Treffen der zwei Imperatoren, das vermutlich in das Jahr 37 v. Chr. fiel und bei dem sie von Freunden miteinander ausgesöhnt wurden. An ein solches Ereignis hätte der Dichter die Leser nach 33 v. Chr., als Octavian und Antonius zu Feinden geworden waren, schwerlich noch erinnert. Außerdem wird in *Satiren* 2 die Schlacht bei Actium, die zwei Jahre später stattfand, als bereits beendet vorausgesetzt: In 2.5 nennt der Seher Tiresias dem Odysseus gegenüber Octavian den «Schrecken der Parther», der «zu Lande und zu Wasser groß sein wird» (V. 62–64), und dabei handelt es sich offenbar um eine mit Blick auf Actium verkündete Prophezeiung, also keine wirkliche. Das Buch dürfte nicht lange nach der Seeschlacht entstanden sein, zumal sie Horaz einen Anlaß für die Wahl einer neuen Gattung bot. Angesichts der trotz der Niederlage des Antonius unsicheren politischen Lage entschloß der Dichter sich, die Rolle des Satirikers mit einer solchen zu vertauschen, die ihm für eine Konfrontation mit Gegenwartsproblemen wohl besonders geeignet erschien. Er schrieb das Buch *Epoden*, eine Sammlung von Gedichten, worin er die Zeit unmittelbar vor der Festigung von Octavians Herrschaft unter verschiedenen Aspekten kommentiert und dabei mit der Stimme eines Jambikers (Spott- und Schmähdichter) spricht.

Satiren Buch 2 und die *Epoden* sind wohl beide in das Jahr 30 zu datieren, aber das Epodenbuch sollte man aus folgendem Grunde näher an

Oden Buch 1 heranrücken: Ode 1.37, ein pointiert an vorletzter Stelle plaziertes Gedicht, setzt Epode 9 fort, und da die Ode auf die Eroberung Alexandrias durch Octavian am 1. August 30 v. Chr. und den Selbstmord der Kleopatra reagiert, wird das Epodenbuch am Vorabend dieser Ereignisse, also vielleicht erst im Sommer 30 erschienen sein. Zu Beginn von Epode 9 fragt Horaz als Teilnehmer der Schlacht bei Actium (1–4):

Wann werde ich den für das festliche Mahl aufbewahrten Caecuber,
froh über Caesars Sieg,
mit dir – so wird es Jupiter angenehm sein – im hohen Hause,
glücklicher Maecenas, trinken?

Und darauf antwortet der Anfang von Ode 1.37 (1–4):

Jetzt heißt es trinken, jetzt mit freiem Fuß
stampfen die Erde, jetzt nach Art der Salier
auszustatten das Lager der Götter
mit einem Mahl ist es Zeit, Kameraden!

Wie Horaz sich durch die Epode in die Situation des Actium-Kämpfers zurückversetzt, so durch die Ode in die ersten Tage nach dem Tod der ägyptischen Königin. Buch 1 der lyrischen Poesie wurde aber nicht kurze Zeit später, also noch 30 v. Chr., sondern frühestens 26 v. Chr. veröffentlicht. Denn Ode 1.29 spielt auf eine Expedition nach Arabien an, und diese wurde erst entweder 26/25 oder 25/24 v. Chr. durchgeführt.

Das Eröffnungsgedicht von *Oden* Buch 1 korrespondiert inhaltlich und metrisch mit 3.30, dem letzten in Buch 3: Als Auftakt zur lyrischen Poesie steht 1.1 dem Epilog zu den drei Gedichtbüchern gegenüber, und von den darin vereinten Oden sind nur diese beiden allein aus kleineren asklepiadeischen Versen zusammengefügt (S. 47 f.). Deshalb nimmt man allgemein an, die Trilogie sei als solche publiziert worden; die Widmung von 1.4 an L. Sestius, einen der Konsuln von 23 v. Chr., könnte, wenn es so war, ein Indiz dafür sein, daß alle drei Bücher den Lesern in diesem Jahr erstmals vorlagen. Aber Sestius wird nicht als Amtsträger angeredet. Außedem zeigt sich bei linearer Lektüre der Bücher 1–3, wie wir sehen werden, daß sie offenbar als eine dreiteilige «Fortsetzungsgeschichte» konzipiert sind und somit sukzessive herausgekommen sein dürften. Dazu paßt, daß Buch 2 kein jüngeres Datum als das des 8. Dezembers 25 v. Chr. evoziert – Horaz präsentiert sich in 2.4.23 f. als 40jähriger – und deshalb wohl bald nach dem Ende des Jahres 25 erschien. Buch 3 wiederum enthält ein Gedicht, das an die Rückkehr des Augustus aus Spanien im Frühsommer 24 v. Chr. anknüpft (Nr. 14), könnte also schon im Herbst desselben Jahres veröffentlicht worden sein. Nun findet man in dem Buch mehrere implizite Hinweise darauf, daß es eine Trilogie und zugleich das lyrische Schaffen des Horaz abschließen sollte (S. 166 ff.). Also darf man die separat publizierten Bücher 1–3 durchaus als erste Odensammlung bezeichnen und von Buch 4 als einer Erweiterung dieser Sammlung abgrenzen. Falls Horaz zusammen mit Buch 3 erneut 1 und 2 edierte, dann spätestens im Sommer 23 v. Chr. Denn in 1.12.46 preist Horaz den Feldherrn M. Claudius Marcellus, ohne auch nur anzudeuten, daß dessen gleichnamiger Nachkomme, Neffe des Augustus und wahrscheinlich designierter Thronerbe, nicht mehr lebte; er starb im Herbst 23 knapp 20jährig. Nach seinem Tod wäre eine kommentarlose Nennung des Namens Marcellus taktlos gegenüber Augustus gewesen. Dies ergibt sich allein schon daraus, daß Properz und Vergil Nachrufe auf den jungen Mann schrieben (Elegie 3.18 bzw. *Aeneis* 6.863–886).

Rund fünf Jahre nach dem dritten Teil der Trilogie gab Horaz *Episteln* 1 heraus. Zu Anfang des Briefes, mit dem er das Buch beginnen läßt, bestätigt der Dichter, daß er, wie in *Oden* 3 signalisiert, keine lyrische Poesie mehr schreibe: Von nun an wolle er forschen und fragen, was wahr und geziemend ist (*verum atque decens*), und ganz darin aufgehen (*Epi.* 1.1.10 f.). Tatsächlich vermittelt die Mehrzahl der 20 Gedichte, die Horaz jetzt vorlegte, moralphilosophische Gedanken, und diese äußert er im lockeren Plauderton des Versbriefes. In den letzten Zeilen von 1.20 kann man fast den Eindruck gewinnen, der Dichter verabschiede sich definitiv von seinem Publikum. Denn hier lesen wir eine Selbstdarstellung, wie sie in der Antike gern ein Gedichtbuch abrundete – der Autor «siegelte» damit sein Werk, weshalb man sie Sphragis (griech. für Siegel) nannte –, und sie ist am Ende dieses Buches ausführlicher als die beiden älteren «Siegel» des Dichters, *Od.* 2.20 und 3.30, ja liefert sogar eine Datumsangabe. Horaz spricht mit dem Gedicht das personifizierte Buch an und trägt ihm auf, seinem Publikum zu sagen (20–28),

daß ich von einem freigelassenen Vater abstamme und in armen Verhältnissen
meine Schwingen weit über das Nest ausgestreckt hätte [...],
damit du, was du meiner Herkunft wegnimmst, meinen Leistungen hinzufügst,
und daß ich den ersten Männern der Stadt gefallen hätte in Krieg und Frieden,
winzig sei von Statur, früh ergraut, der Sonne zugetan,
im Zürnen rasch, um gleichwohl versöhnlich zu sein.
Wenn zufällig jemand dich nach meinem Alter fragt,
so wisse er, daß ich viermal elf Dezember vollendet hatte
in dem Jahr, als seinen Kollegen Lepidus der Konsul Lollius nach sich zog.

Damit ist 21 v. Chr. gemeint, woraus man schließen könnte, das erste Epistelbuch sei 20 v. Chr. herausgekommen. Doch da in *Epi.* 1.12.26 die endgültige Niederwerfung des spanischen Volksstamms der Kantabrer durch Agrippa erwähnt wird, die 19 v. Chr. gelang, wird man das Buch in dieses Jahr oder das nachfolgende datieren. Auf jeden Fall veröffentlichte Horaz die Briefsammlung als Mittvierziger. Es ist ein Porträt erhalten, das uns vielleicht eine etwas bessere Vorstellung von seinem damaligen Aussehen gibt als Vers 24 in dem gerade zitierten Text sowie Vers 15 in der Epistel 1.4, wo der Dichter sich als einen dicken Mann mit glatt-glänzender Haut schildert. Auf dem Bruchstück eines wohl aus dem Anfang des 1. Jahrhunderts n. Chr. stammenden Reliefs, das heute in Boston aufbewahrt wird (Zanker 1987, 68), sieht man einen Herrn in vorgerücktem Alter, zu dem die Selbstbeschreibung des Horaz paßt. Er trägt eine Tunika und Toga, ist im Freien auf einer Rasenbank gelagert und hält in der Linken, von der eine Efeugirlande herabhängt, ein Trinkgefäß, den Kantharos. Bedenkt man, daß Horaz in den Oden mehrfach als Teilnehmer eines Gastmahls redet, mag man durchaus in Betracht ziehen, der unbekannte Künstler könne hier den Dichter abgebildet oder zumindest ein Idealporträt geschaffen haben.

Doch zurück zum Schluß von Epistel 1.20! Es scheint mir keineswegs unmöglich, daß Horaz durch seine bemerkenswert detaillierte Sphragis am Ende eines Buches, mit dem er die vierte Stufe seines «Aufstiegs» von Werk zu Werk erreicht hatte, den Abschied von seiner poetischen Tätigkeit andeuten wollte. Er könnte aber auch jetzt schon Teil 2 der Episteln geplant haben, und etwa acht Jahre später hat er dann ja auch einen solchen herausgegeben. Vorher mußte er freilich seinem in Brief 1.1 artikulierten Vorsatz, er wolle keine lyrische Poesie mehr produzieren, untreu werden. Denn bald nach der Publikation seines siebten Gedichtbuches erhielt Horaz von Augustus den Auftrag, für die Jahrhundertfeier des Jahres 17 v. Chr. ein Chorlied, das *Carmen saeculare*, zu verfassen und zu komponieren. Und das war für den Dichter natürlich eine so große Ehre, daß er nicht nein sagen konnte.

Das Jahrhundertlied

Augustus bemühte sich vielfach darum, frührepublikanische Festivitäten, soweit sie während der Bürgerkriege nicht mehr gepflegt worden waren, neu zu beleben. Ein nachweislich erstmals 249 v. Chr. durchgeführtes religiöses Ritual, zu dem Opfer und Spiele gehörten, hatte, da eine Wiederholung alle 100 Jahre beschlossen wurde, 149, aber nicht 49 v. Chr. stattgefunden, und der Prinzeps begründete dafür nun eine andere Tradition: Die Jubelfeier, die er veranstaltete, sollte künftig alle 110 Jahre wiederholt werden. Für das von ihm inszenierte Ritual hatte Augustus den Zeitpunkt mit Bedacht gewählt. Denn im Jahre 17 v. Chr. konnte er sowohl in der Außen- als auch in der Innenpolitik auf Errungenschaften zurückblicken, die ihm so bedeutend erschienen, daß ihre Erhaltung unbedingt in einem besonders weihevollen Akt von den Göttern zu erflehen war. Was sollte Bestand haben? Vor allem dies: Zum einen durften seit 19 v. Chr. aufgrund von Erfolgen sowohl im Bereich der Verhandlungsdiplomatie als auch auf dem Schlachtfeld die Grenzen des römischen Imperiums im Osten und Westen als gesichert gelten. Zum anderen wurden nun erstmals durch zwei 18 v. Chr. verabschiedete Gesetze Ehe und Fortpflanzung römischer Bürger unter staatlichen Schutz gestellt: Die *lex Iulia de adulteriis coercendis* (Julisches Gesetz über die Bestrafung von Ehebruch) sah für diverse außereheliche Sexualhandlungen Strafen vor, und die *lex Iulia de maritandis ordinibus* (über das Heiraten innerhalb der Stände) motivierte Senatoren und Ritter durch Privilegien zu Hochzeit und Kindeszeugung. Außerdem hatte Augustus nach dem Tode des Marcellus weitere Maßnahmen getroffen, um seiner Familie, den Juliern, die Nachfolge in der Herrschaft zu ermöglichen; zum Beispiel adoptierte er 17 v. Chr. Gaius Caesar, seinen ältesten Enkel.

Die drei Themen «Sicherheit der Grenzen», «Schutz der Ehe» und «julischer Herrschaftsanspruch» integriert Horaz denn auch in das *Carmen saeculare*, indem er sie von dem Chor der Knaben und Mädchen, denen er das Lied in den Mund legt, in Gebeten an mehrere Gottheiten teils direkt, teils indirekt zur Sprache bringen läßt. An welchem Punkt im Ablauf des Festes der Bittgesang ertönte, weiß man aufgrund eines spektakulären archäologischen Fundes, der 1890 gelang. Damals wurden in Rom am Ufer des Tiber nahe dem Ponte Vittorio Emanuele in einer mittelalterlichen Mauer neun Bruchstücke von Marmorplatten entdeckt, auf denen das «Protokoll» des Jahrhundertfestes von 17 v. Chr. festgehalten war; sie sind heute in Roms Thermen-Museum zu sehen. Aus der Inschrift geht hervor, daß am dritten Tag, der auf den 3. Juni fiel, 27 Knaben und ebensoviele Mädchen vor dem Apollo-Tempel auf dem Palatin, nachdem Augustus und Agrippa dort dem Gott und dessen Schwester Diana geopfert hatten, das Chorlied sangen und dies vor dem Jupiter-Tempel auf dem Kapitol wiederholten. Dann heißt es wörtlich: *Carmen composuit Q. Hor[ati]us Flaccus* (Das Lied komponierte Q. H. F.). Es hat seinen guten Sinn, daß zwei Gruppen von 3 × 9 Sängern das Lied vortrugen, denn der Text weist unverkennbar eine von beiden Zahlen beherrschte Struktur auf. Er zerfällt in zwei gleich lange Hauptteile, die jeweils aus drei Strophentriaden, also neun Strophen bestehen, und einen Epilog, der eine

Strophe umfaßt. In der ersten Hälfte, die von Anrufungen Apollos und Dianas gerahmt wird, fleht der Chor um göttlichen Segen für die Fruchtbarkeit sowohl der Eheleute als auch der Saaten und des Viehs; in der zweiten Hälfte, wo ohne Namensnennung offensichtlich die kapitolinischen Götter Jupiter und Juno apostrophiert werden, unterstützt der Gesang das Gebet des Augustus mit diesen Worten (49–56):

Und was von euch erfleht mit <der Opferung von> weißen Rindern
der berühmte Nachkomme des Anchises und der Venus,
möge er erlangen, überlegen dem kämpfenden, dem darnieder liegenden
Feind gegenüber mild.

Schon zu Wasser und zu Lande unsere mächtigen Scharen
und die albanischen Beile fürchtet der Parther,
schon bitten um Antworten <von uns> die Skythen und die jüngst
noch hochmütigen Inder.

Während in der zweiten der beiden Strophen eindeutig die Sicherung der Reichsgrenzen durch Augustus gepriesen und implizit um Unterstützung seiner Außenpolitik gebeten wird, darf man V. 49–52 als Bekräftigung der Bemühungen des Kaisers um den Erhalt der Herrschaft für seine Familie, die Julier, lesen. Denn mit Blick auf Vergils *Aeneis* läßt der Chor Augustus von Anchises und Venus, den Eltern des Aeneas, abstammen und rechtfertigt so den Anspruch der Dynastie auf die Macht über Rom; dabei wird in V. 51 f. auf den berühmten Vers 853 in Buch 6 der *Aeneis* Bezug genommen, mit dem Anchises die Römer auffordert,

zu schonen die Unterworfenen und niederzukämpfen die Hochmütigen.

Die gebildeten Zeitgenossen dürften an Passagen des Jahrhundertliedes von der Art der gerade zitierten eines erkannt haben: Horaz gestattete sich, in einen hochoffiziellen, vom Prinzeps in Auftrag gegebenen Text ebenso wie in seine übrigen Gedichte Elemente von Poesie in der Tradition des Kallimachos (um 320–nach 245 v. Chr.) einzubringen. Ein wesentliches Element dieser Art von Dichtung ist – das soll noch näher ausgeführt werden – die Intertextualität, wie sie hier zwischen dem *Carmen saeculare* und der *Aeneis* hergestellt wird. Jüngere Untersuchungen haben gezeigt, daß das Lied von einem Netz feinsinniger Anspielungen sowohl auf mehrere Werke verschiedener griechischer und lateinischer Dichter als auch auf Verse des Verfassers selbst überzogen ist; hervorzuheben sind einerseits – außer den intertextuellen Bezügen zur *Aeneis* – diejenigen zu

Catulls Gedicht 64, Vergils viertem Hirtengedicht und Tibulls Elegie 2.5, andererseits Reminiszenzen an frühere Gedichte des Horaz, in denen er Apollo und Diana zusammen oder jeweils allein anspricht (*Oden* 1.21; 31; 3.22). Wie subtil Horaz bei seinen kallimacheischen Spielereien auch im *Carmen saeculare* vorgehen kann, sollen zum Abschluß der kurzen Betrachtung des Liedes zwei Textstellen belegen: 1. Fällt in der *Aeneis* vermutlich deshalb, weil Rom auf sieben Hügeln erbaut ist, der Name der Stadt erstmals in Vers 7, so ist nun im *Carmen* in Vers 7 sogar explizit von den sieben Hügeln die Rede; 2. Horaz knüpft mit seinem Lied, das er wie viele seiner Gedichte in sapphischen Strophen schrieb (S. 46), an die griechische Gattung des Paians an, eines meist an Apollo gerichteten Preisliedes. Ein zur Zeit des Horaz noch erhaltenes Buch, das aus einer Sammlung von Paianen bestand, stammte von einem seiner wichtigsten lyrischen Vorbilder, Pindar (um 520–nach 446 v. Chr.). Dieser Dichter wird offenbar ganz kurz evoziert, wenn es vom Sonnengott in V. 10 heißt, er sei *aliusque et idem* (ein anderer und doch derselbe). Denn der Sonnengott Helios heißt im dorischen Griechisch, das Pindar verwendet, Aëlios (Barchiesi 2002b, 110), und daran klingt *alius* an.

Oden 4 und Episteln 2

Wenn es zutrifft, daß Horaz am 27. November 8 v. Chr. starb, dann lebte er nach Vollendung des *Carmen saeculare* noch neuneinhalb Jahre. Irgendwann in dieser Zeit publizierte er seine zwei letzten Bücher, das vierte der *Oden* und das zweite der *Episteln*. Zur Wiederaufnahme der lyrischen Poesie dürfte ihn der Auftrag, das Jahrhundertlied zu komponieren, motiviert haben; das kann man daraus schließen, daß er sich in Ode 4.6 an die Chorsänger und -sängerinnen wendet, die das Lied vortrugen, und in der letzten Strophe einem der Mädchen folgendes prophezeit (41–44):

Bald wirst du als Verheiratete sagen: ‹Ich habe den Göttern zur Freude,
als das Jahrhundert die festlichen Tage wiederbrachte,
gesungen das Lied, kundig der Weisen
des Dichters Horaz.›

Sueton, von dem wir erfahren, das *Carmen saeculare* sei von Horaz im Auftrag des Augustus geschrieben worden, weiß auch zu berichten, der Prinzeps habe den Dichter gleichfalls dazu veranlaßt, den Sieg seiner Stiefsöhne Tiberius und Drusus über den keltischen Stamm der Vindeliker (in der Gegend des heutigen Augsburg) zu verherrlichen und ihn so gezwungen, den drei Büchern *Oden* nach langer Unterbrechung des Verfassens von lyrischer Poesie ein viertes Buch hinzuzufügen. Nun finden sich in dieser insgesamt 15 Gedichte vereinigenden Sammlung in der Tat zwei, worin die Kriegstaten der beiden jungen Feldherrn besungen werden (4 und 14), und das scheint die Behauptung Suetons ebenso zu bestätigen wie das «Protokoll» des Jahrhundertfestes die Aussage des Biographen über die Entstehung des *Carmen saeculare*. Doch bei letzterem handelt es sich um einen von den Gedichtbüchern des Horaz isolierten Text; er dürfte separat veröffentlicht worden sein und wurde irgendwann in eine Gesamtedition der Werke des Dichters aufgenommen. Die Gedichte 4 und 14 dagegen sind so fest in den poetischen Diskurs des vierten Odenbuches integriert, daß man sich schwer vorstellen kann, sie seien zunächst als Einzeltexte für Augustus verfaßt worden und dieser habe Horaz dann befohlen, er solle noch 13 weitere Gedichte «dazuschreiben», damit eine Papyrusrolle von der üblichen Länge (800–1000 Verse) gefüllt werden könne. Gewiß, das auf uns gekommene Buch enthält außer den beiden Gedichten zum Lob des Tiberius und Drusus zwei, in denen der Dichter den Prinzeps preist (5 und 15), und die Oden 4.1 und 2 richtet Horaz an junge Männer, die zur Verwandtschaft des Kaisers gehörten. Aber zugleich sind in dem Buch sowohl innerhalb als auch außerhalb der genannten Texte ebenso wie in der älteren Lyriksammlung die Themen Erotik, Dichtungstheorie und Lebensphilosophie vertreten, die Horaz hier wie dort mit Augustus-Panegyrik eng verwob. Das Nebeneinander von Privatem und Offiziellem bildet in *Oden* 4, wie wir sehen werden, ein besonders harmonisches Ganzes.

Sowohl in Ode 4.15 (6–9) als auch in Epistel 2.1 (255 f.) erwähnt Horaz in einem Atemzug, die Parther hätten Feldzeichen, die sie von den Römern erbeutet hatten, an diese zurückerstattet (beziehungsweise würden Rom fürchten), und der Janus-Tempel sei (zum Zeichen der Beendigung eines Krieges) geschlossen worden. Mit Recht vermutet Robin Nisbet (2007, 17), hier meine Horaz zwei auf 11/10 v. Chr. zu datierende Begebenheiten; die erste bezeugt ein Kurzüberblick zu Livius' (verlorenem) Buch 141, die zweite Cassius Dio (54.36.2). Dieser schreibt, die Tempelschließung sei 11 v. Chr. zwar verfügt worden, aber im folgenden Jahr habe man das Dekret annulliert, und so dürfen wir annehmen, daß beide Gedichtbücher 11 oder (spätestens) 10 v. Chr. erschienen.

Das zweite Epistelbuch fügte Horaz laut handschriftlichem Befund nur aus zwei Gedichten zusammen, den Briefen an Augustus und Florus. Der zweite Text steht in enger zeitlicher Nähe zu dem 11/10 v. Chr. entstandenen ersten, da Horaz wahrscheinlich als Ausgangssituation die Teilnahme des Florus an einem der Feldzüge des Tiberius in den Jahren 12 bis 9 v. Chr. wählte. Freilich wird man die beiden Texte, die nur 270 + 216 = 486

Verse umfassen, wohl kaum als vollständiges Buch ansehen können. Nun ist uns ein Horaz-Gedicht von 476 Versen überliefert, das zwar durch den Titel *Ars poetica* als Werk sui generis deklariert wird und in den Kodizes entweder zwischen *Carmen saeculare* und *Satiren* oder *Oden* und *Epoden* steht, das aber wie die Episteln 2.1 und 2 in Hexametern Dichtungstheorie erörtert und an eine bestimmte Adresse gerichtet ist; in diesem Falle sind es zwei junge Männer mit Namen Piso und deren Vater. Der Titel *Ars poetica* wiederum muß nicht von Horaz stammen, weil er durch kein Textsignal eindeutig bestätigt wird und erst bei Quintilian (um 35–nach 96 n. Chr.) belegt ist (*Institutio oratoria* 8.3.60). Da wiederum der Grammatiker Charisius (Mitte 4. Jh. n. Chr.) das an die Pisonen gerichtete Gedicht zweimal als *Epistel* bezeichnet (*Grammatici Latini* ed. H. Keil, 1.202.26 und 204.5), spricht nichts gegen folgende Annahme: Der Text war ursprünglich hinter Epistel 2.1 und 2 plaziert und bildete mit ihnen ein Gedichtbuch, das, insgesamt 962 Verse umfassend, normale Länge hatte, wurde aber in postumen Werkausgaben spätestens in der Mitte des 1. Jahrhunderts n. Chr. von den beiden Episteln getrennt und mit einer eigenen Überschrift versehen. Das geschah vermutlich deshalb, weil man den Pisonenbrief als Lehrgedicht über die Dichtkunst las.

Ist die sogenannte *Ars poetica* den Briefen an Augustus und Florus auch zeitlich nahe genug, daß sie mit ihnen zusammen in derselben Papyrusrolle erschienen sein kann? Der Text nimmt auf kein aktuelles Ereignis Bezug, weshalb eine Antwort nur durch Identifizierung der Adressaten gefunden werden kann. In der Forschung erzielte man bis heute keine Einigung darüber, um wen es sich bei den drei von Horaz angesprochenen Pisonen handelt. Die besten Argumente haben wohl diejenigen, die den Vater mit L. Piso Pontifex, dem 48 v. Chr. geborenen Konsul von 15 v. Chr., gleichsetzen. Dieser kehrte 10 v. Chr. von einem Feldzug in Thrakien nach Rom zurück, als seine (historisch nicht klar bezeugten) beiden Söhne 15 und 14 Jahre gewesen sein dürften. Da in den beiden anderen literaturtheoretischen Gedichten auf ebendiese Zeit angespielt wird, kann man sich die drei Texte problemlos zusammen entstanden denken. Lineare Lektüre ergibt zudem: Augustus-, Florus- und Pisonenbrief stellen, wie noch näher gezeigt werden soll (S. 205 ff.), aufgrund von Wechselbezügen eine Einheit dar, die für augusteische Gedichtbücher charakteristisch ist. Ich gehe also davon aus, daß die eine der beiden Papyrusrollen, die Horaz 11/10 v. Chr. publizierte, drei Episteln vereinte.

Halten wir denn das Resultat der in diesem Abschnitt zur Datierung der einzelnen Gedichtbücher vorgetragenen Überlegungen fest! Horaz veröffentlichte *Satiren* 1 zwischen 35 und 33 v. Chr., *Satiren* 2 und das Buch *Epoden* 30 v. Chr. Die drei Bücher *Oden* gab er sukzessive in den

Jahren 26/25 bis 24/23 heraus und präsentierte sie durch Schlußsignale im dritten Buch nachträglich als Lyriktrilogie. 19 oder 18 v. Chr. erschien *Episteln* 1, 17 v. Chr. wurde das von Horaz komponierte *Carmen saeculare* festlich dargeboten, und 11/10 v. Chr. kamen *Oden* 4 und *Episteln* 2 heraus. Der Dichter war – so sahen wir zu Beginn des Abschnittes – zunächst wie Vergil in einem Dreischritt von Rolle zu Rolle «aufgestiegen» und dabei als Ich-Sprecher in drei verschiedene Rollen geschlüpft: in die des Satirikers, des Jambikers und des Lyrikers. Auf ein noch höheres Niveau begab er sich dann als philosophierender Autor von 20 Versbriefen. Der Auftrag, das Chorlied für die Jahrhundertfeier zu komponieren, brachte ihn zwar zur Lyrik zurück, aber er schrieb außerdem noch drei weitere, diesmal sehr lange Briefe, in denen er jetzt hauptsächlich über das Dichten reflektierte. Wir wissen nicht, welches der beiden letzten Gedichtbücher, *Oden* 4 oder *Episteln* 2, zuerst in die Hände der Leser gelangte. Nun gibt Horaz aber in den drei Literaturbriefen zu verstehen, er dichte nicht mehr (*Epi.* 2.1.111; 2.2.54; *Ars poetica* 306), womit er offensichtlich das Verfassen von lyrischen Versen meint. Man darf also annehmen, daß *Episteln* 2 sein letztes Werk war, und es wird im vorliegenden Buch auch als letztes analysiert. Im Moment befinden wir uns freilich noch in dem Kapitel, das Hintergrundinformationen für die Lektüre der Gedichtbücher liefert. Dazu gehören auch Ausführungen über die literarische Tradition, an die Horaz sich mit den vier von ihm gewählten Gattungen jeweils anschloß. Im folgenden werde ich Vergleiche zwischen ihm und seinen Vorläufern im Bereich der Satire, des Jambus, des lyrischen Gedichtes und der Epistel ziehen.

«Die Satire gehört ganz uns»

Die älteste Gedichtsammlung des Horaz, *Satiren* Buch 1 und 2, ist einer ausnahmsweise nicht in Griechenland, sondern in Rom begründeten Gattung zuzuordnen; deshalb handelt es sich bei der Bezeichnung dafür – zunächst *satura*, später *satira* – um einen der wenigen literaturtheoretischen Termini, die aus dem Lateinischen entlehnt wurden. Was das Wort bedeutet, wußte man schon in der Spätantike nicht mehr genau. Der Grammatiker Diomedes (4. Jh. n. Chr.) bietet vier Erklärungen an (*Grammatici Latini* ed. H. Keil 1.485 f.), von denen wahrscheinlich die folgende zutrifft: *Satura* sei abgeleitet von einer Speise mit einer bunt gemischten Füllung, also einer Art Pastete. Wenn das so ist, haben wir es wie bei Farce, Potpourri oder Mélange mit einem Begriff aus der Küchensprache zu tun, und dazu paßt, daß in den Satiren des Horaz Kulinarisches eine signifikante Rolle spielt; in 2.2, 2.4 und 2.8 dominiert es sogar. Horaz war wohl auch der erste, der sowohl die Gattung als auch ein einzelnes Gedicht *satura* nannte (2.1.1 bzw. 2.6.17). Zunächst verstand man darunter eine Sammlung vermischter Gedichte, und eine solche veröffentlichte unter dem Titel *Satura* erstmals Q. Ennius (239–169 v. Chr.). Von diesem Werk sind nur sehr wenige Fragmente erhalten, die nicht viel mehr erkennen lassen, als daß die einzelnen Gedichte in verschiedenen Versmaßen abgefaßt waren. Eines gilt jedoch als sicher: Hier fehlte noch ein Element, in dem man heute das wichtigste der Satire sieht: Kritik an menschlichen Fehlern und Schwächen sowie an einzelnen damit behafteten Personen. Diese Komponente brachte C. Lucilius (158?–103/102 v. Chr.) in die Gattung ein, und daher darf man ihn mit Horaz (*Sat.* 1.10.46–48; 64 ff.) als ihren eigentlichen «Erfinder» betrachten. Lucilius war es auch, der den daktylischen Hexameter (S. 45) zu dem für die Gattung verbindlichen Metrum machte, nachdem er in seinen ersten vier Büchern «vermischter Gedichte» wie Ennius auch andere Versmaße verwendet hatte. Nur noch in Hexametern schrieben die drei Klassiker der römischen Satire: Horaz, Persius (34–62 n. Chr.) und Juvenal (um 55–nach 130 n. Chr.).

Horaz setzt sich mit Lucilius als dem Autor, in dessen Nachfolge er sich mit seinen Satiren stellt, in drei von diesen Gedichten ausführlich auseinander (1.4; 10; 2.1), um das eigene Konzept von dem des Vorgängers abzugrenzen. Er beginnt so (1.4.1–13a):

Die Dichter Eupolis, Kratinos und Aristophanes
und die anderen Männer, von denen die alte Komödie stammt,
pflegten, wenn jemand Spott verdiente, weil er schlecht und ein Dieb,
weil er ein Ehebrecher war oder ein Meuchelmörder oder sonstwie
berüchtigt, diesen mit großem Freimut (*libertas*) zu brandmarken.
Von ihnen hängt der ganze Lucilius ab, ihnen folgte er nach,
wobei er nur Metrum und Rhythmus änderte, witzig,
im Denken nicht beschränkt, im Versbau allerdings hart.
Denn darin lag sein Fehler: In einer Stunde hat er oft zweihundert
Verse auf einem Fuß stehend diktiert, als ob das etwas Großes wäre.
Weil er schlammig dahinfloß, gab es manches, was man hätte tilgen wollen.
Geschwätzig war er und zu faul, die Mühe des Dichtens zu tragen,
des richtigen Dichtens. Denn wieviel es ist, interessiert mich nicht.

In den zitierten Versen nennt Horaz zwei für ihn besonders hervorstechende Merkmale der Satiren des Lucilius: zum einen, dieser habe wie die Komödiendichter im Athen des 5. Jahrhunderts v. Chr. einzelne Personen mit großer *libertas* (wörtlich «Freiheit») beschimpft, zum anderen, manche seiner Verse seien nicht allzu kunstvoll, da er zu viele verfaßt habe.

Was den ersten Punkt betrifft – zum zweiten kommen wir später –, muß man sich die volle Bedeutung des Wortes *libertas* und den speziellen Klang bewußt machen, den es während der Entstehungszeit von *Satiren* 1 (zwischen 38 und etwa 35 v. Chr.) hatte. Es diente den Republikanern als wichtiges Schlagwort – sowohl den Mördern Caesars, die im Namen der Freiheit diesen erdolcht und bei Philippi gegen Octavian und Antonius gekämpft hatten, als auch ihrem Gesinnungsgenossen Sextus Pompeius, dessen Versuch einer Wiederherstellung der Freiheit im Geiste seines Vaters Pompeius Magnus 36 v. Chr. bei Naulochos scheiterte. Vor allem die Pompeianer verbanden mit dem Wort *libertas* zum Beispiel den Freimut, mit dem Lucilius einst seine satirischen Angriffe sogar gegen mächtige römische Politiker wie Q. Caecilius Metellus, Konsul des Jahres 143 v. Chr. und Gegner von Lucilius' Freund P. Cornelius Scipio Aemilianus, gerichtet hatte (vgl. *Sat.* 2.1.67). Nun knüpfte Horaz stofflich an Lucilius an, was impliziert, daß er ebenfalls *libertas* für sich in Anspruch nahm, und zwar im Schutze seiner mächtigen Freunde Maecenas und Octavian. Tatsächlich hatten auch sie, die Feinde der Republikaner, die Freiheit auf ihre Fahnen geschrieben, und es liegt nahe zu vermuten, in ihnen habe der nach Philippi auf ihre Seite übergewechselte Dichter die Verfechter der wahren *libertas* erblickt.

Worin bestand für Horaz die Freiheit eines Satirikers? Er attackierte im Gegensatz zu Lucilius keineswegs prominente Persönlichkeiten wie etwa republikanische Politiker, sondern ganz allgemein moralische Schwächen seiner Mitmenschen, die ihm als besonders charakteristisch für seine Epoche galten: vor allem Habgier (*avaritia*), politische Ehrsucht (*ambitio*) und Genußsucht (*luxuria*). Horaz erhob seine Stimme also lediglich als Sittenkritiker; wenn er dabei Personen angriff, waren es unbedeutende Figuren oder literarische Typen. Damit distanzierte er sich offenkundig von republikanischer Zügellosigkeit, wie man sie in lucilischen Attacken durchaus sehen konnte; es ist ja gut vorstellbar, daß ein Mann wie Octavian, der später durch seine Politik die römische Republik faktisch in eine Monarchie verwandelte, die dem Lucilius einst gewährte *libertas* für zu groß hielt. War es so, dann erscheint möglich, daß Horaz durch seine Form der Zeitkritik zum Ausdruck bringen wollte, er verbinde Freimut mit Sinn für das rechte Maß und Verantwortungsbewußtsein. Heute ist freilich nicht mehr zweifelsfrei zu entscheiden, ob Horaz daran glaubte, Octavian trete wahrhaft für die Freiheit der Römer ein, und, wenn ja, ob das der Grund dafür war, daß er auf die republikanische *libertas* der Satiren des Lucilius verzichtete.

Wie immer es zu erklären ist, daß Horaz an die Stelle von Invektiven gegen gesellschaftlich herausragende Personen Entrüstung und Spott über die sittliche Dekadenz seiner Umwelt setzte – für moderne Leser kann ein Gewinn darin liegen. Denn ein aus aktuellem Anlaß entstandenes politisches Pamphlet überdauert die Jahrhunderte nicht so leicht wie Moralsatire, die zu allen Zeiten Gültigkeit hat. Zugegeben: Es bedarf auf jeden Fall gewisser historischer Kenntnisse über die Epoche, in der Horaz seine Satiren schrieb, wenn man diese voll und ganz würdigen möchte. Aber in den beiden Gedichtbüchern werden menschlich-allzumenschliche Laster und Torheiten immer wieder so faszinierend als zeitlose Phänomene vor Augen geführt, daß man bei der Lektüre eines Textes, der für ein breiteres Publikum bestimmt ist, nicht ständig zu den Seiten mit den Erläuterungen blättern muß. Nun finden sich zwar, wie gesagt, durchaus Angriffe gegen einzelne Personen in den Satiren des Horaz. Doch diese Leute sind in der Regel von geringer Bedeutung, weshalb man sie vielfach nicht klar identifizieren kann. Einige unter ihnen übernahm der Dichter von Lucilius, andere Figuren fingierte er einfach und gab ihnen dann teilweise sprechende Namen, um sie als Typen zu präsentieren; so nennt er in *Sat.* 1.1.94–100 einen reichen Geizhals, den eine Freigelassene mit einem Beil mitten entzweihaut, vermutlich deswegen Ummidius, weil die Römer hier *in* (in) und *medius* (mitten) assoziieren konnten. Immerhin geht Horaz gelegentlich so weit, Männer zur Zielscheibe seiner Satire zu machen, deren Namen an diejenigen prominenter Republikaner oder deren engste Freunde erinnern; man kann etwa, wenn der Vielschreiber Cassius Etruscus verspottet wird (1.10.62–64), an den Caesar-Mörder C. Cassius denken, und über den eitlen Poeten Fannius (1.4.21 f.; 10.80) dürfte sich Horaz auch deshalb mokieren, weil die Zeitgenossen den Namen des Republikaners C. Fannius, eines treuen Anhängers des Sextus Pompeius, mithören mochten (DuQuesnay 1984, 55 f.).

Die Horazischen Satiren verdanken ihre nach über 2000 Jahren auf viele Leser wirkende Anziehungskraft sicherlich außer der Tatsache, daß sie allgemeinverständliche Moralkritik enthalten, dem kunstvollen Umgang ihres Verfassers mit Sprache und Versmaß. Damit kommen wir zum zweiten Punkt des oben aus *Sat.* 1.4 zitierten Urteils über Lucilius. Wenn Horaz behauptet, der ältere Satiriker habe mehr Quantität als Qualität geboten, so sagt er das aus der Sicht eines Dichters, der sich betont an die Tradition des Kallimachos und der sogenannten Neoteriker anlehnt; bei ihnen handelt es sich um eine Gruppe spätrepublikanischer römischer Poeten, zu denen auch Catull (Mitte 1. Jh. v. Chr.) gehörte. Mit diesen Vorläufern verbindet Horaz die Neigung zur «kleinen» Form, also zu Dichtungen nicht allzu großen Umfangs, welche die Welt der Haupt- und

Staatsaktionen meiden und sowohl stilistisch als auch metrisch auf sorgfältiger Filigranarbeit basieren. Den Unterschied zwischen «großer» und «kleiner» Poesie veranschaulicht Kallimachos in einem zur Zeit des Horaz berühmten Passus seines Apollonhymnos durch ein Bild, indem er den Gott sagen läßt (108–112; Übersetzung nach Markus Asper):

‹Des assyrischen Flusses Flut ist groß, doch vielfach
Erdschlamm und viel Unrat auf dem Wasser schleppt sie dahin.
Der Demeter aber bringen die Bienen nicht von überall Wasser,
sondern nur, was rein und unbesudelt hervorsprudelt
aus heiliger Quelle, ein winziges Naß, das Feinste vom Feinen.›

Unverkennbar rekurriert Horaz mit der Bemerkung, Lucilius sei schlammig dahingeflossen (1.4.11), auf diese Verse. Und die komische Unterstellung, der Vorgänger habe oft in einer Stunde 200 Verse diktiert, sollte den Lesern des Horaz wohl ins Gedächtnis rufen, daß der «Erfinder» der Satire, von dem wir heute nur noch Fragmente besitzen – es sind zusammen nicht mehr als etwa 1400 Verse –, ein Werk mit dem enormen Umfang von 30 Büchern hinterließ. Seine Beschreibung einer von ihm erlebten Fahrt nach Sizilien dehnte er zum Beispiel auf sein gesamtes drittes Buch aus. Horaz dagegen begnügte sich, da er offenbar auch in der Praxis demonstrieren wollte, Lucilius habe zu viel des Guten getan, bei dem Bericht über eine Reise nach Brundisium, an der er teilnahm, mit einem 104 Verse umfassenden Gedicht (*Sat.* 1.5). Man sieht deutlich: Hier wurde aus einem großen Fluß ein vergleichsweise kleines Wässerchen – und nicht nur das, sondern auch «das Feinste vom Feinen».

Scipio Aemilianus, der Freund des Lucilius, war ein erfolgreicher Feldherr – 146 v. Chr. eroberte und zerstörte er Karthago, 133 v. Chr. Numantia in Spanien, was ihm die Beinamen Africanus und Numantianus einbrachte – und überdies ein besonderer Freund der griechischen Kultur. In Ciceros philosophischen und rhetorischen Schriften erscheint er sogar als Idealfigur eines gebildeten Philhellenen, um den sich ein Kreis von Gleichgesinnten schart, darunter der jüngere C. Laelius, dem man den Beinamen Sapiens (der Weise) verlieh. Wenn nun Horaz in Satire 2.1, wo er verrät, daß Octavian Gefallen an seiner Dichtung gefunden habe (83 f.), das vertraute Verhältnis der vornehmen Senatoren Scipio und Laelius zu Lucilius erwähnt (71–74), will er offenbar eine Analogie herstellen: Er selbst, so sollen wir zwischen den Zeilen lesen, stehe in einer vergleichbaren Beziehung zu Octavian und Maecenas. In die Fußstapfen des Vorgängers tritt Horaz auch bei der Anverwandlung älterer Poesie an die eigene: Hatte schon Lucilius sich ganz im Sinne Scipios von griechischer Literatur erheblich beeinflussen lassen, so bietet Horaz in seinen beiden Satirenbüchern gleichfalls zahlreiche intertextuelle Bezüge zu Dichtung und Philosophie der Hellenen. Aber er lehnt es für seine Verse ausdrücklich ab, wie Lucilius griechische Wörter unter die lateinischen zu mischen. Im Anschluß an seine Äußerungen zu diesem Thema erzählt Horaz uns ein damit zusammenhängendes Erlebnis (1.10.31–35):

Und als ich einmal griechische Verse machte, ich, geboren diesseits des
Meeres, verbot mir dies mit solchen Worten Quirinus,
nach Mitternacht mir erschienen, wenn die Träume wahr sind:
‹Trügst du in den Wald Holz, wärst du nicht verrückter, als wenn
du lieber die großen Scharen der Griechen vermehren wolltest.›

Schon Vergil berichtet zu Beginn von Gedicht 6 der *Bucolica* in der Rolle des Hirten Tityrus von der Begegnung mit einem Gott, der ihm Anweisungen für seine Tätigkeit als Dichter gab: Apollo habe ihn ermahnt, nicht über Könige und Schlachten, sondern ein «fein gesponnenes Lied» zu singen, also «kleine» Poesie zu verfassen. Dort evoziert der Autor der Hirtengedichte eine ähnliche Szene am Anfang der *Aitia* (Ursprungssagen) des Kallimachos, und Horaz will offenbar beide Textpassagen anklingen lassen. Damit präsentiert auch er sich zumindest implizit als Dichter der «kleinen» Form. Zugleich aber gibt er zu verstehen, im Kontrast zu Vergil, der sich zu seinen *Bucolica* durch den Griechen Theokrit (3. Jh. v. Chr.) anregen ließ, führe er als Autor von Satiren ganz bewußt eine auf römischem Boden gewachsene literarische Tradition fort; dazu paßt es gut, daß es sich bei seinem Gott um den Romgründer Romulus handelt, der nach seinem Tod in Quirinus umbenannt und unter die Unsterblichen versetzt wurde. Von hier mag man eine direkte Linie zu einer berühmten Äußerung Quintilians im literarhistorischen Abschnitt seines Rhetoriklehrbuches ziehen: «Die Satire gehört ganz uns» (*Institutio oratoria* 10.1.93).

Es ist freilich zu bedenken, daß Horaz seine beiden Satirenbücher sehr wahrscheinlich – so jedenfalls lautet das einheitliche Zeugnis der Kodizes – *Sermones* betitelte und damit offenbar die Lehnübertragung eines griechischen Begriffs verwendete. Der Singular *sermo* kann nämlich griech. *diatribé* entsprechen und wie dieses Wort «Plauderei» bedeuten (und «plaudern» wird Horaz in den Satiren, wie wir sehen werden, tatsächlich). Man hat zeigen können, daß Horaz mit seinen *sermones* nicht nur an diejenigen des Lucilius anknüpft, sondern auch von den Diatriben des kynischen Philosophen Bion von Borysthenes (um 300–250 v. Chr.) beeinflußt sein dürfte; er selbst redet einmal von «bioneischen *sermones*» als einer poetischen Gattung, an der sich mancher in Rom erfreue

(*Epi.* 2.2.60). Horaz empfand mithin seine Satiren, die er hier zweifellos meint, im Hinblick auf ihren literarischen Ursprung als nicht exklusiv «uns» zu eigen. Mit seinem dritten Gedichtbuch, den *Epoden*, folgte er dann in erster Linie griechischen Vorbildern, und dasselbe gilt für die Sammlung seiner lyrischen Gedichte. Zwischen der Abfassung des dritten und des vierten Odenbuches schrieb er erneut *Sermones*, doch jetzt als Versbriefe. Und ein Buch wie das, welches Horaz aus den ersten 20 dieser Episteln zusammenfügte, hatte es zuvor nicht gegeben, gehörte also ganz und gar ihm.

Vom Fuchs zum Hütehund

Über seine Tätigkeit als Dichter der Epoden sagt Horaz in *Epi.* 1.19.23–25:

Parische Jamben habe ich als erster
Latium gezeigt, wobei ich im Rhythmus und im Temperament folgte
dem Archilochos, nicht im Stoff und in Worten, wie sie den Lykambes jagten.

Horaz rühmt sich hier, die lateinische Literatur erstmals durch Gedichte in der Art des frühgriechischen Jambikers Archilochos von Paros (um 650 v. Chr.) bereichert zu haben. Autor von Jamben sei er – das erklärt er in V. 24b–25a – mindestens insofern, als er ebenso den «Rhythmus», also die Versmaße, wie das «Temperament» der Redeweise von seinem Vorgänger übernommen habe. Was meint Horaz damit? Er setzt hier zwei Bedeutungen des literarischen Begriffs voraus. «Jambisch» nennt man zum einen das Metrum, bei dem der Versfuß die Sequenz |*kurz*|*lang*| (im Deutschen |*unbetont*|*betont*|) aufweist und mehrere solche Versfüße zusammen zum Beispiel einen sechshebigen Sprechvers, den jambischen Trimeter, ergeben; besonders bekannt wurde Vers 1 der Epode 2 (mit den bereits S. 13 als «geflügelt» zitierten zwei letzten Worten):

Beatus ille, qui procul negotiis,
Glücksélig jéner, wélcher dén Geschä́ften férn …

Zum anderen ist «jambisch» leidenschaftliches Schimpfen und Spotten über alles und jeden, und dazu wählte Archilochos nicht nur das gerade betrachtete Metrum, sondern etwa auch daktylische Verse, also Hexameter und Pentameter, die sich zum elegischen Distichon verbinden. Mit seinen Gedichten, die man daher vor allem inhaltlich als Jamben bezeichnet, begründete Archilochos die Gattung, in deren Tradition Horaz sich mit seinen Epoden stellte. Unter diesen wiederum versteht man eine Gedichtform, die schon Archilochos verwendete. Gewissermaßen ihre «Keimzelle» ist ein Zweizeiler, bei dem auf einen längeren ein kürzerer Vers folgt, zum Beispiel auf einen (sechshebigen) jambischen Trimeter ein (vierhebiger) jambischer Dimeter:

Beatus ille, qui procul negotiis,
  ut prisca gens mortalium

Glücksélig jéner, wélcher dén Geschä́ften férn
  so wíe der Ménschen Úrgeschlécht …

Mehrere solche Zweizeiler bilden wie mehrere elegische Distichen ein Gedicht, in diesem Falle die Epode, die ihren Namen (nach dem femininen griechischen Wort *epodós* «Nachgesang») von dem jeweils an Vers A anschließenden Vers B bekam. Unter den Epoden, die Archilochos schrieb – sie waren in einer von alexandrinischen Gelehrten besorgten Werkedition zu einem Epodenbuch vereint, von dem nur noch Bruchstücke erhalten sind –, befanden sich auch solche, in denen der Jambiker einen Lykambes beschimpfte. Dieser war der Vater der jungen Neobule, die er mit Archilochos verlobt, ihm dann aber verweigert hatte. Der Dichter «jagte» also Lykambes mit seinen Schmähversen, und eine derartige Jambik übernahm Horaz nicht von Archilochos. Auch er schimpft und spottet, aber auf andere Weise, und das wiederum ergab sich, wie im folgenden zu zeigen ist, aus seiner Haltung gegenüber der politischen Lage Roms, die durch die Schlacht bei Actium geschaffen wurde.

Um Lykambes zu demonstrieren, daß jemand, der sich des Treuebruchs schuldig macht, nicht straflos bleibt, erzählte Archilochos ihm in einer seiner Epoden (172–181 West) die Fabel vom Adler, der, nachdem er mit dem Fuchs Freundschaft geschlossen hat, dann doch dessen Junge frißt und, von ihm deswegen verflucht, schon bald seine eigenen Jungen verliert: Die noch glühenden Eingeweide eines Opfertiers, die er von einem Altar geraubt hat, entfachen ein Feuer in seinem auf einem Felsen erbauten Nest, worauf die noch nicht flüggen Küken zur Erde hinunterfallen und der Fuchs sie vor den Augen des Adlers verschlingt. Gleich in der ersten Epode des Horaz geht es mitten im Text ähnlich wie bei Archilochos um einen Vogel im Nest mit seinen Jungen, die er nicht vor dem Tod bewahren kann, aber die Situation ist ebenso wie der Kontext eine andere als bei dem griechischen Autor. Horaz beginnt so (1–4):

Du wirst fahren auf liburnischer Jacht zwischen die hohen
Turmschiffe, Freund,
bereit, jeder Gefahr für Caesar
dich zu unterziehen, Maecenas, auf eigene Gefahr.

Offensichtlich versetzt Horaz sich hier – das dürften die Leser seiner Epoche sofort erkannt haben – in die Situation nicht lange vor der Schlacht bei Actium, an der Maecenas und sehr wahrscheinlich auch er selbst auf der Seite Caesar Octavians teilnahmen. Der Dichter läßt sein Publikum der Zeit unmittelbar nach Actium aus der Retrospektive miterleben, wie er den sich zu Meerfahrt und Seegefecht rüstenden Freund seiner Treue versichert: Er werde die diesen erwartende Mühsal ebenfalls ertragen, ja sei bereit, ihm überallhin zu folgen (5–14). Darauf sagt er (15–22):

Du fragst wohl, wie ich dir bei deiner Mühsal mit der meinen helfen kann,
ich, unkriegerisch und zu wenig stark?
Als Gefährte werde ich weniger in Angst sein;
sie erfaßt Abwesende mehr,
wie der bei seinen ungefiederten Jungen sitzende Vogel:
Die herankriechenden Schlangen fürchtet er
mehr, wenn er sie verlassen hat, doch er könnte, auch wenn er da wäre, nicht
größere Hilfe bringen den ihm Nahen.

Ein Bekenntnis zur Freundestreue, das Eingeständnis der eigenen Schwäche im Kampf und der Vergleich der eigenen Person mit einem ängstlichen Vogel klingen ausgesprochen «unjambisch», auch wenn das Versmaß (jambische Trimeter/Dimeter) und die Pose des «ich» Sagenden – Archilochos präsentierte sich in mehreren Gedichten als Krieger – auf die Gattung hinweisen. Um so deutlicher wird bemerkbar, daß Horaz in seiner jambischen Poesie, wie er ja selbst in den oben zitierten Versen der Epistel 1.19 erklärt, zwar durchaus an den Vorgänger anknüpft, aber nicht auch in dessen Rolle schlüpft. Ganz abgesehen davon, daß er sich selbst «unkriegerisch» nennt – dazu gleich mehr –, meldet sich hier der Gefolgsmann der Octavian-Partei zu Wort, und in dieser Eigenschaft wird Horaz, wenn Actium in Epode 9 explizit das Thema ist, sich negativ über Antonius, dessen römische Mitstreiter und Kleopatra äußern. Er stellt seine jambische Stimme also in den Dienst eines Kollektivs, nämlich der Gruppe von Mitbürgern, die nach Actium auf der «richtigen» Seite stehen. Als Vertreter ihrer Sache tritt er in zwei weiteren Epoden, 7 und 16, mit Ermahnungen vor das römische Volk und speziell vor die Anhänger der «falschen» Partei. Direkte Attacken gegen einzelne Zeitgenossen finden sich im Epodenbuch nur wenige; in einigen Fällen wird das Opfer anonym angegriffen (4; 6; 8; 9; 12; 15.17–24), und in den sechs Gedichten, wo Horaz den Namen einer von ihm bloßgestellten Person verrät, ist diese entweder eine unbedeutende beziehungsweise nicht mit Sicherheit zu identifizierende Figur (Alfius in 2, Mevius in 10), oder es handelt sich um eine höchstwahrscheinlich fiktive Gestalt (Canidia in 3, 5 und 17; Neaera in 15.1–16). Zudem werden solche Invektiven dadurch gewissermaßen relativiert, daß Horaz sich gelegentlich selbst zur Zielscheibe seiner Jambik macht. Schon in *Satiren* 2 hat er Dialoge inszeniert, in denen er sich von seinen Gesprächspartnern Vorwürfe anhören muß, und jetzt geht er sogar so weit, sein Alter ego, das sich in Epode 1 unkriegerisch gibt, überdies als Versager beim Liebesspiel reden zu lassen (8; 12).

Dieser Jambiker verfolgt in der Tat keinen Lykambes, und er kann sich auch nicht mit dem Fuchs vergleichen, der seinen treulosen Freund, den Adler, verflucht und anschließend dessen Junge auffrißt. Immerhin setzt die einzige Epode, die auf Archilochos und Hipponax (um 540 v. Chr.), einen weiteren Vorgänger in der Gattung, Bezug nimmt, die Verwandlung des Horaz in einen Hütehund voraus; es ist das offenbar als programmatischer Text zu lesende Gedicht Nr. 6:

Was quälst du Hund unschuldige Fremde,
  feige gegen Wölfe?
Warum wendest du nicht hierher, wenn du kannst, deine leeren Drohungen,
  und greifst nicht mich, der ich zurückbeißen werde, an?
Denn wie der Molosser oder der bräunliche Lakonier,
  der starke Freund der Hirten,
werde ich jagen durch tiefen Schnee mit gespitzten Ohren
  jedes wilde Tier, das vor mir läuft.
Wenn du mit furchterregender Stimme den Hain erfüllt hast,
  schnupperst du nach dem dir hingeworfenen Fraß.
Hüte, hüte dich! Denn, gegen die Bösen sehr wild,
  erhebe ich die kampfbereiten Hörner
wie der vom treulosen Lykambes verschmähte Schwiegersohn
  oder der grimmige Feind des Bupalos.
Oder soll ich, wenn einer mich mit schwarzem Zahn angreift,
  weinen wie ein Knabe, der sich nicht rächen kann?

Das alles klingt vielleicht auf den ersten Blick sehr gefährlich, aber allein schon die Tatsache, daß Horaz den Namen des «Hundes», dem er Angst vor sich einzuflößen versucht, nicht angibt, nimmt der Invektive die Spitze. Nein, dem Archilochos als dem erbitterten Feind des Lykambes gleicht er auch hier nicht, und ebensowenig dem Hipponax, der mit seinen Schmähungen einen Bupalos attackierte. Das Gedicht enthält wenig mehr als Drohungen, und sie sind nicht nur gegen den angeredeten «Hund», sondern ganz allgemein gegen «jedes wilde Tier» beziehungsweise «die Bösen» gerichtet. Das wiederum paßt zur Sprechsituation der vier politischen Gedichte (1, 7, 9 und 16): Horaz, der sich zum Verteidiger einer Personengruppe aufschwingt – in Gedicht 6 sind es die Hirten, als deren Hütehund er das Wort ergreift –, läßt eine andere Gruppe, der er feindlich gesinnt ist, seine Warnungen vernehmen. Der Parteigänger Octavians als Widersacher derjenigen, die noch nach Actium die Ziele des Antonius unterstützen, scheint, wie ich meine, deutlich durch.

Von der Schmähdichtung des Hipponax, der in Epode 6 indirekt genannt ist, ließ Kallimachos sich – wie Horaz von Archilochos – zu einem Jambenbuch anregen, und so wie später der Römer die Aggressivität seines Vorgängers erheblich abschwächte, verfuhr schon der hellenistische Autor, der weder einen Bupalos noch sonst jemanden anfeindete. Im Buch des Kallimachos, von dem nur Fragmente erhalten sind, folgten auf 13 Gedichte in jambischen Metren vier lyrische Texte, die vielleicht stofflich auf das zuvor Gesagte abgestimmt waren. Horaz, der sich für seine Epoden außer Archilochos auch Kallimachos zum Vorbild nahm – in welchem Maße, kann man nicht mehr feststellen –, dürfte mit der von ihm gewählten Anzahl von insgesamt 17 Gedichten an diejenige der Einzeltexte in dem hellenistischen Jambenbuch erinnern. Daß er wie Kallimachos auf Invektiven im Stile der frühgriechischen Schimpf- und Spottgedichte verzichtete, mögen Leser unserer Zeit ebenso begrüßen wie seine Entschärfung der lucilischen Satire. Hätte Horaz nämlich etwa gegen einzelne Personen unter den Gegnern Octavians polemisiert, dann wäre sein Gedichtbuch vielleicht so etwas wie eine stark an aktuellen Ereignissen orientierte politische Propagandaschrift geworden. Tatsächlich aber treten in den Epoden Äußerungen über die Lage der Nation unmittelbar nach Actium doch sehr hinter solchen zurück, zu denen Horaz sich als Beobachter menschlicher Laster und Torheiten genötigt sieht.

In diesem Bereich dominieren zwei Themen: Sex und Magie. Erotische Gedichte verfaßte schon Archilochos – viele waren, wie die Reste ahnen lassen, offenbar sehr obszön –, und diejenigen des Horaz, die sich im Epodenbuch finden, weisen, soweit sie nicht ebenfalls derbe Sexualität bieten, auf die Liebeslyrik innerhalb der Odensammlung voraus. Die Beschäftigung mit Hexerei wird schon in *Sat.* 1.8 und dann wieder in zwei Epoden (5 und 17) verspottet. Nun bedeutet das griechische Wort *epodé* «Zauberformel», und daraus darf man ein Argument dafür ableiten, daß schon Horaz wie unsere Kodizes die Sammlung mit *liber epodon* (Buch der Epoden) überschrieb (und nicht, wie man zum Teil vermutet hat, «Buch der Jamben» nannte). Denn griech. *epodôn* ist der Genitiv Plural zu *epodós* wie zu *epodé*, weshalb die Zeitgenossen neben der eigentlichen Bedeutung des Titels auch «Buch der Zauberformeln» verstehen konnten. Und darin mag eine Anspielung darauf gesteckt haben, daß das neue Jambenbuch ein von Archilochos noch nicht behandeltes Thema ansprach; in den Fragmenten gibt es jedenfalls kein Indiz dafür, auch er habe sich schon über Hokuspokus mokiert.

Symposien mit und ohne Lyra

Wie heute allgemein angenommen wird, machte Archilochos seine gegen Lykambes gerichteten Jamben nicht einer breiten Öffentlichkeit zugänglich, sondern trug sie beim Symposion einem geschlossenen Zirkel von Freunden und guten Bekannten vor. Dasselbe gilt für das wichtigste Vorbild des Horaz im Bereich der Odendichtung: Alkaios, der um 600 v. Chr. auf der Insel Lesbos lebte. Wenn dieser Dichter seine Gedanken über aktuelle politische Probleme, Lebensphilosophie und Erotik zu Gehör brachte – im Gegensatz zu Archilochos sang er seine Verse und begleitete sich dabei auf der Lyra –, lauschten ihm die Gefährten (griech. *hetaîroi*), mit denen er sich zu einer Art exklusivem «Club», der Hetairie, zusammengetan hatte. Nach dem Tod des Myrsilos, eines Herrschers über Mytilene auf Lesbos, den Alkaios und seine Freunde haßten, begann der Dichter ein Lied, das uns wie alle seine Texte nur fragmentarisch überliefert ist, mit folgenden Worten; sie werden hier in einer metrischen Wiedergabe zitiert (332 Voigt; Übersetzung: Fränkel ^{4}1993, S. 217):

Jètzt heíßt es zéchèn, méhr als man kánn und mág,
ùnd sích betrínkèn: Mýrsilos íst ja tót!

Im griechischen Originaltext bestehen beide Verse aus elf Silben mit der Sequenz *|lang|lang|kurz|lang|lang|lang|kurz|kurz|lang|kurz|lang* oder *kurz|*, und entsprechend sind die Betonungen in der deutschen Übertragung. Horaz erinnert an diesen Gedichtanfang zu Beginn seiner Ode 1.37, in der er seine *sodales* (Gefährten) dazu auffordert, sich über den Tod der Kleopatra zu freuen; metrisch kann man Vers 1 und 2a etwa so wiedergeben (Übersetzung wie auch nächste Seite: Färber/Schöne ^{9}1982, S. 63):

Jètzt heíßt es trínkèn, jétzt mit dem freíen Fúß
dìe Érde stámpfen, …

Mit der Silbenzahl und der Verteilung der Längen und Kürzen folgt Horaz der Vorlage, imitiert also eine bestimmte Versform, den alkäischen Elfsilbler. Wie Alkaios verbindet er zwei von diesen Versen mit je einem Neunsilbler (|*kurz* oder *lang*|*lang*|*kurz*|*lang*|*lang*|*lang*|*kurz*|*lang*|*kurz oder lang*|) und einem Zehnsilbler (|*lang*|*kurz*|*kurz*|*lang*|*kurz*|*kurz*|*lang*|*kurz*|*lang*|*kurz* oder *lang*|) zu einer vierzeiligen Strophe:

Jètzt heíßt es trínkèn, jétzt mit dem freíen Fúß
dìe Érde stámpfèn, Sáliermáhle jétzt
aùf reíchem Pfǘhl dèn Gǒttern spéndèn,
Freúnde, zum Fést bei des Dánks Gelágèn!

Mehrere Vierzeiler, welche die hier zu beobachtende Versanordnung AABC aufweisen und als alkäische Strophe bezeichnet werden, fügen sich zu einem lyrischen Gedicht, der Ode, zusammen. Die insgesamt 103 Einzeltexte umfassende Lyriksammlung des Horaz enthält 37 aus alkäischen Strophen bestehende Gedichte. Bevor wir zu anderen von dem Römer verwendeten Odenformen kommen, ist zu fragen, ob auch er im Kreise der engen Vertrauten zur Lyra sang, also wie Alkaios als «Lyriker» im eigentlichen Sinne des Wortes auftrat. Denkbar ist das ja durchaus, zumal er, wie man sieht, in Ode 1.37 nicht nur das metrische Schema, sondern auch die Sprechsituation von Alkaios übernahm. Aber griff er, der renommierte römische Ritter und Freund des Kaisers Augustus, wirklich beim Gastmahl in die Saiten und ließ sein Lied ertönen?

Von Lesbos über Alexandria nach Rom

In Ode 1.6, dem ersten Gedicht, in dem Horaz sich über den Stoff seiner lyrischen Poesie äußert – auch Epode 6 hat, wie wir sahen, programmatischen Charakter –, erklärt der Dichter zunächst in vier von fünf Strophen, er wolle es einem Epiker überlassen, über die Kriegstaten Agrippas und den Ruhm des Augustus zu schreiben; dabei setzt er *scribere*, das lateinische Wort für «schreiben», ganz betont gleich an den Anfang des ersten Verses. Für ihn dagegen gilt (17–20; die Wiedergabe ist in Prosa):

Ich singe von Gastmählern, ich von Kämpfen der Mädchen,
die nur mit geschnittenen Nägeln den jungen Männern gegenüber wild sind –
ob ich nun frei von Liebe oder entflammt bin,
wie gewohnt leichten Herzens.

Ohne vorläufig zu fragen, ob die Thematik der Oden in dieser Strophe ausreichend erfaßt ist, stellen wir fest: Horaz sagt, er «singe», und das bestätigen mehrere Gedichte in allen vier Odenbüchern. Da nun dem bereits erwähnten inschriftlichen Bericht über die Aufführung des Jahrhundertlieds zu entnehmen ist, ein Chor habe es gesungen, liegt nahe zu vermuten, auch die Oden, von denen 25 dieselbe Strophenform aufweisen wie das *Carmen saeculare*, seien von Horaz als Lieder vorgetragen worden. Hinzu kommt, daß der Dichter wiederholt von der Lyra als seinem Instrument spricht. Zweimal redet er sie sogar direkt an, in Ode 3.11.3–24 und durchgehend in 1.32; dort lesen wir (die Übersetzung ist in Prosa):

Ich bitte dich, wenn wir jemals in Muße im Schatten
zusammen gescherzt haben, auf denn, singe, Lyra,
ein lateinisches Lied, das bis zu diesem Jahr
lebt und länger,

du, von einem lesbischen Bürger zuerst gespielt,
der, ungestüm im Krieg, dennoch unter Waffen
oder, wenn er das umhergeschleuderte Schiff festgebunden hatte
am nassen Strand,

den Bacchus und die Musen und Venus und den sie
stets begleitenden Knaben besang
und den Lykos, den mit schwarzen Augen und schwarzem
Haar Zierlichen.

O Zier des Phöbus, du bei den Festessen des höchsten
Jupiter willkommene Lyra, o du der Leiden
süße Linderung und Arznei, sei mir gegrüßt,
wenn ich dich feierlich rufe.

In den beiden mittleren Strophen des Gedichts identifiziert Horaz sich geradezu mit dem singenden Alkaios – dieser ist mit dem «lesbischen» Bürger gemeint –, und aus einer Stelle in Epistel 2.2 darf man schließen, in Rom habe man den Verfasser der Oden nach einem Dichterwettkampf *Alcaeus* genannt (90–101). Horaz bezeichnet sich am Ende von Ode 4.3, die er später als das *Carmen saeculare* schrieb, sogar selbst mit unverkennbarem Stolz als «Meister der römischen Lyra» (23: *Romanae fidicen lyrae*). Ist das nun alles wortwörtlich zu verstehen?

Wer diese Frage beantworten möchte, muß zunächst folgendes bedenken: Alkaios war von Horaz zeitlich etwa so weit entfernt wie Oswald von Wolkenstein von uns heute. Doch wir können dank der Bemühungen mediävistischer Forscher rekonstruieren, in welchem Ambiente der spätmittelalterliche Lyriker seine Lieder vortrug, und die von ihm verwendeten Melodien sind überliefert; dem Römer Horaz dagegen dürfte analoges Wissen über Alkaios verschlossen gewesen sein. Er lernte – dies ist ein zweiter und sehr wesentlicher Punkt – die Werke der frühgriechischen Lyriker höchstwahrscheinlich in Gedichtbüchern kennen, die Philologen in Alexandria rund 400 Jahre nach Entstehung der Lieder als Lesetexte ediert hatten und in denen die von den Autoren komponierten Melodien fehlten. Das Œuvre des Alkaios zum Beispiel hatten die Herausgeber auf (mindestens) zehn Bücher verteilt, deren erstes Hymnen enthielt. Hier waren die Gedichte 1–3 der Reihe nach an Apollon, Hermes und die Nymphen gerichtet und in drei verschiedenen Metren verfaßt: Hymnos 1 und 2 in alkäischen beziehungsweise sapphischen Strophen und Hymnos 3 in fortlaufenden größeren asklepiadeischen Versen (S. 120 f.). Oliver Lyne konnte zeigen (2005a), daß Horaz an dieser Anordnung von Gedichten in höchst subtiler Manier seine Odensequenz 1.9–11 orientiert. Nachdem der Dichter in 1.1–8 die wichtigsten der von ihm benutzten lyrischen Versmaße bis auf eines vorgestellt hat, folgt eine «Alkaios-Triade»: 1.9 bietet die ersten alkäischen Strophen in *Oden* 1 und «zitiert» eingangs den Beginn von Alkaios 338 Voigt, evoziert aber zugleich den römischen Apollokult durch Erwähnung des Berges Soracte, auf dem der Gott verehrt wurde; 1.10 ist eine dem zweiten Hymnos des griechischen Lyrikers entsprechende Merkur-Ode in sapphischen Strophen; in Gedicht 1.11, das acht größere Asklepiadeen aneinanderreiht, redet Horaz die von ihm geliebte Leukonoë an, und diese trägt offenbar den Namen einer der Nymphen, die in Alkaios' Hymnos Nr. 3 apostrophiert waren.

Wie deutlich erkennbar ist, schuf Horaz Lesedichtung. Er strukturierte sein Gedichtbuch mit Blick auf eines der Bücher, die unter dem Namen des Alkaios als Lesetext erschienen waren. Für den römischen Lyriker lebte und sang der griechische in Papyrusrollen, und so lebte und sang Horaz nun als neuer Alkaios in neuen Papyrusrollen. Und daraus darf man folgern: Es war lediglich Fiktion, daß Horaz in die Rolle des beim Gastmahl auftretenden «Meisters der römischen Lyra» schlüpfte. Also begleitet er seine Verse auf diesem Instrument nur als *persona* der vier Odenbücher. Das schließt nicht aus, daß Horaz einzelne seiner Gedichte oder sogar ganze Bücher bei Gastmählern zum besten gab, die von Freunden wie Maecenas veranstaltet wurden. Aber dergleichen geschah wie heute bei Dichterlesungen in Form einer Rezitation. Denn als Buchlyrik konzipiert, richtete sich die Horazische Ode wie die in den alexandrinischen Lyrikerausgaben enthaltenen Gedichte nicht an einen kleinen

Zirkel von Zuhörern, sondern an ein breites Lesepublikum. Für dieses schrieb Horaz nicht Sing-, sondern Sprechverse.

Ein weiteres Argument dafür, daß es sich bei den Oden um Buchlyrik handelt, gewinnt man, wenn man die Horazischen Metren mit denjenigen des Alkaios und der anderen frühgriechischen Lyriker vergleicht. Ihre für den Gesangsvortrag bestimmten Verse weisen stets eine feste Silbenzahl auf, weswegen eine Länge nicht wie in Sprechversen durch zwei Kürzen ersetzt werden kann. Ein solcher ist etwa der Hexameter, das Metrum der Satiren und Episteln des Horaz. Hier bestehen die ersten fünf Versfüße entweder aus einem Daktylus nach dem Schema |*lang*|*kurz*|*kurz*| oder einem Spondeus mit der Quantität |*lang*|*lang*| (der sechste Versfuß ist auf jeden Fall nur zweisilbig: |*lang*|*kurz*| oder |*lang*|*lang*|). Im Deutschen entspricht dem Nebeneinander von Daktylus und Spondeus dasjenige von |*betont*|*zweimal unbetont*| und |*betont*|*weniger betont*|; hier das Beispiel von Homer, *Ilias* 1.1 in einer metrischen Wiedergabe:

Sínge mir, Gőttin, vom Zórn dès Péleùs-Sóhnes Achílleùs

Spondeisch gemessen beziehungsweise |*betont*|*weniger betont*| sind die Silbenfolgen *Zórn dès* und *Péleùs* (und der sechste Versfuß *-chílleùs*). Charakteristisch für den Sprechvers ist außerdem, daß durch ein Wortende mitten in einem Versfuß eine minimale Sprechpause bewirkt werden kann, was in unserem Vers nach *Zorn* der Fall ist. Man nennt das eine Zäsur, da in den Versfuß «eingeschnitten» wird (von lat. *caedere* schneiden). Eine solche ist besonders deutlich, wenn davor ein Satz oder ein Satzglied beendet ist, etwa in dem berühmten Vers 1 von Vergils *Aeneis* (Übersetzung: Rudolf Alexander Schröder, Frankfurt a. M./Hamburg 1963, S. 7):

Arma virumque cano, | *Troiae qui primus ab oris*

Wáffèn síng ich und Mánn, | dèn Érstlìng, wélchen von Trója

Solche Zäsuren gibt es in Singversen nicht. Allerdings ist dort an bestimmten Stellen ein Wortende vermieden, an anderen gestattet. Nun hat man entdeckt, daß ein Wortende nach der fünften Silbe in den erhaltenen alkäischen Versen griechischer Dichter sehr häufig vorkommt; so auch in dem oben zitierten Vers *Jetzt heißt es zechen, mehr als man kann und mag.* Horaz wiederum machte aus diesem Wortende eine Zäsur nach Art derjenigen, die sich in Sprechversen finden, und erhob den Verseinschnitt nach der fünften Silbe zur Norm, von der er nur selten abwich. Seine lyrischen

Verse lehnte er auch insofern an gesprochene an, als er einsilbige Wörter vor und nach der Zäsur sowie am Versausgang mied. Er verwendete sie aber im Gegensatz zu Alkaios und Sappho am Versanfang, und damit verfuhr er zum Beispiel wie Vergil, der manche seiner Hexameter, also Sprechverse, mit einem einsilbigen Wort beginnen läßt.

Auf die gerade erstmals genannte Dichterin, die um 600 v. Chr. mit Alkaios auf der Insel Lesbos lebte, geht die sapphische Strophe zurück, die, wie erwähnt, auch ihr Landsmann benutzte. Hier folgt auf drei kleinere sapphische Verse (zu den größeren S. 119 f.) mit dem Schema |*lang*|*kurz*|*lang*|*lang*|*lang*|*kurz*|*kurz*|*lang*|*kurz*|*lang*|*lang* oder *kurz*| ein Adoneus (fünfter und sechster Fuß eines Hexameters), und in den sapphischen Versen liegt die Zäsur ebenfalls in der Regel zwischen der fünften und sechsten Silbe. Die erste Strophe von Ode 1.22 kann das belegen:

Wér unsträ̀flìch lébt | und von Frével reín ìst –
nícht den Maúrènspéer | noch den Bógen braúcht èr,
aúch den Kṍchèr nícht, | der von gíftgen Pfeílèn
  schwér ist, o Fúscùs.

Diese Strophe erlangte eine gewisse Berühmtheit, weil sie einst an vielen deutschen Gymnasien bei Gedenkfeiern für einen Verstorbenen gesungen wurde. Daß die dafür gewählte Melodie deutlich an die von Chorälen anklingt, ist kein Zufall, da man solche in der frühen Neuzeit zuweilen in horazischen Metren dichtete; Nr. 502 im *Evangelischen Gesangbuch* für Bayern und Thüringen (Text und Melodie: Matthäus Apelles von Löwenstern 1644) beginnt zum Beispiel mit zwei alkäischen Versen:

Nùn preíset āllè | Góttes Barmhérzigkeít!
Lòb íhn mit Schāllè, | wérteste Chrístenheít!

Umgekehrt hat man Horazische Texte bis in die Gegenwart immer wieder vertont, aber das kann im Rahmen dieser Monographie nicht näher ausgeführt werden.

Die lyrische Poesie Sapphos, welche wie diejenige des Alkaios nur in Bruchstücken überliefert ist, wurde von den Alexandrinern in neun Büchern herausgegeben, und das erste begann mit einer Anrufung der Aphrodite durch die Dichterin. Horaz wiederum fleht im ersten Gedicht des vierten Odenbuches Venus an, aber während Sappho die Liebesgöttin herbeiwünscht, wird letztere von dem römischen Dichter gebeten, ihn zu verschonen. Jedenfalls ist wie im Falle der Sequenz *Od.* 1.9–11 deutlich, daß Horaz seine Leser auch hier an einen berühmten Buchanfang erinnern wollte. So war vor ihm bereits Catull verfahren, aber dieser evoziert in den Versen, die seine Sammlung eröffnen, nicht das erste Gedicht eines Buches, das frühgriechische Lyrik enthielt, sondern den Prolog des Meleager von Gadara (um 130–60 v. Chr.) zu seinem etwa 100 v. Chr. erschienenen *Stephanos* (Kranz), einer Anthologie hellenistischer Epigramme verschiedener Autoren (*Griech. Anth.* 4.1). Fast nur Gedichte dieser Gattung hatten bis zum Erscheinen von *Oden* 1 römische Poeten dazu inspiriert, Texte zu verfassen, die man aus moderner Sicht der Lyrik zuordnen würde; speziell im Bereich der Erotik, die in der lyrischen Poesie bei Horaz eine wichtige Rolle spielt, holten Catull und seine dichtenden Zeitgenossen sich ihre Anregungen primär von Epigrammatikern. Horaz dagegen verkündet in Ode 3.30, dem Epilog zu seiner ersten Odensammlung, sehr selbstbewußt (12b–14a):

Aus einem Niedrigen zu einem Mächtigen geworden,
habe ich als erster äolische Poesie hin zu italischen
Weisen geführt.

Mit der äolischen Poesie ist die im äolischen Dialekt gedichtete Lyrik des Alkaios und der Sappho gemeint. Zwar übernahm Horaz, wie ich zu zeigen versucht habe, nicht «Weisen» der beiden, sondern rezipierte ihre Texte, da er sie in Büchern vorfand, als Lesedichtung, aber er fingierte zumindest, daß er sie als Sänger mit der Lyra in der Hand zu Gehör bringe. Das hinderte ihn freilich nicht daran, sich für manche seiner Oden Anregungen auch von Epigrammen zu holen und intertextuelle Bezüge zu solchen Texten herzustellen. Einige seiner kürzeren lyrischen Gedichte sind nicht nur stofflich, sondern sogar strukturell hellenistischen Epigrammen sehr ähnlich, also auf eine Überraschungspointe angelegt.

Zu den in der augusteischen Epoche beliebten Epigrammatikern gehörte Asklepiades von Samos (geb. um 320 v. Chr.). Nach ihm ist ein lyrisches Metrum benannt, das Horaz neben dem alkäischen und dem kleineren sapphischen Vers am häufigsten verwendet: der kleinere asklepiadeische Vers (zum größeren S. 120 f.). Gleich Ode 1.1 beginnt mit einem solchen (Übersetzung: Färber/Schöne [9]1982, S. 7):

Maecenas atavis edite regibus

Úràlt édeln Geschléchts fűrstlicher Spróß, Mäcén

Diesmal handelt es sich um einen Zwölfsilbler, und die Zäsur befindet sich genau in der Mitte (nach *atavis* bzw. *Geschlechts*). Die Silbensequenz der ersten Hälfte – |*lang*|*lang*|*lang*|*kurz*|*kurz*|*lang*| – könnte auch die erste Hälfte eines Pentameters bilden, in der auf zwei Daktylen, die jeweils durch einen Spondeus ersetzt werden können, eine lange Silbe folgt. Und der zweiten Hälfte eines Pentameters ist der asklepiadeische Vers nach der Zäsur immerhin sehr ähnlich, da er nur eine Silbe weniger aufweist: Man mißt hier |*lang*|*kurz*|*kurz*|*lang*|*kurz*|*lang* oder *kurz*|, während die zweite Hälfte des Pentameters immer aus zwei Daktylen und einer Länge, also sieben Silben besteht. Auch der kleinere asklepiadeische Vers als ein für lyrische Poesie konzipiertes System ist also in die Nähe eines Sprechverses gerückt, wodurch erneut signalisiert wird, daß der Odendichter Rezitationslyrik verfaßte.

Wein, Weib, Gesang – und einiges mehr

Obwohl der Schwerpunkt meiner Ausführungen, wie im Vorwort angekündigt, auf dem Inhalt der Horazischen Gedichte liegt, war es im Zusammenhang mit der Frage nach der Abhängigkeit des Odendichters von der griechischen Lyrik unvermeidlich, einiges über seinen Umgang mit lyrischen Versmaßen zu referieren. In dem Kapitel, das einer linearen Lektüre der vier Odenbücher gewidmet ist, wird noch ein wenig zur Metrik zu sagen sein, zum Beispiel dazu, wie kleinere asklepiadeische Verse sich mit anderen zu Strophen zusammenschließen. Jetzt jedoch haben wir im Rückgriff auf die (oben zitierten) letzten vier Verse von Ode 1.6 zu fragen, ob die dort von Horaz genannten zwei Themen seiner lyrischen Poesie tatsächlich die einzigen sind, die er behandelt, und inwieweit er sich stofflich an die frühgriechischen Lyriker anlehnt. Danach soll noch kurz der Einfluß hellenistischer Literatur auf die Oden betrachtet werden.

Horaz verkündet in 1.6.17–20, er «singe» von Gastmählern sowie von Erotik, die er entweder als Beobachter oder als Verliebter erlebt. Demnach ist sein Thema «Wein, Weib und Gesang», und daß schon bei Alkaios davon die Rede war, dokumentieren die Fragmente eindeutig. Aber weder der Grieche noch der Römer beschränkte sich auf diesen Stoff. Horaz weist in der (gleichfalls oben zitierten) *Od.* 1.32 außer auf erotische Gedichte des Alkaios offensichtlich auch auf dessen politische Texte und Götterhymnen hin, und er selbst beschäftigt sich bereits in den Oden 1.1–5 sowie in den Versen, die 1.6.17–20 vorausgehen, mit den Themen «Poetik» (1; 6.1–16; allegorisch wohl auch in 3), «Augustus» (2; 6.11), «Lebensphilosophie» (3; 4) und «Erotik» (4.19 f.; 5); *Od.* 1.10 an Merkur eröffnet dann, nachdem die fünf Komplexe außer «Augustus» in 1.7–9 erneut angesprochen worden sind, eine sich über alle vier Odenbücher verteilende Serie von Götterhymnen. Da «Augustus» mit Politik zu tun hat, bildet die Gruppe der Gedichte, die sich mit dem Prinzeps auseinandersetzen, ein Gegenstück zur politischen Poesie des Alkaios. Andere frühgriechische Lyriker behandeln gleichfalls sowohl Probleme ihres Staates als auch – wie Alkaios – weitere Themen.

Welche von diesen Dichtern außer Alkaios und Sappho sind es nun, durch die Horaz sich beim Schreiben seiner Oden inspirieren ließ? Eine erste Andeutung macht er am Ende von 1.1 gegenüber Maecenas (35 f.):

Wenn du mich den lyrischen Sängern einreihen wirst,
werde ich mit erhabenem Scheitel an die Sterne stoßen.

Mit der Sängerschar, der Horaz hinzugezählt werden möchte, ist offensichtlich der Kanon der neun frühgriechischen Lyriker gemeint. Drei von ihnen, Sappho, Alkaios und Anakreon (um 570–um 485 v. Chr.), verfaßten monodische Lyrik, also Texte, die von einem einzelnen Sänger vorgetragen wurden, während sechs Dichter ihre Poesie durch einen Chor singen ließen: Alkman (2. H. 7. Jh. v. Chr.), Stesichoros (632/29–nach 557 v. Chr.), Ibykos (geb. um 576 v. Chr.), Simonides (556–um 468 v. Chr.), Pindar (522/518–nach 446 v. Chr.) und Bakchylides (um 520–nach 450 v. Chr.). In den ersten drei Odenbüchern stellt Horaz zu allen neun Dichtern intertextuelle Bezüge her, aber sein wichtigstes Vorbild bleibt eindeutig Alkaios. Das lehrt allein schon folgende Beobachtung: *Od.* 1.9–18 bieten eine Revue von sechs der kanonischen Lyriker, da Horaz hier gewissermaßen «exemplarisch» typische Motive ihrer Poesie aufgreift, und fünf von diesen zehn Oden – sie sind am Anfang, in der Mitte und am Ende der Reihe plaziert – erinnern den Leser an Gedichte des Alkaios (9–11; 14; 18); die übrigen repräsentieren Pindar (12), Sappho (13), Bakchylides (15), Stesichoros (16) und Anakreon (17). Nicht selten macht Horaz zu Beginn einer Ode implizit darauf aufmerksam, daß diese von einem frühgriechischen Gedicht seinen Ausgang nimmt, indem er den ersten Vers in lateinischer Wiedergabe als «Motto» zitiert; so entspricht etwa 1.12.1–3a

Welchen Mann, welchen Heros auf der Lyra oder der hellen
Flöte zu verherrlichen übernimmst du, Klio,
welchen Gott?

in etwa V. 1 f. von Pindars zweiter Olympischer Ode:

Phorminxbeherrschende Hymnen,
welchen Gott, welchen Heros, welchen Mann werden wir besingen?

Pindar, der einzige unter den großen neun Lyrikern, von dem wir ganze Bücher besitzen – es sind die vier, die seine Lieder zum Preis von Siegern in athletischen Wettkämpfen enthalten –, hat im vierten Odenbuch des Horaz eine ähnliche Bedeutung wie Alkaios in der ersten Sammlung lyrischer Gedichte: Er ist hier, wie man allgemein annimmt, das wichtigste Vorbild. Ganz sicher sind wir wegen der fragmentarischen Überlieferung archaischer Poesie freilich nicht. Ein Papyrusfund kann das Bild von heute auf morgen verändern. So lassen es in jüngerer Zeit entdeckte Bruchstükke möglich erscheinen, bei *Od.* 4.6–9 handle es sich um eine speziell an Gedichten des Simonides orientierte Gruppe (Harrison 2001a, 264). Vielleicht gilt generell, daß Horaz, der zwischen Buch 1–3 und 4 seiner Oden das *Carmen saeculare* verfaßte, in der zweiten Sammlung den Bezug auf monodische Lyrik hinter der Chorlyrik zurücktreten läßt. Auf jeden Fall dürfte die Lückenhaftigkeit unserer Kenntnis der griechischen Prätexte von Buch 4 den Blick auf manche Feinheit des lateinischen Textes versperren.

Schon bei Pindar spielt dichtungstheoretische Reflexion, das erste der oben genannten fünf Themen in der Horazischen Lyrik, eine bedeutende Rolle. Der Römer steht allerdings in seinen zahlreichen Äußerungen zur Poetik der Oden primär in der Tradition eines Autors, der als Literaturtheoretiker wesentliche Anregungen von Pindar empfing: Kallimachos. Dieser war außerdem zusammen mit anderen hellenistischen Dichtern für Horaz wie schon für Catull und andere Poeten der späten Republik wegweisend im Bereich erotischer Verse. Die griechischen Epigrammatiker, die ihre kurzen Texte in sorgfältig strukturierten Büchern publizierten, regten Horaz wahrscheinlich dazu an, mehrfach seine Erfahrungen mit einer jungen Frau in einer Serie von Gedichten sozusagen als «Roman» zu erzählen; ein solcher fügt sich etwa aus den Lydia-Oden 1.8, 1.13, 1.25 und 3.9 zusammen. Eine Art Fortsetzungsgeschichte kann man gleichfalls erkennen, wenn man die Augustus-Oden quer durch die vier Bücher in der vorgegebenen Reihenfolge liest; davon wird im Lyrikkapitel immer wieder die Rede sein. Auch hier haben wir es mit einem Stoff zu tun, auf den hellenistische Poesie ihren Einfluß ausübte. Denn Herrscherpreis ist ein Thema, das im griechischen Sprachraum unter den Monarchen der Diadochenstaaten in einer für die Römer besonders anregenden Form behandelt wurde. Hellenistische Elemente finden sich ebenso in den an Unsterbliche gerichteten Oden des Horaz, der Götterhymnen nicht nur in den Werkeditionen frühgriechischer Lyriker, sondern zum Beispiel auch bei Kallimachos lesen konnte. Was das Verhältnis des Horaz zu hellenistischer Literatur betrifft, sei schließlich noch darauf verwiesen, daß die ihr zuzurechnenden Schriften griechischer Philosophen, unter ihnen namentlich diejenigen Epikurs, in den moralphilosophischen Passagen der Oden rezipiert sind. Das gilt jedoch auch für entsprechende Stellen in Satiren und Episteln, und da letztere der Reflexion über die rechte Lebensweise sehr viel Platz einräumen, sei ein näheres Eingehen auf den Umgang des Horaz mit Philosophie für den nächsten Abschnitt aufgespart.

Die vier Odenbücher tragen in den Horaz-Kodizes den Titel *Carmina* (Gedichte), der als solcher in der Spätantike sicher belegt ist; außerdem redet Horaz selbst einmal vom *carmen* als einer Textsorte, mit der er offenkundig die Lyrik meint (*Epi.* 2.2.59). Für den Titel *Odae* (Oden) gibt es im Altertum kein Zeugnis, er ist aber bereits seit dem Mittelalter geläufig und hat sich so fest eingebürgert, daß die *carmina* des Horaz auch in dem vorliegenden Buch als Oden bezeichnet werden.

Das Schwein aus der Herde Epikurs

Wenn Horaz in *Epi.* 2.1.4; 250 und 2.2.60 von seinen *sermones* (Plaudereien) spricht, meint er damit nicht allein die Gedichte in den zwei Satirenbüchern, die er mit hoher Wahrscheinlichkeit unter dem Titel *Sermones* publizierte, sondern auch diejenigen, welche die Handschriften übereinstimmend zwei Büchern mit dem Titel *Epistulae* (Episteln) zuordnen. Handelt es sich um ein und dieselbe Gattung? Quintilian setzt das in seiner *Ausbildung des Redners* wohl voraus, da er darin Horaz nur als den Lyriker (1.8.6), Satiriker (10.1.94) und Jambiker (10.1.96) erwähnt. Nun sind in der Tat Satiren und Episteln sehr eng miteinander verwandt: Hier wie dort ist das Versmaß der Hexameter, und zu den wichtigsten Themen gehören in beiden Sammlungen Moralphilosophie und Dichtungstheorie, womit Horaz sich jeweils im Plauderton befaßt. Doch abgesehen davon, daß er den *sermo*-Stil in den Episteln gegenüber den Satiren verfeinert hat, unterscheiden sich die jüngeren Hexametergedichte von den älteren vor allem in einem wesentlichen Punkt: In den Epistelbüchern redet lediglich die *persona* des Autors und wendet sich zudem in jedem Gedicht an einen Adressaten, während wir in den Satiren mehrere Stimmen vernehmen und Horaz dann, wenn er «monologisiert», nur zweimal das Wort an eine Person richtet: in 1.1 und 1.6 an Maecenas als seinen Freund und Patron, dem er Buch 1 widmet. Die Episteln wiederum stehen mit ihrem Adressatenbezug den Oden näher als den Satiren, doch kann man sie nicht einfach «Oden in Hexametern» nennen. Denn sie weisen eine ganze Reihe von Merkmalen auf, die, wie aus den antiken Erörterungen über den Brief als Gattung erhellt, für ebendieses Genre charakteristisch sind. Hervorgehoben sei hier nur, daß die Episteln die

Forderung der Literaturtheoretiker, der Briefschreiber solle seinen Text als «die eine Hälfte eines Gesprächs» konzipieren (Demetrios, *De elocutione* 223), voll und ganz erfüllen. Denn genau diesem Zweck dient hier der von den Satiren übernommene Plauderton.

Einzelne Briefe in Hexametern verfaßte bereits Lucilius, wie die Fragmente seiner Gedichtbücher noch erkennen lassen (z. B. Frg. 182–213 Krenkel). Aber Horaz darf als der erste Römer gelten, der eine Sammlung von Versepisteln veröffentlichte. Nicht neu war dagegen zu seiner Zeit, daß in den Texten Reflexion und hier speziell die philosophische überwiegt. Denn dem Dichter lagen immerhin schon Sammlungen von Prosabriefen griechischer Denker vor. Für ihn besaßen besondere Wichtigkeit, wie gleich gezeigt werden soll, diejenigen Epikurs (341–271 v. Chr.), aber vermutlich ließ Horaz sich auch durch ein unter dem Namen Platons (um 427–um 347 v. Chr.) überliefertes, in der Antike als authentisch betrachtetes Briefkorpus anregen. Darin ist ein besonders prominentes Schreiben das siebte, weil der als Platon sprechende Autor sich hier sehr breit über seinen Werdegang, seine Erfahrungen mit dem langjährigen Freund und Gönner Dion und seine Lehre äußert. Es ist also wohl kein Zufall, daß Horaz ausgerechnet in der relativ umfangreichen siebten Epistel des ersten Buches seinem Patron Maecenas gegenüber das Verhältnis zu ihm thematisiert und zudem gleich am Anfang indirekt auf die Nummer des Briefes im Buch aufmerksam macht; er schreibt (1 f.):

Fünf Tage hatte ich dir versprochen, auf dem Lande zu weilen,
den ganzen Sextilis [= August] lasse ich Lügner mich vermissen …

«… aber zur Entschädigung bekommst du nun wie die Freunde Dions von Platon einen ‹siebten Brief› von mir, lieber Maecenas», mag man hier ergänzen. Wenn man später zu Brief 13 gelangt, in dem jemand angeredet ist, der Augustus ein Geschenk überbringen soll – es sind Buchrollen, die sehr wahrscheinlich die erste Odensammlung enthalten –, bietet sich als Parallele der 13. «Platon»-Brief an: Er ist an den Tyrannen Dionysios von Syrakus gerichtet und erwähnt gleich zu Beginn, diesem würden Pythagoreische Schriften mitgeschickt.

Epikur, in dessen Leben und Lehre die Pflege von Freundschaften im Namen der Philosophie eine wesentliche Rolle spielte – sein berühmter «Garten» in Athen vereinte den Weisen mit seinen Schülern zu einer Gesprächsgemeinschaft –, verfaßte außer den drei uns überlieferten Lehrbriefen zahlreiche Sendschreiben an die überall in der griechischen Welt wohnenden Anhänger seiner Philosophie, worin er nicht nur dozierte und die Adressaten in deren privaten Angelegenheiten beriet, sondern auch viel über sich selbst sprach. Horaz richtet einige seiner Episteln gleichfalls an Freunde, die gerade fern von Rom weilen. Auch er präsentiert sich als Ratgeber, wofür er dann besonders geeignet erscheint, wenn er, der Mittvierziger, seine Gedanken jungen Leuten mitteilt. Er verbindet dabei Empfehlungen, die sich aus der momentanen Situation des Adressaten ergeben, mit der auf Philosophie gestützten Unterweisung. In ihr sieht er gleichzeitig ein ganz persönliches Anliegen, weil er, eine Art «Psychiater» der Briefempfänger, auch sein eigener «Patient» ist, also von der Beschäftigung mit Philosophie selbst zu profitieren versucht. Das macht er gleich zu Beginn von Epistel 1 des ersten Buches deutlich, indem er programmatisch verkündet (11 f.):

Was wahr und geziemend ist, danach forsche und frage ich und gehe
ganz darin auf.
Ich verwahre und ordne, was ich mir dann bald hervorholen kann.

Im Anschluß an diese Worte betont Horaz, er gehöre keiner speziellen Philosophenschule an; das formuliert er so (14 f.):

Nicht habe ich mich verpflichtet, auf irgendeines Meisters Worte zu schwören;
wohin auch immer mich der Sturmwind treibt, dort kehre ich als Gast ein.

Trifft das, was Horaz hier sagt, auf die von ihm in der Briefsammlung vermittelte Ethik wirklich zu? Zumindest auf den ersten Blick steht das Ende von Epistel 4 dazu im Widerspruch. Dort schreibt der Dichter einem Albius, der vermutlich mit dem Elegiker Albius Tibullus (gest. ca. 18 v. Chr.) identisch ist (15 f.):

Mich, den Fetten und Glänzenden mit wohlgepflegter Haut, wirst du besuchen,
wenn du einmal lachen willst, mich, ein Schwein aus der Herde Epikurs.

Nähere Betrachtung der letzten Worte ergibt freilich, daß sie ironisch gemeint sein müssen. Zwar kann *grex* (Herde) die Schülerschar eines Philosophen bezeichnen, aber hier soll man wohl zugleich an einen Schweinehirten denken, weil die Kritiker Epikurs in der Antike gern die falsche Behauptung aufstellten, er predige als Hedonist Borstentieren in Menschengestalt die grenzenlose Sinnenlust. Da nun Horaz sich in seinem gesamten übrigen Werk immer wieder als das genaue Gegenteil eines Hedonisten porträtiert, darf man das in *Epi.* 1.4.15 f. steckende Bekenntnis zum «Meister» gewiß nicht ernst nehmen. Andererseits befindet sich Horaz in der Regel gerade dann, wenn er ein möglichst bescheidenes, von hemmungslosem Lustgewinn freies Dasein zu seinem Ideal erklärt – wir werden im nächsten Abschnitt darauf zurückkommen –, in Übereinstimmung mit ethischen Forderungen, die Epikur in Wahrheit vertrat. Ja, man kann sogar generell sagen, daß die von Horaz in seinen Gedichten vorgetragene Lebensphilosophie mehrere für die epikureische Lehre charakteristische Elemente aufzuweisen hat. Und das dürfte nicht zuletzt aus seiner Biographie zu erklären sein.

Vergil und Varius, die beiden Freunde des Horaz, die ihn bei Maecenas einführten (*Sat.* 1.6.55), waren zusammen mit Quintilius Varus und Plotius Tucca Schüler eines Philosophen, der im 1. Jahrhundert v. Chr. ganz wesentlich zur Verbreitung des Epikureismus in Italien beitrug: Philodem von Gadara (um 110–nach 35 v. Chr.). Dieser lehrte von etwa 70 v. Chr. bis zum Ende seines Lebens in der Gegend von Neapel, und mehrere seiner zahlreichen Schriften sind durch Papyrusfragmente bekannt, die man in der sogenannten «Villa der Pisonen» in Herculaneum wiederentdeckt hat; der beim Ausbruch des Vesuvs 79 n. Chr. verschüttete Ort wurde seit 1688 ausgegraben. Eines der Bruchstücke von Philodems Schrift *Über die Habgier* enthält eine Anrede an drei Personen, aber allein die Vokative *Ouárie* (*Varie*) und *Kointíli*[*e*] (*Quintilie*) kann man eindeutig lesen, während von dem dritten nur]*tie* übriggeblieben ist. Ihn zu *Horátie* zu ergänzen, fühlt man sich natürlich verlockt, aber es gibt kein antikes Zeugnis, aus dem zweifelsfrei hervorgeht, daß Horaz zur «Herde» Philodems in Kampanien gehörte. Immerhin belegen die Werke des römischen Dichters von *Satiren* 1 an, daß er die Schriften des Epikureers eifrig studierte und sich bei seinen Erörterungen über die Lebensphilosophie gerne auf sie stützte, besonders in den beiden Epistelbüchern. So ist zum Beispiel eine der Quellen von Epistel 1.2.1–31 – hier versucht Horaz dem jungen Lollius Maximus zu zeigen, man könne aus Homers *Ilias* und *Odyssee* ethische Lehren ableiten – Philodems Schrift *Über den Homer zufolge guten König*. Oder: Für die durch den Pisonenbrief vermittelte *Ars poetica* benutzte Horaz unter anderem die (mindestens) fünf Bücher *Über die Gedichte*, die Philodem in Auseinandersetzung mit der (verlorenen, aber von Horaz offenbar ebenfalls eingesehenen) Poetik des Neoptolemos von Parion (3. Jh. v. Chr.) schrieb. Als Adressaten der berühmten Epistel hatte ihr Verfasser nicht zufällig die beiden Söhne des L. Piso Pontifex gewählt (S. 29). Denn Philodem war der Hausphilosoph und Freund ihres Großvaters L. Calpurnius Piso Caesoninus gewesen.

Man sieht deutlich: Horaz fühlte sich Philodem und dem hinter diesem stehenden Schulgründer Epikur eng verbunden. Dennoch entspricht die programmatische Erklärung des Dichters in Epistel 1.1, er sei auf keine Lehre eingeschworen, der Realität. Wie er sich in der ersten Sammlung seiner lyrischen Gedichte primär an Alkaios anlehnt, aber gleichzeitig auf die anderen acht frühgriechischen Lyriker rekurriert und außerdem intertextuelle Bezüge zu hellenistischen Epigrammatikern herstellt, so verschmilzt er in seinen Episteln, soweit sie ethischen Inhalts sind, Lehrmeinungen Epikurs, seines bevorzugten Meisters, mit Gedanken, die er durch die Schriften mehrerer anderer griechischer Philosophen der klassischen und hellenistischen Epoche kennenlernte. Auf solche Weise war er bereits in den Satiren, Epoden und Oden stets dann verfahren, wenn er sich dort mit Problemen der Lebensführung befaßte. Es ging ihm offenkundig nicht darum, Philosophie um ihrer selbst willen an die Leser zu vermitteln. Diese waren es in seiner Zeit gewohnt, daß die unterschiedlichen Schulen in Konkurrenz zueinander ein jeweils in sich geschlossenes System lehrten. Horaz dagegen lag, wie deutlich sichtbar ist, in erster Linie daran, sich mit Argumenten, die ihm mehrere Lehren an die Hand geben konnten, gegen eine «unphilosophische» Lebensform auszusprechen, also etwa die eines Habgierigen, die von sämtlichen Philosophenschulen seiner Epoche verurteilt wurde. Orthodoxes Rekapitulieren von Dogmen einer einzelnen Richtung hätte auch nicht recht gepaßt, weil es schwerlich mit dem Plauderton der Episteln vereinbar gewesen wäre; exemplarisch zeigen kann das der Vergleich mit *Von der Natur der Dinge*, dem epikureischen Lehrgedicht des Lukrez (Mitte 1. Jh. v. Chr.). Dieser Vermittler philosophischen Gedankenguts wendet sich an sein Publikum mit dem flammenden Pathos eines Missionars, der im Namen seines «Gottes» – einem solchen wird Epikur von dem Dichter in der Tat gleichgesetzt – dessen Botschaft als die einzig selig machende Wahrheit verkündet. Für Lukrez ist, wie er einmal sagt (2.7–10), nichts angenehmer,

als zu bewohnen die hochragenden,
durch die Lehren der Weisen gut geschützten heiteren Tempel,
von denen du herabblicken kannst auf andere und sehen, wie sie überall
herumirren und umherschweifend den Weg des Lebens suchen.

Hier predigt also einer aus einsamer Höhe zu einer von ihm isolierten Schar. Horaz dagegen sucht das vertraute Gespräch mit den Freunden, und wenn er als Briefschreiber «die eine Hälfte» eines solchen übernimmt, so redet er dennoch nicht von einem hochragenden Tempel aus. Als er sich dann doch einmal zum Verfassen einer Epistel, die philosophische Überlegungen enthält, in einen geweihten Bezirk begibt, läßt er sich hinter einem unbedeutenden, verfallenen Heiligtum nieder; das verrät er dem Briefadressaten Aristius Fuscus pointiert am Ende der ersten Hälfte des ersten Epistelbuches (1.10.49 f.):

Dies habe ich für dich diktiert hinter dem morschen Tempel der Vacuna,
nur darüber nicht froh, daß du nicht bei mir bist, ansonsten schon.

Horaz steht mit seiner Sprechhaltung Lukrez nicht nur denkbar fern, sondern gleicht eher Epikur, weil er wie dieser den Lehrer-Schüler-Dialog dem Dozieren vorzieht. Freilich ist er im Gegensatz zu Epikur und Lukrez dazu bereit, in die Ausführungen zu seiner Vorstellung von der rechten Lebensweise die Meinungen anderer Philosophen zu integrieren. Mochten diese größten Wert darauf legen, ihre Lehren von denen der Kollegen sorgfältig abzugrenzen, so existierte nun all das, was Horaz davon für akzeptabel hielt, friedlich nebeneinander in seinen unorthodoxen Plaudereien.

«Kleine» Poesie am kleinen Tisch

In den vorausgegangenen vier Abschnitten des laufenden Kapitels, die den vier von Horaz gewählten Genres Satire, Jambus, Lyrik und Versepistel gewidmet sind, konnten als seine Vorläufer in den drei ersten Gattungen – die vierte hat er im wesentlichen selbst begründet – lediglich Autoren genannt werden, deren Werke bruchstückhaft auf uns gekommen sind (Pindars vollständig überlieferte Siegeslieder bilden die einzige Ausnahme, aber sie machen nur ein knappes Viertel des Gesamtwerks aus). Doch nicht nur durch die Ungunst der Überlieferung wurden all die Texte, von denen Horaz sich zu eigenen anregen ließ, «fragmentarisiert», sondern in gewisser Weise auch durch ihn selbst. Denn er liebt es, auf Schritt und Tritt einzelne Sätze oder Wörter aus seinen Vorlagen zu «zitieren» – etwa die Anfänge griechischer Gedichte, die bei ihm, wie bereits gezeigt (S. 49), als Motto fungieren können. Sein gesamtes Œuvre wimmelt geradezu von Anspielungen auf Passagen in Werken sowohl der älteren Vertreter von Satire, Jambus und Lyrik als auch der verschiedensten Poeten und Prosaautoren vom 8. Jahrhundert v. Chr. bis in die eigene Zeit. Diese Art von Intertextualität liefert einen unentbehrlichen Schlüssel zur Erklärung antiker Literatur, da das «Zitat» den gedanklichen Zusammenhang im Werk des benutzten Autors aufruft und dadurch zum besseren Verständnis des «zitierenden» Textes beitragen kann. Das trifft auch und gerade auf Horaz zu. Doch in einer einführenden Gesamtdarstellung wie dieser hier kann nicht mehr geboten werden als ein Überblick über die wichtigste von dem Dichter verwendete Literatur, wie er gerade gegeben wurde, und gelegentliches Heranziehen der Texte, auf die er in einzelnen Versen anspielt, bei der Besprechung der Werke. Da die Poesie des Horaz für uns heute nicht ganz leicht zugänglich ist – Gründe dafür wurden bereits im Vorwort genannt –, muß der Schwerpunkt der Interpretation auf einer Erklärung des auf dem Papier zu lesenden, nicht des im Geist mitzulesenden Wortlautes liegen.

Es ist schon viel erreicht, wenn bei einem sukzessiven Durchgehen der einzelnen Bücher deren wichtigste Motive herausgearbeitet werden – das soll in den nachfolgenden Kapiteln geschehen – und sich so allmählich zeigt, was davon in Texten aller vier Gattungen am häufigsten wiederkehrt. Denn auf solche Weise wird relativ leicht wahrnehmbar, was das Œuvre «im Innersten zusammenhält», also dessen Einheit bewirkt. Nun gibt es einige Gedichte, in denen auf engem Raum mehrere Horazische Leitmotive erscheinen. Eines davon ist die an Pompeius Grosphus gerichtete Ode 2.16, die etwa in der Mitte der ersten Lyriksammlung ihren Platz fand und somit auch (sicher zufällig) das Zentrum aller neun Bücher einnimmt. Sie präsentiert geradezu die Quintessenz von Denken und Dichten dieses Autors, und daher wird nun zur Einstimmung auf Kapitel 2–5 der vollständige Text interpretiert; beginnen wir mit den ersten vier Strophen:

Ruhe erfleht von den Göttern, wer in der offenen
Ägäis erfaßt wurde, sobald die schwarze Wolke
verborgen hat den Mond und nicht mehr hell scheinen
  die Sterne den Seeleuten,

Ruhe das vom Krieg tobende Thrakien,
Ruhe die Parther, die mit dem Köcher geschmückten,
Grosphus, die nicht für Juwelen noch für Purpur käuf-
  lich ist noch für Gold.

Denn keine Schätze und nicht des Konsuls
Liktor treiben weg die elende Unruhe
der Seele und die Sorgen, die um die getäfelte
  Decke fliegen.

Es lebt mit wenigem gut, wem das vom Vater ererbte
Salzfaß auf schlichtem Tisch glänzt
und dem nicht den leichten Schlaf Angst oder schmutzige
  Begierde rauben.

Dem pointiert an den Anfang von Vers 1, 5 und 6 gestellten Wort «Ruhe» entspricht im Originaltext *otium*, das jedesmal für Ruhe und Sicherheit vor äußeren Bedrohungen steht – für die Windstille, um die der in einen

Sturm geratene Seefahrer bittet, und für den von kriegführenden Völkern ersehnten Frieden. Dieses *otium* ist etwas Erstrebenswertes, und das gilt auch zunächst einmal, wenn der Begriff «Muße, Freizeit» bedeutet. Doch für einen Römer kann eine solche Form von *otium* etwas Gefährliches haben, zum Beispiel für Catull. Nachdem dieser in seinem Gedicht 51, das wie Ode 2.16 in sapphischen Strophen verfaßt ist, ausführlich geschildert hat, wie ihn der Anblick der von ihm geliebten Lesbia aller seiner Sinne beraubt, sagt er in den letzten vier Versen (13–16):

Muße, Catull, bringt dir Schwierigkeiten,
Muße läßt dich übermütig werden und zu viel begehren,
Muße hat einst Könige und reiche
  Städte vernichtet.

Auch hier erscheint im Originaltext *otium* dreimal betont am Versanfang. Horaz knüpft also erkennbar an Catulls Gedicht an, ja setzt es geradezu fort, um seine «Lesart» des Wortes mit derjenigen des Vorgängers zu konfrontieren. Für diesen ist *otium* offenbar so etwas wie «aller Laster Anfang», ja kann sogar in einem Staatswesen, das keine auswärtigen Kriege führt, den politischen und sittlichen Niedergang bewirken (so dürften die letzten beiden Verse zu interpretieren sein). Der Odendichter dagegen verwendet *otium* als einen philosophischen Wertbegriff. Er bezeichnet damit, wie sich in Strophe 3 herausstellt, die innere Ruhe, die in einer nicht von «elenden Wirren und Sorgen» heimgesuchten Seele herrscht. Damit spielt er speziell auf die von Epikur als höchst wertvoll eingeschätzte Ataraxie (von griech. *ataraxía* «Gemütsruhe»; lat. *tranquillitas animi*) an, wie ein weiterer Prätext von Ode 2.16 lehrt; es ist der Anfang des zweiten Buches in Lukrez' *Von der Natur der Dinge* (1–6):

Angenehm ist es, wenn auf dem großen Meer die Winde die Wogen aufwühlen,
vom Land aus der großen Mühsal eines anderen zuzusehen;
nicht weil die Qualen, die jemand erleidet, ein erfreuliches Vergnügen sind,
sondern weil es angenehm ist zu sehen, von welchen Übeln man frei ist.
Angenehm ist es auch, die großen Schlachten des Krieges zu betrachten,
die im Felde geführt werden, ohne daß man Anteil hat an der Gefahr.

In diesen Versen fehlt *otium* im Sinne von Ataraxie dem im Sturm befindlichen Seefahrer und dem Krieger, die zu Beginn von Ode 2.16 um *otium* flehen. In beiden Texten kommt der nach Macht strebende Politiker hinzu: Lukrez nennt ihn wenig später (V. 11–13), Horaz denkt an ihn, wenn er sagt, *otium* sei nicht durch Edelsteine, nicht durch Purpur – hier meint er den Purpurstreifen an der Toga eines Konsuls – und nicht durch Gold käuflich, denn weder die Schätze eines solchen Machtträgers noch seine Liktoren (Amtsdiener) könnten ihn von Unruhe und Sorge erlösen. Man darf den Seefahrer, da verwandte Texte dazu raten, bei den zwei Dichtern mit dem auf Erwerb von Reichtum begierigen Kaufmann gleichsetzen, und dann ergibt sich: Der von einem Epikureer als «angenehm», ja als das größte Gut bewertete Seelenfrieden bleibt Menschen versagt, die entweder wie der Kaufmann von Habsucht (*avaritia*) oder wie Krieger und Politiker von Ehrgeiz (*ambitio*) und dem damit verbundenen Machthunger beherrscht sind. Frei davon ist, wie Horaz in Strophe 4 schreibt, derjenige, der nur über einen schlichten Eßtisch verfügt, also ein bescheidenes Dasein führt, und ein solcher Mensch kann ruhig schlafen, weil ihn weder Angst, einer der von der hellenistischen Philosophie bekämpften Affekte, noch Geldgier und das Verlangen nach politischer Autorität quälen.

Wir haben es hier mit einem bei Horaz von der ersten Satire an in immer wieder neuen Variationen behandelten Thema zu tun: der Lehre, welcher zufolge derjenige glücklich ist, der sich damit begnügt, «mit wenigem» zu leben (V. 13), also auf Reichtum und Macht verzichtet. Weitere von Epikur und anderen griechischen Moralphilosophen übernommene Lebensmaximen kann man in den Strophen 5–8 von Ode 2.16 entdecken:

Was werfen wir in unserem kurzen Leben kühn unseren Speer
nach vielen Zielen? Was wechseln wir über in Länder, die von einer anderen
Sonne glühen? Welcher der Heimat Entflohene
ist auch sich selbst entronnen?

Es steigt auf erzbeschlagene Schiffe die böse
Sorge und verläßt nicht die Reiterscharen,
schneller als Hirsche und als der wolkentreibende
Ostwind schneller.

Froh über die Gegenwart soll der Sinn um das, was jenseits davon liegt,
sich zu kümmern ablehnen und Bitteres durch gelassenes
Lächeln mildern: Nichts ist in jeder
Hinsicht glücklich.

Davongetragen hat den ruhmvollen Achill ein schneller Tod,
ein langes Greisenalter läßt den Tithonus dahinschwinden,
und mir wird vielleicht, was sie dir versagt,
die Stunde gewähren.

Es würde zu weit führen, im einzelnen nachzuweisen, daß sowohl das in diesen Versen Vorgetragene als auch die Art, in der Horaz es präsentiert, für ihn besonders typisch ist; ich greife nur drei Punkte heraus. Hervorgehoben sei als erstes, daß der Dichter in V. 17f. mit dem Namen seines Adressaten Grosphus spielt: Das griechische Wort *grósphos* bedeutet «Speer», und offensichtlich im Hinblick darauf verwendet Horaz das Bild vom Werfen eines Speers nach vielen Zielen hier für Menschen, die in ihrem kurzen Leben gewaltsam alles Mögliche zu erlangen begehren (statt, wie man ergänzen darf, im Sinne aller hellenistischen Philosophenschulen auf das Streben nach dem Unverfügbaren zu verzichten). Dadurch zählt der Dichter «Freund Speer» scherzhaft zu denjenigen, die allzu ambitioniert sind, läßt mithin beim Philosophieren leisen Humor erkennen, und das ist ein charakteristisches Element seiner Sprechweise. Außer Humor verrät Horaz – das ist mein zweiter Punkt – humanes Mitgefühl. Denn in dem Satz, in dem er das Handeln der unersättlichen Menschen in Frage stellt (V. 17), redet der Dichter in der ersten Person Plural und bezieht so «uns» alle sowie sich selbst ein. Lukrez dagegen hatte in der eben zitierten Textpassage die «Mühsal eines anderen» von einem entfernten Standort aus beobachtet. Schließlich ist bemerkenswert, daß Horaz in den Strophen 7 und 8 (V. 25–32) seine noch heute bekannte Aufforderung, man solle den Tag nutzen, wieder einmal einbringt, also auf das Motiv *carpe diem* (S. 11) zurückgreift.

Wie man aus den beiden letzten Strophen von Ode 2.16 erfährt, kann ein «schlichter Tisch» schwerlich dem Grosphus, wohl aber dem Dichter genügen (33–40):

Dich ummuhen hundert Herden sizilischer
Kühe, dir erhebt ihr Wiehern
die Stute, die geeignet ist für Viergespanne, dich kleiden
  zweimal mit afrikanischem Purpur

gefärbte Wollgewänder; mir hat ein kleines Stück Land und
den zarten Hauch der griechischen Muse
die niemals lügende Parze gegeben, und das mißgünstige
  Volk zu verachten.

Horaz verdeutlicht in V. 37f. durch Wortbezüge zur vierten Strophe, daß seine Daseinsform einer solchen entspricht, die *otium* ermöglicht. Hatte er sich in V. 13 allgemein über das «Leben mit wenigem» (*vivere parvo*) geäußert, welches für das Erlangen von Gemütsruhe notwendig sei, so erklärt er jetzt, indem er sich von dem reich begüterten Gedichtadressaten Grosphus abgrenzt, ihm habe eine der drei Schicksalsgöttinnen ein kleines Stück Land (*parva rura*) geschenkt. Eine weitere Gabe, die er ihr verdankt, ist poetische Inspiration (*spiritus Graiae Camenae*), freilich nur «zarte, geringe» – im Original steht *tenuis*, was beides bedeutet –, und sie ist offensichtlich das Pendant zu der in V. 14 hervorgehobenen *mensa tenuis* (schlichter Tisch). Als *tenuis* bezeichnet Horaz also sowohl seine Lebensweise, zu der anspruchsloses Essen gehört, als auch seine Dichtung, und diese nennt er «zart», weil sie in der Tradition von «kleiner» Poesie nach Art derjenigen des Kallimachos steht; der hellenistische Dichter wird im Prolog zu seinen *Aitia* (Ursprungsmythen) von Apollo dazu aufgefordert, sich durch die *Moûsa leptalée* (zarte Muse) inspirieren zu lassen (Frg. 1.24 Asper). Kallimachos ist es auch, der die neidischen Kritiker seiner Dichtung als «<bösartiges> Volk» anredet (1.7 f.; «bösartig» ist die überzeugendste Ergänzung in dem lückenhaft überlieferten Text), und das evoziert Horaz, wenn er schreibt, von der Parze sei ihm die Fähigkeit verliehen worden, «das mißgünstige Volk zu verachten».

Die Schlußstrophe der Ode 2.16, so zeigt sich klar, enthält eine wichtige Aussage des Horaz über seine Dichter-*persona*: Er verbindet eine bescheidene Lebensweise in Anlehnung an Forderungen hellenistischer Philosophenschulen mit fein ausgearbeiteter, «kleine» Themen behandelnder Poesie, wie sie erstmals von hellenistischen Dichtern geschrieben wurde. So erscheint er als «Epikur» in Personalunion mit «Kallimachos» und weckt in uns die Vorstellung, er verfasse in perfekter Harmonisierung von Leben und Kunst an einem kleinen Tisch «kleine» Poesie. Ein solches Bild von seiner dichterischen Existenz ist freilich Teil eines literarischen Diskurses und deshalb primär als Fiktion zu verstehen, muß also nicht mit der biographischen Realität übereinstimmen. Um diese wird es ohnehin in den verbleibenden vier Kapiteln nicht mehr gehen, sondern um die vier Gedichtsammlungen des Horaz, in denen seine *persona* zu uns spricht.

Spaziergänge, Schnurren und Schmausereien: *Satiren* in zwei Büchern

Die beiden Satirenbücher des Horaz, die zehn beziehungsweise acht Gedichte umfassen, wurden nicht zusammen veröffentlicht – das zweite kam etwa fünf Jahre nach dem ersten heraus –, sie bilden aber eine kompositionelle Einheit. Horaz hat diese unter anderem dadurch hergestellt, daß er 2.1 eng mit 1.10, dem letzten Gedicht in Buch 1, verklammerte. In 1.10 redet er zunächst ausführlich über sein Verhältnis zu Lucilius, dem Vorgänger in der Gattung, wobei er den Schwerpunkt auf formale Aspekte der Satirendichtung legt. Dann beendet er das Gedicht mit einer Aufzählung von Angehörigen der römischen Oberschicht, deren positives Urteil über seine Poesie er für sich in Anspruch nehmen darf. Hier erscheinen prominente Namen wie Maecenas, Vergil, Pollio und Messalla; man vermißt nur einen, der in einer früheren Passage des Buchs immerhin kurz genannt war (1.3.4): Caesar Octavian. Doch am Ende von 2.1 weist Horaz, nachdem er sich wieder mit Lucilius auseinandergesetzt hat – diesmal stofflich –, unmißverständlich darauf hin, Octavian habe seine Satiren gelobt (83 f.). So zeigt sich klar: 2.1 ist komplementär auf 1.10 bezogen. Um Octavian geht es sogar schon in 2.1.10–20 – Horaz erklärt hier, zur Verherrlichung der «Taten des unbesiegten Caesar» (11) fehle ihm die Kraft –, und wenn in 2.5 zum zweiten Mal die militärischen Erfolge des Imperators erwähnt werden (62–64), erfolgt das wie in 2.1 an exponierter Stelle: im ersten Gedicht der zweiten Buchhälfte. Spätestens jetzt erkennt man: Der Dichter hat das zweite Satirenbuch zumindest indirekt Octavian gewidmet – für eine explizite Zueignung ist er, wie aus seiner Verweigerung des Herrscherpreises erschlossen werden darf, zu scheu –, und er ruft dies in Erinnerung, indem er kurz auf die Taten des Imperators zurückkommt. Außerdem gibt es zu der Nennung Octavians jeweils am Anfang der ersten und zweiten Hälfte von Buch 2 ein Pendant in Buch 1: Dort wendet Horaz sich in 1.1 an Maecenas, wiederholt das in 6.1, also zu Beginn der zweiten Buchhälfte, und verdeutlicht so, daß er dem Freund und Patron Buch 1 der Satiren dediziert.

Vergleicht man die beiden Bücher als ganze miteinander, bemerkt man, daß die wichtigsten Themen des ersten im zweiten erneut, aber jetzt unter anderen Aspekten behandelt werden. Was wir in Buch 1 lesen, betrachten wir aus der Sicht des Horaz. Hier steht er als «ich» sagende Person im

Zentrum und erzählt uns eine Art Geschichte über seine *persona*. Zunächst präsentiert er sich als moralphilosophischer Lehrer, der in unterhaltsamem Plauderton drei ethische Probleme erörtert (1–3), dann als Nachfolger des Lucilius in der Gattung Satire (4) und schließlich als Klient und Freund des Maecenas (5–10). Mit den Ausführungen über seine Beziehung zu diesem Mann und dessen Freunden verbindet er zweierlei: zum einen Berichte über drei Ereignisse, in denen sich seine Lebenserfahrungen von der Zeit kurz vor den Kämpfen bei Philippi bis zu seiner gegenwärtigen Situation als Mitglied des Maecenaskreises widerspiegeln (7–9), zum anderen weitere Äußerungen über sein Verhältnis zu Lucilius (10). Horaz setzt sich also in Buch 1 als *persona* gut sichtbar in Szene. Im zweiten Buch dagegen tritt er in den Hintergrund seiner Bühne, indem er überwiegend andere zu Wort kommen und sie als seine Dialogpartner zum Teil über moralphilosophische Probleme dozieren läßt, mit denen er sich selbst in Buch 1 befaßt hatte; dadurch werden diese Themen jeweils von einem anderen Blickwinkel aus beleuchtet. Lediglich in 2.6 redet Horaz länger, hört sich aber am Ende des Gedichts die detaillierte Erzählung einer Fabel an, die in verschlüsselter Form auf seine gerade über sich selbst gemachte Aussage reagiert. Die Männer, die in Buch 2 der Reihe nach ihre Lehren verkünden (in 2; 3; 4; 5 und 7), sind so charakterisiert, daß man sie nicht ernst nehmen kann, zumal dann, wenn der Gegenstand ihrer Unterweisung nichts weiter als ihrer Meinung nach richtiges Essen und Trinken ist (2 und 4). Dieses Thema spielt im gesamten zweiten Buch eine dominierende Rolle – alle Gedichte mit einer geraden Zahl sprechen es an –, weswegen man in Teil 2 des Satirenkorpus beinahe mehr über eine gute Ernährung lernt, als daß man ethisch instruiert wird.

Wenn jemand in den Satirenbüchern etwas lehrt, exemplifiziert er seine Darlegungen zuweilen durch eine kurze Geschichte, die man früher als Schnurre bezeichnet hätte. Die Lehren selbst werden von Horaz und den anderen Weisheitsvermittlern in der Art erteilt, daß man sich vorstellen kann, man begleite den Herrn Dozenten auf einem Spaziergang und lausche seinen «Schnurren» während der Verschnaufpausen. Wenden wir uns nun den ersten drei «Spaziergängen» zu: den Satiren 1.1–3.

Sittenkritische Plaudereien

Lebensphilosophie war in der Antike identisch mit dem Nachdenken darüber, was der Mensch tun sollte, um sich glücklich nennen zu können. Horaz deutet gleich im ersten Satz der Satire 1.1 an, auch er werde das Thema, das er behandeln möchte – es ist sofort als ein ethisches erkennbar –, in den größeren Rahmen von Überlegungen zum «glücklichen Leben» stellen, und das bestätigt er am Ende des Gedichtes. Er beginnt mit der Frage (1–3):

Wie kommt es, Maecenas, daß niemand mit dem Los, das ihm
die Vernunft verschafft oder das Schicksal zugeworfen hat,
zufrieden lebt, sondern die lobt, die anderen Dingen nachgehen als er?

Nachdem Horaz dann zu einer Antwort gelangt ist – dem Inhalt der Satire widmen wir uns gleich –, schreibt er (117–119):

Daher kommt es, daß wir selten einen, der sagt, er habe glücklich
gelebt, und der zufrieden nach Vollendung seiner Zeit aus dem Leben
geht wie ein gesättigter Gast, finden können.

Sieht man von dem kleinen Widerspruch ab, der sich daraus ergibt, daß in dem von einer Prämisse ausgehenden Fragesatz «niemand», dagegen im Resümee «selten» steht, dann können diese beiden Passagen, isoliert vom übrigen Text gelesen, zu folgender Annahme verleiten: Horaz gelange in geradliniger, wohlstrukturierter Gedankenführung von A nach B. Ist es so? Nein, ganz und gar nicht. Doch ehe ich zu zeigen versuche, wie der Dichter bei seinen Reflexionen die einzelnen Schritte vollzieht, seien die drei moralphilosophischen Themen genannt, die er in den ersten drei Satiren von Buch 1 erörtert: Habgier (1), außerehelicher Sex (2) und Intoleranz gegenüber Freunden (3).

Bei Betrachtung des jeweiligen Hauptteils in den drei Gedichten lassen sich immerhin Gliederungseinheiten unterscheiden. Im Mittelabschnitt von 1.1 lehrt Horaz zunächst dies: Habgier sei sinnlos, da der durch sie erworbene Reichtum keine Vorteile bringe gegenüber Leuten, die nur das zum Leben unbedingt Nötige besitzen (41–67). Danach versucht der Dichter zu belegen, daß Reichtum keineswegs ein glückliches, sondern ein von Sorgen und Gefahren bedrohtes Dasein beschere (68–100). Der Hauptteil von 1.2 zerfällt ebenso in zwei Abschnitte. Im ersten zählt Horaz die Nachteile sexueller Beziehungen zu verheirateten Frauen auf (37–79), im zweiten tritt er dafür ein, daß ein Mann seine geschlechtlichen Bedürfnisse ohne großen finanziellen Aufwand mit Hetären oder einfach mit Sklavinnen und Sklaven befriedigen sollte (80–119). Ein Diptychon weist schließlich auch der zentrale Abschnitt von 1.3 auf: Thema von V. 25–75 ist der Rat zur Toleranz gegenüber den Fehlern und Schwächen der Freunde, in V. 76–124a wird empfohlen, wir sollten im Hinblick auf deren leichte Vergehen nicht zu streng urteilen.

In diesen Paraphrasen ist freilich nur der Kern der Aussage herausgefiltert, während unberücksichtigt bleibt, was bei Gesamtbetrachtung der drei Gedichte, deren Hauptteile ich referiert habe, interessanter erscheint als die darin enthaltene Lehre: die äußere Form, in der sie vermittelt wird. Thematisch stand Horaz in einer jahrhundertealten moralphilosophischen Tradition, durch die vieles von dem, was er schreibt, längst zum Gemeinplatz geworden war, und sie pflanzt sich noch heute fort. Denn mit Habgierigen, Ehebrechern und Menschen, die zur Toleranz gegenüber Freunden ermahnt werden müssen, haben sich ethische Traktate nicht allein in der Antike, sondern von da an bis in die Neuzeit befaßt, und irgendwie sind diese Moralpredigten alle gleich. Man kann sie somit als zeitlos bezeichnen, und das gilt auch für die Beiträge des Horaz zu den drei Themen; lediglich die Behandlung des zweiten ist mindestens zum Teil speziell den altrömischen Voraussetzungen für sexuelle Beziehungen zwischen Mann und Frau verpflichtet. Horaz verkündete also manches, was schon oft so oder ähnlich von anderen vorgetragen wurde, noch einmal, und daher mußte er sich bemühen, die Art der Vermittlung möglichst neuartig zu gestalten. Das gelang ihm auch bei allen drei Satiren gleich von Vers 1 an. Denn er organisierte jedesmal schon die Hinführung zum Thema in der Weise, daß man sich unbedingt zum Weiterlesen angeregt sieht und keineswegs befürchtet, durch eine neue Lektion über Altbekanntes gelangweilt zu werden. Die Methode, durch die Horaz das erreicht, ist diese: In amüsanter kolloquialer Diktion bewegt er sich auf die Erörterung seines Themas zu, und wenn er damit beginnt, bemerken wir überrascht: Es ist ein anderes als das, auf welches er uns eingestimmt hat.

Nehmen wir als Beispiel 1.1. Dort nennt Horaz, nachdem er die oben zitierte Frage gestellt hat, zweimal zwei Vertreter bestimmter Berufe, die, mit ihrem Los unzufrieden, sich gegenseitig glücklich preisen – den Soldaten und den zur See fahrenden Kaufmann sowie den Rechtsgelehrten und den Landmann –, um das plötzlich wie folgt abzubrechen (13–15):

Das übrige von dieser Art – so viel ist es – könnte den
geschwätzigen Fabius ermüden. Damit ich dich nicht aufhalte, höre,
wohin ich die Sache führen will.

Man erwartet nun die Angabe des Themas, doch statt dessen schreibt Horaz: Die beiden Paare sich gegenseitig Beneidender wären, wenn ein Gott ihnen jeweils den Rollentausch gestattete, zu diesem nicht bereit, obwohl sie doch nunmehr glücklich sein könnten; mit Recht also würde Jupiter ihnen künftig so etwas nicht mehr anbieten. Und wieder schließt der Dichter eine «Regiebemerkung» an (23–27):

Außerdem, damit ich nicht so, wie einer, der Witze macht, lachend das hier
oberflächlich behandle – doch lachend die Wahrheit zu sagen,
was verbietet's? Wie Kindern manchmal schmeichelnd Zuckerplätzchen geben
die Lehrer, damit sie die ersten Buchstaben lernen wollen –
aber lassen wir dennoch den Spaß beiseite und untersuchen die Sache ernsthaft:

Gewiß, nun leitet Horaz direkt zum Thema über, doch nicht wirklich ernsthaft. Er verweist wieder auf die vier Berufsvertreter, wobei es zunächst kaum auffällt, daß er den Juristen durch einen Schankwirt ersetzt, aber er redet jetzt nicht mehr von der gegenseitigen Seligpreisung, sondern sagt, alle vier würden behaupten, sie plagten sich mit dem Ziel eines sorgenfreien Alters ab; dabei verwiesen sie auf die Vorrat sammelnde Ameise. Doch die – so entgegnet ihnen Horaz – mache von dem Erworbenen vernünftigen Gebrauch, während Menschen wie die genannten unersättlich seien in ihrer Habgier (28–40). Damit sind wir beim eigentlichen Thema der Satire: dem sinnlosen, ja sogar Ängste und Bedrohungen verursachenden Besitzstreben, das nun in V. 41–100 ausgiebig erörtert wird. Es folgt der Rat zur Wahrung der goldenen Mitte zwischen Geiz und Verschwendung (101–107) und die Rückkehr zur Ausgangsfrage, auf die Horaz endlich antwortet: Die Habsucht sei es, welche die Menschen unzufrieden mit ihrem Los werden lasse und sie dazu treibe, die, welche einen anderen Beruf ausüben, für glücklich zu erklären (108 ff.).

Wer die Hinführung zum Thema «Habgier» unbefangen liest, kann schwerlich den Eindruck gewinnen, Horaz sei in der Rolle eines seriösen Sittenkritikers darum bemüht, seinen Lehrvortrag als einen solchen zu präsentieren und ihn entsprechend stringent zu strukturieren. Die zitierten Zwischenbemerkungen, zu denen ja auch das berühmte Motto «lachend die Wahrheit sagen» gehört, geben klar zu erkennen, daß der Dichter außer der Belehrung seines Publikums bezweckt, es durch Geplauder zu unterhalten und zu amüsieren. Es wirkt einfach komisch, wie unbekümmert er vom Thema «Unzufriedenheit mit dem eigenen Los» zur Habgier hinübergleitet, ohne eine Erklärung einzuschieben. Das macht er eindeutig in voller Absicht, begeht also nicht, wie ihm streng analysierende Philologen einst unterstellten, einen Kunstfehler. Außerdem bricht er nach der Einleitung sein assoziatives Drauflosreden nicht ab, sondern setzt den fröhlichen Spaziergang durch die moralphilosophische Materie fort – und dies in allen drei Satiren. Gewiß, eine Gliederung ist in den Hauptteilen vorhanden, aber sie wird durch den kolloquialen Tonfall überdeckt.

Eine Bestätigung dafür, daß Horaz uns in der Tat erheitern will, während er «die Wahrheit sagt», gibt seine Wahl der lebendigen Szenen, deren

Vergegenwärtigung er in seinen «Spaziergang» einschiebt. Da ist zunächst diejenige, in der ein Gott den beiden Nörglerpaaren den Rollentausch gestattet (15b–22) – sie würde dem Spötter Lukian von Samosata Ehre machen. Kurz darauf wird uns in immerhin sechs Versen geschildert, wie schlau doch die Ameise ihr Leben gestaltet (32b–38a); hier verwandelt sich Horaz vorübergehend in Meister Äsop, zeigt dabei aber offensichtlich mehr Lust am Fabulieren als am *fabula docet*. Ja, seine «Schnurren» mitten in den moralphilosophischen Erörterungen sind Perlen humoriger Erzählkunst. Ihren Höhepunkt erreicht diese innerhalb der drei ersten Satiren am Ende der zweiten. Dort schildert Horaz aus eigener Erfahrung die Freuden des Liebesspiels mit einer unverheirateten, einfachen Frau; dabei evoziert er, indem er sich klar macht, was ihm durch seinen Verzicht auf die Affäre mit einer Verheirateten erspart bleibt, eine Szene, die in einem pikaresken Roman stehen könnte (127–134):

Ich muß nicht fürchten, daß, während ich ficke, der Mann vom Lande heimkommt,
die Tür aufgebrochen wird, der Hund bellt, ringsum, von gewaltigem
Lärm erfüllt, das Haus widerhallt, totenbleich vom Bett
herabspringt die Frau, die Mitwisserin ‹Ich Unglückliche!› schreit,
diese um ihre Knochen fürchtet, um ihre Mitgift die Erwischte, ich um mich.
Mit loser Toga heißt's dann fliehen und auf nackten Füßen,
damit nicht das Geld hin ist oder der Arsch oder am Ende der gute Ruf.
Erwischt zu werden ist ein Unglück. Sogar Fabius wird mir das nicht bestreiten.

Fabius, der schon in V. 14 von Satire 1.1 einen Seitenhieb abbekommen hat, ist ein Stoiker, und seine Philosophie lehrt, der Weise fühle niemals Schmerz. Vielleicht hatte aber dieser Weise am eigenen Leibe verspürt, wie sehr es schmerzen konnte, wenn ein gehörnter Gatte dem von ihm ertappten Nebenbuhler den Hintern verprügelte oder ihm dort einen Rettich hineinstieß oder ihn vergewaltigte (auf solche Möglichkeiten der Bestrafung wird in der Mitte des vorletzten Verses angespielt). Wenn Fabius etwas davon erleiden mußte, wäre der Spott besonders beißend. Jedenfalls wird hier auf das stoische Ideal eines weisen Mannes angespielt, und darin steckt schon genug an Verhöhnung. Horaz, der in einigen Passagen der Satiren 1.1–3 teils direkt, teils implizit die Stoa und ihre Anhänger humorvoll attackiert, macht sich im Finale von 1.3 ausführlich über den Lehrsatz lustig, der stoische Weise sei ein König. In den letzten Versen wendet sich der Dichter direkt an einen solchen «König» und sagt, ihm unterstellend, er sei arm wie ein Bettler und habe keinen Freund außer dem verrückten Stoiker Crispin (137b–142):

Während du, der König, für ein paar Pfennige
ins Bad gehst und dich als Gefolgsmann niemand außer dem
verrückten Crispin begleitet, werden mir meine lieben
Freunde verzeihen, wenn ich in meiner Dummheit einen Fehler begangen habe,
und umgekehrt werde ich ihre Versehen gern hinnehmen
und als einfacher Bürger glücklicher leben als du König, du.

«Glücklicher leben» – das Ende einer Trilogie zu diesem Thema wird durch den verbalen Rückbezug auf *Sat.* 1.1.1–3 deutlich markiert. Die vorgetragenen Gedanken hatten überwiegend an epikureische Philosophie angeknüpft, vermutlich sogar in folgender Passage der Satire 1.2: Dort setzt Horaz das Verlangen nach Sex mit Hunger und Durst gleich und begründet so, warum er sich mit einer Magd oder einem Sklaven als Geschlechtspartner begnügt (109–119). Hier mag man zunächst den Einfluß der kynischen Philosophie vermuten und sich dabei an eine Anekdote über Diogenes von Sinope (412/403–324/321 v. Chr.) erinnern: Der Kyniker soll einmal auf einem Marktplatz onaniert und dazu bemerkt haben: «Könnte man doch auch den Bauch reiben, um nicht hungern zu müssen!» (Diogenes Laërtios, *Leben und Meinungen bekannter Philosophen* 6.46). Aber Horaz verweist auf den Epikureer Philodem (S. 54) als einen Mann, der einer verheirateten Frau eine vorziehe, «die nicht viel kostet und nicht zögert, wenn man sie kommen heißt» (*Sat.* 1.2.121 f.). Also empfahl wohl dieser schon Sex mit sozial niedrigstehenden Partnerinnen, und darauf könnte Horaz mit der Namensnennung anspielen: Das griechische Wort *philódemos* bedeutet «das einfache Volk liebend».

Die gerade zitierten letzten Verse der Satire 1.3 runden die erste Gedichttriade ab, heben noch einmal hervor, daß Freunde einander gegenüber tolerant sein sollten, und bereiten zudem auf die nächsten drei Gedichte vor. Denn in 1.4–6 behandelt Horaz unter anderem in aller Breite, was er hier schon kurz anspricht: daß er Fehler hat und welcher Art sein Verhältnis zu den Freunden ist. Am Ende von 1.4 erzählt er, wie sein Vater ihn gelehrt habe, Fehler zu vermeiden, und in 1.5–6 lernen wir ihn als Mitglied des Maecenaskreises kennen.

Von Lucilius zu Maecenas

In den ersten Versen der Satire 1.4 – sie wurden oben zitiert (S. 31) – spricht Horaz erstmals über Lucilius, seinen Vorläufer in der Gattung. Dieser, erklärt er, stehe thematisch in der Tradition der Komödiendichter des 5. Jahrhunderts v. Chr., die mit großem Freimut (*libertate*) lasterhafte

Menschen gebrandmarkt hätten (*notabant*), und damit knüpft er in gewisser Weise an Satire 1.3 an, deren Thema der Umgang mit Fehlern und Vergehen von Freunden ist. Jetzt allerdings äußert er sich zunächst zu einem Fehler des Lucilius – der Vielschreiberei –, um dann, nach kurzen Attacken gegen zwei zeitgenössische Poeten, die ebenso übereifrig produzieren, folgendes zu verkünden: Seine eigenen Dichtungen bekomme niemand zu lesen, und er scheue sich, sie öffentlich vorzutragen; denn es gebe Leute, denen die Gattung Satire nicht gefalle, da eben die Mehrzahl der Menschen Tadel verdiene. Letzteres belegt Horaz mit einer Aufzählung von Lastern, und durch zwei von ihnen wird eine Verbindung zu Sat. 1.1 und 1.2 geschaffen: Habsucht und Verlangen nach verheirateten Frauen (26 f.). Wenn Horaz dann sagt, die an den genannten Untugenden krankenden Menschen behaupteten von den Satirikern, sie verschonten, nur um die Lacher auf ihrer Seite zu haben, weder sich noch irgendeinen Freund, wird der schon zu Anfang von 1.4 angedeutete Rückbezug auf 1.3 wieder aufgegriffen. Denn in 1.3.139–142 hatte Horaz betont, er toleriere die Fehler seiner Freunde, weil sie ihm seine verziehen. Trifft das nun zu, oder hält Horaz sich nicht daran, wenn er Satiren verfaßt?

Bevor der Dichter uns diese Frage direkt beantwortet, erörtert er den Stil der von ihm gewählten Gattung, bricht das aber dann ab und verheißt eine Fortsetzung des Themas an anderer Stelle (man wird sie in 1.10 finden). Dann legt er dar, er rezitiere nur vor ausgesuchtem Publikum und gehöre nicht zu denjenigen, die böswillig über andere, ja sogar über Freunde reden (64–103a). Allerdings macht er eine leichte Einschränkung, und dafür liefert er dem Leser auch gleich die Begründung (103b–106):

Wenn zu freimütig (*liberius*)
ich etwas sage, wenn vielleicht zu spöttisch, mußt du mir so viel Recht
mit Nachsicht zugestehen. Das hat mir mein lieber Vater angewöhnt,
jedes Laster durch Beispiele brandmarkend (*notando*), damit ich es vermiede.

Der unverkennbare verbale Rekurs auf den Beginn von 1.4 (5 *libertate*/ 103 *liberius*; 5 *notabant*/106 *notando*) lenkt die Aufmerksamkeit darauf, daß Horaz senior sich von den Komödiendichtern und Lucilius in einem wichtigen Punkt unterscheidet: Er «brandmarkt» die Laster, nicht die Menschen, die sie aufweisen, und genau das hat der Sohn von ihm übernommen; ich habe bereits mit Blick auf den historischen Hintergrund der Horazischen Satirensammlung zu erklären versucht, warum der Dichter die lucilische Personalinvektive durch Sittenkritik ersetzte (S. 32–34). Der Vater nennt in seiner Aufzählung von Fehlern, die Horaz meiden soll, auch das Verlangen nach untreuen Ehegattinnen statt nach «erlaubter

Liebe», und so ist erneut ein Konnex zu *Sat.* 1.1–3 hergestellt. Außerdem führt der Dichter nun breiter aus, was das Ende von 1.3 nur andeutete: Auch er hat Mängel, freilich keinen von denen, «die ins Verderben bringen», sondern lediglich geringe und verzeihliche (129–131). Einer davon ist, wie er kurz vor Schluß von 1.4 verrät, daß er seine Gedanken über menschliche Schwächen «aufs Papier wirft», also Satiren verfaßt (139 f.). Er verfällt dabei aber nicht – das beweist das nächste Gedicht – in die Untugend der Vielschreiberei. Denn mit Satire 1.5, der Ich-Erzählung einer Reise von Rom nach Brundisium, demonstriert Horaz, wie oben erwähnt, dies: daß ein Bericht solcher Art, für den Lucilius ein ganzes Buch benötigte – er schilderte seine Sizilienfahrt –, in nur 104 Versen und doch auf höherem ästhetischem Niveau dargeboten werden kann.

Satire 1.5 als «Antwort auf Lucilius» gab Horaz nicht nur die Gelegenheit, ostentativ einen Fehler des Vorgängers zu vermeiden, sondern auch dazu, erstmals über sein Verhältnis zu Maecenas und den anderen Freunden zu sprechen. Denn bei der Reise, die sehr wahrscheinlich im Frühjahr 37 v. Chr. stattfand, handelte es sich um eine von dem Patron des Dichters übernommene diplomatische Mission: Maecenas sollte in Tarent zwischen Octavian und Antonius vermitteln. Das sagt Horaz, der in der Satirensammlung auf politische Äußerungen fast ganz verzichtet, eher beiläufig (27–29), und obwohl dann bei der Konferenz in Tarent der Ausbruch eines Bürgerkriegs verhindert wurde, nennt er nicht diese Stadt als das eigentliche Ziel der Reise; sein Bericht läßt den Eindruck entstehen, sie sei in Brundisium (heute Brindisi) beendet gewesen (104). Es scheint fast, als wolle Horaz zum Ausdruck bringen, er habe gegenüber den Haupt- und Staatsaktionen, deren Zeuge er doch war, dezidiert die Augen verschlossen. Denn er erzählt, daß er sich in Anxur, wohin er und Maecenas sich getrennt begaben, während der Ankunft des Patrons gerade seine von einem Katarrh befallenen Lider mit einer schwarzen Salbe einrieb (30 f.). Doch was ansonsten unterwegs geschah, beobachtete er um so aufmerksamer. Er schildert sehr lebendig und amüsant zugleich, wodurch er manchen Reiseschriftsteller späterer Zeiten – etwa Joseph Addison (1672–1719) – dazu anregte, seinen Spuren zu folgen. Horaz wiederum schafft einen Bezug zu der ältesten uns überlieferten Ich-Erzählung einer Reise, dem Irrfahrtenbericht des Odysseus. Beginnt der Held mit dem Satz (Homer, *Odyssee* 9.39 f.):

‹Von Ilion aus mich tragend, brachte der Wind mich zu den Kikonen
nach Ismaros›,

so schreibt Horaz mit deutlichem Anklang daran in V. 1 f.:

Nach dem Abmarsch aus dem großen Rom empfing mich Aricia
mit mittelmäßiger Gastfreundschaft.

Die drei letzten Worte lassen ahnen, daß der neue «Odysseus», wie im Verlauf der Satire auch immer klarer wird, sich von seinem Vorbild in einem wesentlichen Punkt unterscheidet: Während der Irrfahrer exotische Abenteuer erlebt und dabei heldenhafte Taten vollbringt, wird Horaz von mehreren Mißgeschicken heimgesucht und ist weitgehend zur Passivität verurteilt. Am zweiten Aufenthaltsort, Forum Appi, verdirbt er sich durch schlechtes Wasser den Magen (7 f.), findet auf dem Boot, das ihn in der Nacht auf einem Kanal durch die pontinischen Sümpfe transportieren soll – es legt dann erst am Morgen ab –, wegen der Mücken, der quakenden Frösche sowie eines Wettgesangs zwischen einem Fährmann und einem Reisenden keinen Schlaf (14–17), und ist, wie gesagt, später beim Zusammentreffen mit Maecenas «blind». Als am nächsten Tag Plotius, Varius und Vergil zur Reisegruppe gestoßen sind und man in Capua angelangt ist, kann Horaz wegen seines Augenleidens nicht mit Maecenas Ball spielen, und Vergil muß wegen einer Diarrhö fernbleiben (48 f.). In Beneventum, das man eine Woche nach dem Aufbruch von Rom erreicht, entfacht ein übereifriger Wirt in der Küche einen Brand (71–76). Bei einer Rast im apulischen Trivicum am Tag darauf treibt Rauch aus dem Kamin den Gästen Tränen in die Augen, und Horaz widerfährt dies (82–85):

Hier warte ich Riesendummkopf auf ein wortbrüchiges Mädchen bis
Mitternacht, doch der Schlaf entrückt mich
trotz meines Verlangens nach Sex. Dann besudeln mir schmutzige Traumbilder
Nachthemd und Bauch, während ich auf dem Rücken liege.

Nein, ein Odysseus, der es auf seiner Irrfahrt mit einer Kirke und einer Kalypso treibt, ist unser Reisender nicht. Gewiß, er befolgt die von ihm selbst in *Sat.* 1.2 vertretene Lehre, indem er in Sachen Liebe als «Volksfreund» handelt, aber auch das geht leider schief. Weiterer Ärger ergibt sich während der restlichen Fahrt daraus, daß man in Ausculum Wasser, «das billigste auf der Welt», kaufen muß und das Brot in Canusium voller Sand, der lange Weg nach Rubi verregnet sowie die Straße nach Barium besonders schlecht ist (86–97).

Wieder fühlen wir uns an einen pikaresken Roman erinnert, etwa an die rund 100 Jahre später entstandenen *Satyrica* («Satyrgeschichten») Petrons, deren Protagonist, der fahrende Scholar Enkolp, ebenso wie Horaz in unserem Gedicht die Figur des Anti-Helden verkörpert. Beide Texte lesen sich wie Parodien auf die *Odyssee*, der Satire 1.5 darin besonders nahesteht, daß sie wie das Epos Hexameter aneinanderreiht und einen Musenanruf enthält – hier genau in der Mitte (51b–54a). Doch leitet dieser kein heroisches Geschehen ein, sondern eine komische Szene, in der ein Spaßvogel von zwergenhaftem Wuchs und ein ungeschlachter Bauer sich zur Freude der Reisegesellschaft gegenseitig verspotten (54b–69). Wir befinden uns nicht in der Welt der Könige und Kriege, sondern in derjenigen von Privatleuten, und dazu paßt es, daß Alltägliches gegenüber einer Staatsaffäre in den Vordergrund tritt. Vor der drohenden Gefahr eines Bürgerkrieges verschließt Horaz buchstäblich die Augen, aber über das Zusammentreffen mit Plotius, Varius und Vergil schreibt er, die Erde habe keine reineren Seelen als sie hervorgebracht und niemand sei ihnen enger verbunden als er, worauf er ausruft (43 f.):

O welche Umarmungen gab es da, und wie groß war die Freude!
Nichts möchte ich einem lieben Freunde gleichsetzen, solang ich bei Verstand bin.

Hier wie auch sonst in 1.5 spricht der Epikureer, der auf Distanz von der großen Politik Wert legt, Freundschaft als ein hohes Gut einschätzt und als Dichter «kleine» Poesie am kleinen Tisch verfaßt. Kurz vor dem Ende der Satire stößt man sogar auf ein direktes Bekenntnis des Horaz zur epikureischen Philosophie. Anlaß dazu ist, daß die Bewohner von Gnatia, der letzten Station vor Brundisium, den Reisenden weismachen wollen, auf der Schwelle ihres Tempels schmelze der Weihrauch ohne Feuer. Dazu bemerkt der Dichter, er habe gelernt, daß die Götter ein sorgenfreies Leben führten – hier «zitiert» er eine Lukrez-Passage fast wörtlich (5.82) – und daß, wenn die Natur etwas Seltsames macht, dies nicht die Götter grimmig vom hohen Himmelshaus herabschickten (101–103).

Horaz ist ans Ende der ersten Hälfte von *Satiren* Buch 1 gelangt – vermutlich betont er auch deshalb im letzten Vers von 1.5:

Brundisium ist das Ende des langen Gedichtes und Weges –,

er hat sich gerade als Mitglied des Maecenaskreises präsentiert, aber über sein persönliches Verhältnis zu dem Patron und Freund noch fast nichts gesagt. Diesem Thema widmet er nun ein eigenes Gedicht, *Sat.* 1.6, und eröffnet mit ihm, wobei er Maecenas wie in 1.1 im ersten Vers anredet, die zweite Buchhälfte.

Davon ausgehend, daß der Patron trotz seiner Abstammung von etruskischen Staatsmännern den Wert eines Menschen nicht durch Adel der Geburt erhöht sieht, stellt Horaz fest, das römische Volk denke anders, achte also etwa bei Amtsträgern durchaus auf deren sozialen Status, und zudem ernte jeder, der nach hohen Ehren strebt, bei der Menge Mißgunst. Implizit ergibt sich daraus der Verzicht des Dichters auf eine politische Karriere (1–44). Doch ehe er dieser Haltung Ausdruck verleiht, erzählt er ausführlich, wie Maecenas ihn, obgleich er nicht aus einer vornehmen Familie kam und nicht über großen Landbesitz verfügte, in seinen Kreis aufnahm (45–62a). Besonders einprägsam in dem Bericht ist der Vers, in dem Horaz schreibt, er habe, als er vor Maecenas stand, stockend nur wenig sagen können, denn – jetzt muß das Original zitiert werden, weil dort das Stammeln lautmalerisch abgebildet ist (57) –:

pudor prohibebat plura profari
(Scham hinderte mich, mehr hervorzubringen).

Das ist sichtlich Selbstironie. Ganz frei davon ist Horaz wohl auch nicht, wenn er dann sagt, die Freundschaft mit Maecenas habe ihm sein lauterer, mit nur wenigen, geringen Fehlern behafteter Charakter eingebracht, und diesen wiederum habe er seinem Vater zu verdanken (62b–71a). Letzteres wissen wir schon aus 1.4, bekommen aber jetzt noch zusätzlich in aller Breite berichtet, wie Horaz senior seinem Sohn den Besuch der Schule in Venusia ersparte, ihm eine bessere Ausbildung in Rom verschaffte und sie persönlich überwachte (71b–88). Das Gedenken an den Vater führt dazu, daß Horaz, voll und ganz zufrieden mit seiner Herkunft, explizit seinen Verzicht auf «Rutenbündel und Senatorensessel» erklärt und jetzt auch den vermutlich wichtigsten Grund dafür nennt: Er müßte als Würdenträger das anstrengende und aufwendige Leben eines solchen führen, wäre also nicht sein eigener Herr innerhalb eines zwar bescheidenen, aber glücklichen Daseins (89–109). Hier dürfte er Epikurs bekannte Aufforderung *láthe biósas!* (Lebe im Verborgenen!) beherzigen, und ganz im Geiste des Meisters ist dann auch das höchst lesenswerte Finale der Satire 1.6 verfaßt: Der Dichter schildert den Verlauf einer vom Abend bis zum Nachmittag des nächsten Tages verlebten 24-Stunden-Sequenz mit folgendem Programm: Stadtbummel, schlichtes Abendbrot, sorgenfreier Schlaf bis weit in den nächsten Morgen, Lektüre oder Schreiberei, wieder Bummeln oder Einreiben mit Öl, Ballspiel auf dem Marsfeld, Baden, Essen, Siesta (111b–128a). Horaz vergegenwärtigt uns das in liebevoller Miniaturmalerei, welche die epikureische Seite seines Wesens sehr eindrucksvoll neben die kallimacheische stellt. Hatte der Dichter im ersten Vers der ersten Satire Maecenas gefragt, warum niemand mit seinem Los zufrieden sei, so erfahren wir jetzt: Wenigstens einer ist es ganz offensichtlich doch.

Damit ist ein Ruhepunkt in der «Geschichte» erreicht, die Horaz uns über Theorie und Praxis seiner Lebensphilosophie erzählt – eine gute Gelegenheit, nunmehr einen Blick zurück auf die Zeit vor dem Beginn seiner Freundschaft mit Maecenas zu werfen. Horaz ergreift diese Gelegenheit, und er wagt es sogar, wie gleich das nächste Gedicht zeigt, dabei nahe an ein Ereignis heranzurücken, das für ihn mit sehr unangenehmen Erinnerungen verbunden sein dürfte: die Doppelschlacht bei Philippi.

Vergangenheits- und Gegenwartsbewältigung

Innerhalb der Satirensammlung ist Gedicht 1.7 mit seinem Umfang von nur 35 Versen das kürzeste. Es bietet nichts weiter als eine amüsante Anekdote mit Überraschungspointe, also primär Unterhaltung, und das darf man auch gleich aus V. 1–3 erschließen:

Proscripti Regis Rupili pus atque venenum
hybrida quo pacto sit Persius ultus, opinor
omnibus et lippis notum et tonsoribus esse.
(Des geächteten Rupilius Rex Gift und Galle –
auf welche Weise der Halbgrieche Persius sich dafür gerächt hat, das, glaube ich,
ist allen Triefäugigen und Barbieren bekannt).

Hierauf folgt eine Szene, die, sollte sie wirklich stattgefunden haben, in die Jahre 43/42 v. Chr. zu datieren wäre. Vor dem Richterstuhl des Caesarmörders Brutus in Kleinasien wird ein Prozeß geführt, bei dem einer seiner Parteigänger, Rupilius Rex – der zweite Name bedeutet «König» –, ein Wortgefecht mit dem reichen Geschäftsmann Persius austrägt. Das endet damit, daß Persius, um den beißenden italischen Spott seines Gegners zu übertrumpfen, Brutus fragt, warum er, der Könige umzubringen pflege, nicht auch diesen Rex ermorde. Das ist gewiß nur ein frostiger Kalauer. Aber da Horaz mit seiner Schilderung des Streites den typischen Verlauf einer Kampfszene in Homers *Ilias* parodiert, entsteht eine Spannung zwischen dem banalen Ereignis und den Anspielungen auf heroisches Pathos, die zu goutieren nicht nur intime Kenner des Troja-Epos in der Lage sein dürften. Und da ist noch mehr. Der Text beginnt mit einem Reizwort: *proscripti.* Es evoziert die Proskriptionslisten, auf die in der Zeit, die den Hintergrund der Anekdote bildet, Octavian und Antonius politische Gegner setzten, um ihre Schergen auf sie zu hetzen; eines der Opfer war bekanntlich Cicero. Da Horaz in den bisherigen Satiren auf Aktionen der beiden Staatsmänner kaum Bezug genommen hat, horcht man auf – um dann rasch festzustellen, daß nicht von den Ereignissen, die nach den Iden des März zur Doppelschlacht bei Philippi führten, die Rede ist, sondern von einer harmlosen Begebenheit am Rande des politischen Geschehens. Horaz kann es sich freilich nicht verkneifen, Philippi gleich am Anfang aus den Buchstabensequenzen *PILIP* und *LIPPI* wenigstens «aufblitzen» zu lassen (Gowers 2002, 152 f.), und damit will er wohl zwischen den Zeilen sagen: Die Kämpfe, in denen er auf der Verliererseite stand, gehören der von ihm überwundenen Vergangenheit an. In der Gegenwart verfaßt er amüsante Verse für die Sieger von Philippi und ihre Freunde, die offenbar darüber schmunzeln können, daß er Brutus – der Name bedeutet «Blödian» (vgl. S. 140) – ein wenig lächerlich macht, sogar im Zusammenhang mit einer Erinnerung an Caesars Ermordung.

Das auf Satire 1.7 folgende Gedicht, nur 15 Verse länger, versetzt uns zunächst wieder in die Vergangenheit (8.1):

Einst war ich Klotz eines Feigenbaums, ein unnützes Holz ...

Da bisher stets Horaz in der ersten Person gesprochen hat, mag man erwarten, daß er nun scherzhaft behaupten werde, er sei einst durch eine mythische Metamorphose aus einem Baum zu einem Dichter geworden. Doch in Vers 3 stellt sich heraus: Es redet Priap, der Gartengott mit dem Riesenphallus, den ein Tischler aus dem Holzklotz geschnitzt hat und der uns über ein kurioses Ereignis berichtet. Allerdings ergibt sich, wenn man Priaps Geschichte und dann die gleich anschließend von Horaz erzählte (1.9) gelesen hat, aus dem Vergleich, daß der Dichter wenigstens hinter der Gestalt des Gottes verborgen sein dürfte. Denn nicht nur Priap, sondern auch Horaz fungiert als Hüter eines nicht jedermann zugänglichen Bereiches, über den Maecenas waltet: Der Gott schützt in 1.8 den Park des reichen Ritters auf einem der sieben Hügel Roms, dem Esquilin, der Dichter in 1.9 Maecenas' Freundeskreis. Von diesem hält Horaz, wie gleich näher gezeigt werden soll, einen Schwätzer fern, während Priap aus dem Areal, das unter seinem Schutz steht, die beiden Hexen Canidia und Sagana vertrieben haben will. Der Gott schildert, wie die beiden Frauen ihre magischen Rituale mit dem Ziel der Totenbeschwörung zelebriert hätten, und wie er einen lauten Furz habe ertönen lassen, wodurch sie in die Flucht geschlagen worden seien. Das ist wieder sehr erheiternd, ja leistet vielleicht ebenso wie 1.7 implizit einen Beitrag zur Bewältigung der Vergangenheit durch Horaz. Den entscheidenden Hinweis geben die Verse 8–16, in denen Priap sagt, der von ihm bewachte Park sei auf dem Boden eines ehemaligen Friedhofs für arme Leute angelegt worden, also dort, wo man «noch kürzlich» weiße Knochen habe sehen können (15 f.).

Wer hier eine Stelle in Vergils *Georgica* zum Vergleich heranzieht, wo es heißt, einst würden Bauern in der Nähe von Philippi verrostete Waffen und Knochen finden (1.493–497), darf folgern: Die Hexen beschwören die Geister der Zeit vor Philippi, symbolisieren also Republikaner, welche die von Octavian und Antonius geschaffene sowie vom Maecenaskreis begrüßte Neuordnung des Imperiums bedrohen (Felgentreu 1999).

Ehe wir den Versuch einer «Invasion» des Maecenaskreises durch den Schwätzer betrachten, sei auf zwei kreative Leser der ersten beiden Verse von Satire 1.8 verwiesen. Der eine war Ovid, welcher in der Elegie *Amores* 3.7 darüber klagt, daß er bei einem Rendezvous hoffnungslos impotent gewesen sei, und dabei unter anderem sagt (15):

Als träger Klotz lag ich da, ein Schattenbild und eine unnütze Masse.

Wer hier im Geist *Sat.* 1.8.1 f. mitliest, bemerkt nicht nur zwei Wortbezüge, sondern erwartet nun auch zu erfahren, Ovid sei dann doch wieder ein «Priap» geworden. Aber der Dichter kann nur vermelden, Meister Iste habe sich erst wieder geregt, als sein «Herr» nichts mehr davon hatte: während der Abfassung der Elegie (67–72). Etwa 1915 Jahre nach der Veröffentlichung von Horaz' erstem Satirenbuch «zitiert» Carlo Collodi (1826–1890) den Versanfang *Olim ... eram* (Einstmals war ich) zu Beginn eines Kinderbuches mit den Worten *C'era una volta* (Es war einmal). Aus dem *pezzo di legno* (Holzstück), das einmal war, wird bei ihm schicklicherweise nicht ein Priap, sondern der Hampelmann Pinocchio geschnitzt. Immerhin steht von diesem – freilich nur, wenn er lügt – wie von dem Gott etwas Langes ab, doch nur im Gesicht.

Nach seinen beiden Blicken zurück auf die Vergangenheit betritt Horaz zu Beginn von Satire 1.9 wieder selbst die Bühne. Er läuft über die Via Sacra, die den Esquilin mit dem Forum Romanum verbindet, in Richtung Tiber, kommt also wohl vom Anwesen seines Patrons, dem Schauplatz der Satire 1.8. Plötzlich wird er mit einem Gegenwartsproblem konfrontiert: Er muß sich mit jemandem auseinandersetzen, der zum Freundeskreis des Maecenas gehören möchte wie er, aber die notwendigen Bedingungen nicht erfüllt. Der Mann, den er nur dem Namen nach kennt (er nennt diesen aber nicht), erzwingt es, sich selbst anpreisen zu können, wodurch er sein Ziel zu erreichen hofft. Er heftet sich unaufgefordert an die Fersen des Dichters, redet auf ihn ein und weicht auch dann nicht von seiner Seite, als man zum Vestaheiligtum gelangt ist, in dessen Nähe der Schwätzer einen für ihn wichtigen Prozeßtermin wahrnehmen müßte. Horaz wiederum macht mehrere verzweifelte Anstrengungen, sich der Zudringlichkeit des Mannes zu erwehren, doch die erweisen sich alle als vergeblich. Er bemüht sich erst, ihm zu entfliehen, dann, sich durch Worte möglichst ablehnend zu zeigen, und schließlich, ihn dadurch loszuwerden, daß er seinen zufällig auftauchenden Freund Aristius Fuscus durch Zeichensprache wissen läßt, er wolle von ihm aus seiner mißlichen Lage befreit werden. Doch das erreicht Horaz nicht, weil Fuscus sich weigert. Durch diesen Vorgang rückt die Interaktion zwischen Dichter und Schwätzer wie schon mehrfach vorher in die Nähe eines Duells, bei dem die beiden miteinander Streitenden die Oberhand über den Widersacher durch Finten zu gewinnen versuchen. Horaz als Erzähler unterstreicht das, indem er mit Hilfe mehrerer Metaphern aus der Welt des Krieges (z. B. 16: «ich werde dich verfolgen») erneut Assoziationen mit einer Homerischen Kampfszene weckt. Daß wir an eine solche denken sollen, geht klar aus den letzten Versen hervor: Der Prozeßgegner des Schwätzers erscheint und schleppt ihn zum Tribunal, wodurch Horaz endlich erlöst ist. Indem er nun am Textende kommentiert: «So hat mich Apollo gerettet» (78), ruft er die Szene der *Ilias* ins Gedächtnis, in der Hektor, durch Achill vom Tod bedroht, von demselben Gott entrückt wird (20.443).

An einer frühen Stelle der Satire, wo Horaz den ihn bedrängenden Mann explizit als Schwätzer charakterisiert (13: *garriret*), mögen aufmerksame Leser sich daran erinnern, daß der Dichter seinem Vorläufer in der Gattung Satire die Neigung zum Schwatzen als Fehler angekreidet hat (1.4.12: *garrulus*). In V. 22–24a entpuppt sich der zudringliche Mann geradezu als neuer Lucilius: Hatte Horaz in 1.4. über diesen Poeten geschrieben, er habe in einer Stunde oft 200 Verse auf einem Fuß stehend diktiert (4.9 f.), so sagt jetzt der Schwätzer über sich:

‹Wenn ich mich recht kenne, wirst du nicht deinen Freund Viscus höher
schätzen, nicht Varius. Denn wer könnte mehr Verse
schreiben und schneller als ich? ...›

Die Genannten verkehren im Freundeszirkel des Maecenas (wie vermutlich auch Aristius Fuscus). Sind Dichter, die in größter Geschwindigkeit möglichst zahlreiche Verse hervorbringen, dort willkommen? Horaz ist kein solcher, wie unter anderem der Vergleich seiner «Reise nach Brundisium» mit der «Reise nach Sizilien» des Lucilius lehrt. Hat ihn also vielmehr seine Liebe zur «kleinen» Poesie für die Aufnahme in den Maecenaskreis qualifiziert? Darüber berichtet er nichts, ja teilt uns nicht einmal mit, ob Vergil und Varius, als sie den Freund bei dem reichen Ritter einführten, ihn als Dichter vorstellten. Aber in Satire 1.6, wo Horaz davon erzählt (45 ff.), geht es ihm einzig und allein darum, sich als ein Mensch zu präsentieren, den nicht seine Herkunft, sondern sein Charakter empfiehlt. Um herauszufinden, inwieweit Horaz den Maecenas auch durch sein poetisches Talent für sich einnahm, muß man die Reihe der Satiren 4–9 in ihrer Gesamtheit lesen. Dabei entsteht in etwa folgendes Bild: Horaz kombiniert Aussagen über sein Verhältnis zu Lucilius und zu Maecenas, um sich selbst gleichzeitig als Satiriker und Privatperson darzustellen. Der Dichter Horaz, so erfahren wir, hat sich für die «kleine» Poesie, der Mensch Horaz für das epikureische Leben «am kleinen Tisch» entschieden, und da beides aufs engste miteinander verbunden ist, ergibt sich: Maecenas dürfte seinen Freund nicht nur wegen des Charakters schätzen, sondern auch aufgrund der von Horaz bevorzugten Dichtungsweise. Also kann ein Vielschreiber wie der Schwätzer schwerlich damit rechnen, in den Maecenaskreis aufgenommen zu werden. Als er in V. 43b–60b der Satire seinen Wunsch, das zu erreichen, direkt äußert, verrät er über seine Wesensart noch einiges, das ihn ungeeignet erscheinen läßt. Aber das braucht hier nicht mehr im einzelnen erörtert zu werden.

Wie erkennbar geworden sein dürfte, spielt die Person des Lucilius im Hintergrund von Satire 1.9 eine wichtige Rolle. Nahezu direkt verweist Horaz auf ihn mit den letzten Worten im letzten Vers, die auf Lateinisch *sic me servavit Apollo* lauten. Denn Lucilius hatte in einer Satire den entsprechenden Prätext aus der *Ilias* wörtlich auf Griechisch zitiert (238 Krenkel). Indem Horaz dies evoziert, schafft er sich eine Brücke zu 1.10. Denn dort wird er wieder ausführlich sein Verhältnis zu Lucilius thematisieren und dabei, wie wir bereits gesehen haben (S. 35), die Verwendung griechischer Wörter in seinen lateinischen Versen dezidiert ablehnen.

Brücke von Buch zu Buch

Hatte Horaz in 1.4.63 verkündet, er werde sein Theoretisieren über die äußere Form der Satire ein anderes Mal fortsetzen, so sieht man das Versprechen gleich zu Beginn von 1.10 eingelöst; der Dichter stellt als erstes einen Rückbezug zu dem genannten Vers her:

Freilich sagte ich, daß auf regellos auftretenden Füßen laufen die Verse
des Lucilius. Wer wäre ein so alberner Verehrer des Lucilius,
daß er dies nicht zugäbe? Doch ebenso wird er, weil er mit viel Salz
Rom abgerieben hat, in demselben Gedicht gelobt.

Es zeigt sich erneut: Antike Gedichtbücher wollen linear gelesen sein. Im letzten Vers von 1.10 deutet Horaz darauf hin, daß das Ende des Papyrus erreicht ist, indem er dem unmittelbar zuvor Ausgeführten hinzufügt (92):

Geh, Sklave, und schreibe dies noch rasch unten auf mein Büchlein!

Das zweite Satirenbuch wiederum schließt eng an das erste an. Der Dichter eröffnet seinen gleich am Anfang plazierten Dialog mit dem Juristen Trebatius wie folgt (1.1–4a):

‹Es gibt Leute, die meinen, daß ich in der Satire allzu scharf bin und weiter,
als das Gesetz erlaubt, das Werk dehne; ohne Kraft sei alles, was ich
verfaßt habe, glaubt eine andere Gruppe, und ähnliche Verse wie meine
ließen sich tausend am Tag zusammenspinnen.›

Hier berichtet Horaz zweifellos über die Reaktionen der Leser von *Satiren* 1. Das muß man freilich nicht als Aussage des realen Autors auffassen. Es knüpft ganz einfach an das bisher «Erzählte» an, und falls lediglich erfunden ist, daß diskutiert werde, ob der Satiriker zu scharf sei oder nicht, wäre das ein geistreiches literarisches Spiel. Denn dann hätte Horaz den «reader response» inszeniert, um bei denen, die das Buch 2 aufzurollen beginnen, den Eindruck zu erzeugen, das erste habe vielfaches Interesse geweckt. Es lassen sich gute Argumente dafür beibringen, daß er das beabsichtigt. Insbesondere wäre darauf zu verweisen, daß die römische Dichtung mehrere vergleichbare Fälle zu bieten hat; Catull etwa nimmt schon in Gedicht 16, also innerhalb des Buches, in dem es steht, zu Behauptungen von zwei Lesern Stellung, die ebendieses Buch noch gar nicht in der Hand gehabt haben können. Hervorzuheben ist auch, daß die beiden ersten Verse von *Sat.* 2.1 obszönes *double entendre* enthalten: «Werk dehne» (wörtlich «spanne») gibt *tendere opus*, «ohne Kraft» *sine nervis* wieder, und sowohl *opus* als auch *nervus* kann für *penis* stehen (Man bedenke auch, daß der Dichter sich in 1.8 hinter der Maske Priaps versteckte). Ich stimme also denjenigen zu, die vermuten, Horaz mache sich hier einen Spaß mit seinem Publikum. Darüber hinaus aber leitet er eine neue Diskussion über die schon in *Sat.* 1.4 erörterte Frage ein, inwieweit zur Satire der Personenspott gehöre. Dazu muß er zwangsläufig abermals auf Lucilius zu sprechen kommen, und so führt er seine Auseinandersetzung mit dem Vorgänger, die er in 1.10 unter formalem Aspekt wiederaufgenommen hatte, in 2.1 fort. Es dürfte noch etwas deutlicher geworden sein als bisher, daß eine Brücke vom älteren zum jüngeren Gedicht die beiden Bücher fest miteinander verklammert.

Die Satire 1.10 trägt sichtlich Züge eines Epilogs. Sie folgt auf drei Gedichttriaden – die sittenkritischen Plaudereien in 1–3, Horaz' Selbststilisierung als Mensch und Dichter in 4–6 und die schwankhaften Kurzgeschichten aus Vergangenheit und Gegenwart in 7–9 –, greift wichtige

Gedanken aus diesen Texten auf und rundet sie durch Themen ab, die besonders gut zu einem Schlußwort passen. Nach der Anknüpfung an 1.4 in V. 1–6 präsentiert Horaz zunächst die für ihn gültige Poetik der Gattung Satire. Er legt in äußerster Knappheit dar, Kürze sei notwendig, es müsse zwischen Ernst und Scherz hin und her gewechselt werden und ebenso zwischen rhetorischem und poetischem Stil einerseits und kolloquialer Redeweise andererseits (7–19); dies ergänzt der Dichter durch die Erklärung, im Gegensatz zu Lucilius mische er keine griechischen Wörter unter seine lateinischen (20–35). Gleich darauf stellt Horaz sich als zeitgenössischer Satiriker neben die Vertreter anderer Gattungen; hier nennt er unter anderem Asinius Pollio für die Tragödie, Varius für das Epos sowie Vergil als den Autor der *Bucolica*. Dann kommt er wieder auf Lucilius zurück, um zu betonen, daß er ihm das vielfach gepriesene Verdienst, «Erfinder» der Satire zu sein, nicht streitig zu machen wage (36–49). Zwar habe er – so fährt Horaz fort – behauptet, die Verse des Lucilius flössen schlammig dahin und enthielten mehr Entbehrliches als Bewahrenswertes (hier bezieht er sich auf 1.4.11), aber an anderen Dichtern gäbe es gleichfalls etwas zu tadeln, und wenn Lucilius ein Zeitgenosse des Horaz wäre, würde er manches revidieren, was er schrieb, und im übrigen gründlich arbeiten (50–71). Das klingt freundlicher als die entsprechende Passage am Anfang von 1.4 und eignet sich sogar bestens für einen Epilog – zumindest wenn man sich für einen solchen auch von einem Satiriker eine versöhnliche Note wünscht. Pointiert beendet der Dichter die poetologischen Betrachtungen des Gedichts mit diesen Worten (72–74a):

> Oft sollst du den Griffel umdrehen, wenn du etwas, das wiederholt gelesen zu werden verdient,
> schreiben willst, und bemühe dich nicht darum, daß dich die Menge bewundert;
> sei zufrieden mit wenigen Lesern.

Da man in der Antike Geschriebenes auf Wachstäfelchen entwarf, konnte bereits Formuliertes mit dem stumpfen Ende des Griffels wieder getilgt werden. Die hiermit verbundene Sorgfalt beim Verseschmieden empfiehlt Horaz als Nachfolger des Kallimachos nicht nur, sondern er bemüht sich auch selbst darum, und wie der hellenistische Dichter sucht er nicht die Bewunderung durch die Menge; dieser sagt einmal sogar: «Ich hasse alles Öffentliche» (*Epigr.* 2.4 Asper). Horaz möchte also einen kleinen Leserkreis, auf dessen Wohlwollen er zählen kann. So trägt er nun, wie oben erwähnt, im Finale von 1.10 (und dem Satirenbuch) eine Liste der willkommenen Personen zusammen (81–90a). Wenn er dann zu Beginn von

2.1 über Leute redet, die ihn entweder zu scharfzüngig oder zu (lenden-)lahm fanden, mögen wir uns denken: Das sind sicherlich nicht die in den letzten Versen von Buch 1 genannten «Fans».

Der in 2.1 von Horaz mit Trebatius geführte Disput, der von der Reaktion der Kritiker auf das erste Satirenbuch ausgeht, gibt sich als Konsultation des Rechtsgelehrten über den «legalen» Umgang mit Satire. Dementsprechend wird eine ganze Reihe juristischer Termini verwendet, aber das ist nichts weiter als ein parodistischer Spaß. Schon die Feststellung des Dichters, manche Leute hätten ihm vorgeworfen, er dehne das Werk weiter, als «das Gesetz» erlaube (1 f.), enthält ein Wortspiel, denn man kann ebenso «des Staates» wie «des Genres» ergänzen. Die Gattung verlangt von Haus aus gerade den bissigen Personenspott, der sich im ersten Satirenbuch für einen Teil der Kritiker «jenseits der Legalität» befinden soll; dieses Element der Gattung ist nahezu das Markenzeichen der lucilischen Satire. Doch Horaz verzichtet, wie gesagt (S. 32), auf Invektiven gegen Gestalten des öffentlichen Lebens. Wenn Trebatius nun in seiner Eigenschaft als Jurist mehrfach darauf hinweist, daß diese Art von Satire negative Folgen haben könnte (21–23; 60b–62a; 80–83b), und Horaz darauf unter anderem erwidert, er wähle nur dann das Mittel des direkten Angriffs, wenn jemand ihn reize (44b–46), dann sollte man darauf wenig geben. Denn zum «Ernstfall» ist es offenbar bisher nicht gekommen; im ersten Satirenbuch hat der Dichter ja lediglich unbedeutende, größtenteils wohl fiktive Personen attackiert – in Buch 2 bleibt er dabei –, und selbst wenn man ihn herausforderte, würde er in diesem Punkt gewiß nicht zum zweiten Lucilius. Also hat Horaz als Satiriker auch vom «Gesetz», soweit Trebatius es repräsentiert, nichts zu befürchten. Gewiß, es gelten in Rom noch die alten Zwölftafelgesetze, und diese zieht der Jurist kurz vor dem Ende von 2.1 heran; sie sähen folgendes vor (82–83a):

‹Wenn jemand gegen jemanden *mala carmina* verfaßt hat, gibt es ein Verfahren und ein Gerichtsurteil.›

In diesem Kontext bezeichnet *mala carmina* «böse Gedichte», also Verbalinjurien, aber es kann auch «(qualitativ) schlechte Gedichte» heißen, und Horaz tut so, als verstehe er die beiden Wörter in diesem Sinne, indem er antwortet (83b–85):

‹Das soll gelten, wenn jemand schlechte verfaßt; wenn aber jemand gute verfaßt hat und durch Caesars Urteilsspruch gelobt worden ist? Wenn jemand einen, der Vorwürfe verdient, anbellt, während er selbst untadelig ist?›

Darauf kann Trebatius nur antworten, unter dieser Bedingung sei sicher mit Freispruch zu rechnen (86).

Satire 2.1 ist ein gattungstheoretisches Gedicht, in dem das Thema Personenspott, wie man sieht, lediglich scherzhaft behandelt wird. Als ernst dagegen dürfte Horaz zwei weitere Themen betrachten: 1. sein Verhältnis zu Octavian; 2. Satire als Mittel der Selbstdarstellung der Dichter-*persona*. Octavian spielt bereits am Anfang in immerhin elf Versen (10–20) eine wichtige Rolle: Horaz, von Trebatius dazu ermuntert, die Taten des Imperators zu besingen, lehnt das vorläufig ab, verheißt es aber für den Fall einer günstigen Gelegenheit. Das Bekenntnis zu Octavian setzt sich indirekt in V. 71–78a fort, wo der Dichter von der Freundschaft des Lucilius mit Scipio Aemilianus und Laelius erzählt und fraglos impliziert, er erblicke in der Art, wie der Imperator und Maecenas mit ihm verkehren, eine Analogie (S. 34). Eine Bestätigung findet das dann in den (gerade zitierten) Versen 83b–85, aus denen erhellt, daß Octavian die Poesie des Horaz zu schätzen weiß. Wie für das über seine Freundschaft mit Octavian und Maecenas Gesagte beziehungsweise Angedeutete kann der Dichter auch für seine «autobiographischen» Äußerungen – dies der zweite Punkt – das Werk des Lucilius als Muster heranziehen. Er läßt uns über seinen Vorgänger wissen (30–34a):

‹Jener vertraute einst wie treuen Gefährten Geheimes
seinen Büchern an und weder, wenn es ihm schlecht ergangen war, wandte er sich irgendwo
anders hin, noch, wenn es ihm gut ergangen war. So kommt es, daß das ganze
Leben des Alten, wie auf einer Votivtafel geschildert,
offenliegt.›

Wir sahen, daß die *persona* des Horaz in Buch 1 der Satiren viel über sich erzählt. Dabei geht es auch um kleine Fehler, aber worin sie bestehen, ist kaum erkennbar. Sie werden dafür um so ausführlicher in Buch 2 zur Sprache gebracht, da der Dichter dort überwiegend anderen Personen das Wort erteilt und nun zwei von ihnen (Damasipp in 3 und Davus in 7) ihm über seine Person «die Wahrheit sagen», freilich ohne zu lachen.

Der Club der lebenden und toten Lehrer

Von den neun Männern, die im zweiten Satirenbuch außer Horaz als redende Personen auftreten, halten vier jeweils einen längeren Lehrvortrag: der Bauer Ofellus (2), der bankrotte Kunst- und Immobilienhändler Damasipp, ein Schüler des Stoikers Stertinius (3), ein gewisser Catius, der sein Wissen bei einem ungenannten, sich philosophisch gebenden Feinschmecker erworben hat (4), und der Sklave Davus, der sich mit seinen Ausführungen wiederum auf einen Vertreter der Stoa beziehungsweise dessen Türhüter beruft (7). Außerdem doziert im Dialog mit Odysseus der vor allem aus dem thebanischen Sagenkreis vertraute blinde Seher Tiresias: Er unterweist den Helden, der ihn im Totenreich aufsucht, in der Kunst der Erbschleicherei (5). Im laufenden Abschnitt sollen die Auftritte des Ofellus, Damasipp, Catius und Tiresias betrachtet werden, während das Davus-Gedicht 2.7, weil es motivisch eng mit 2.6 und 8 verbunden ist, für den letzten Teil des Satirenkapitels aufgespart bleibt.

Der Bauer und der Bankrotteur

Die Darlegungen des Ofellus in 2.2 zitiert Horaz größtenteils nicht wörtlich, sondern paraphrasiert sie; erst am Ende der Satire redet der Bauer selbst und erklärt in einer Art Epilog, dem, was er lehre, entspreche seine Lebensform (116–136). Der Mann ist ein Opfer der durch Octavian und Antonius nach Philippi angeordneten Enteignung von Gutsbesitzern zugunsten der Kriegsveteranen. Er wohnt jetzt mit seinen Kindern und seinem Vieh auf einem ihm neu zugeteilten kleinen Stück Land, das er als Pächter bestellt (114 f.). Horaz kannte ihn schon als Knabe, also zu einer Zeit, als Ofellus noch über seine eigenen Äcker verfügte. Da der Bauer von ihrer Fülle keinen größeren Gebrauch machte als jetzt von dem geringen Ersatz, ist er hervorragend qualifiziert, dem Dichter breit zu entfalten, «was es für eine große Tugend ist, mit wenigem auszukommen» (1). Über mehr als 100 Verse (8–111) referiert uns Horaz eine Lebensphilosophie, die wieder einmal sichtlich epikureische Züge trägt und die zugleich in Einklang mit der altrömischen Moral, dem *mos maiorum* (Sitte der Vorfahren) steht. Freilich geht es fast nur ums Essen, und dies läßt argwöhnen, daß Horaz die Vorlesung des «keiner Schule angehörigen Weisen», wie er Ofellus in Vers 3 charakterisiert, nicht in jedem Detail ernst genommen wissen will. Sicherlich vermag man ohne weiteres zuzustimmen, wenn der Bauer durch den Mund des Horaz zum Beispiel folgendes hervorhebt: Eine denkbar einfache Nahrung – also etwa der Verzicht darauf, «Gebratenes, Gesottenes, Austern und Drosseln» durcheinander zu verzehren – halte gesund; überdies könne, wer regelmäßig mit karger Kost vorliebnehme, an Festtagen oder im hinfälligen Greisenalter, das «sanfter behandelt werden» wolle, sich ein besseres Mahl als das gewohnte erlauben (70–88). Ja, solche Lehren sind zweifellos weise. Aber das gilt schwerlich auch für den gleich anschließend von Horaz genannten

Punkt des Ofellusschen Ernährungsprogramms – selbst Zeitgenossen dürften hier irritiert und belustigt zugleich den Kopf geschüttelt haben (89–93):

Einen ranzigen Eber lobten die Altvorderen, nicht weil sie keine
Nasen hatten, sondern, wie ich glaube, in der Meinung, daß
lieber ein später ankommender Gast den verdorbenen Braten verzehre
als der Hausherr gefräßig den noch frischen. Wenn doch unter diesen
Heroen die eben erschaffene Erde mich geboren und getragen hätte!

Was verbindet die zitierte Passage mit der vorhergehenden? Das kann man nicht klar entscheiden. Vielleicht ist es der Gedanke, die richtige Einstellung zum Essen könne sich mit Ausnahmesituationen konfrontiert sehen – dort mit dem Feiertag und dem Lebensabend, hier mit der Verspätung eines zu bewirtenden Gastes. Das Beispiel des Versabschnittes 70–93 zeigt, was auf das ganze Gedicht zutrifft: Die darin formulierte Lehre wird wie die, welche die Satiren 1.1–3 jeweils vermitteln, als assoziatives Geplauder dargeboten. Dabei ist wieder seriöse Moralphilosophie – in 2.2 vor allem das erneute Eintreten des Horaz beziehungsweise seines Gewährsmannes für ein Dasein am «kleinen Tisch» – mit erheiternder und unterhaltsamer Präsentation kombiniert. Man muß einfach schmunzeln, wenn die gute alte Zeit deswegen gepriesen wird, weil die Helden von damals zum Zeichen der Gastfreundschaft angeblich einen schlecht gewordenen Wildsaubraten zum Mahle vorsetzten.

Horaz hat die Lehren des Ofellus vermutlich auf dessen ländlichem Anwesen vernommen, Damasipp, den Dialogpartner in Satire 2.3, trifft er auf seinem eigenen Gut (10), über das er noch nichts Näheres sagt; er wird es in 2.6 nachholen. Gleich in V. 1 f. muß der Dichter sich von dem Bankrotteur anhören, er, Horaz, schreibe so selten Poesie, daß er keine viermal im Jahr nach Pergament verlange. Ist es so? Offenbar nicht. Liest man nämlich den Text zu Ende, stellt sich heraus, daß gerade dieser von enormer Schaffensfreude zeugt: Unter allen Horaz-Gedichten ist *Sat.* 2.3 mit 326 Versen eines der beiden mit Abstand längsten; nur die sogenannte *Ars poetica* hat einen größeren Umfang (476 Verse). Von Beginn an wird der Leser also darauf eingestimmt, nicht alles, was Damasipp von sich gibt, ernst zu nehmen. Der Mann ist ohnehin eine lächerliche Figur. Wie Horaz von ihm erfährt, wollte er sich, als er sein ganzes Vermögen verloren hatte, von einer Brücke in den Tiber stürzen, habe sich aber von dem plötzlich auftauchenden Stoiker Stertinius durch folgendes Argument daran hindern lassen: Er sei, wenn er sein Vorhaben ausführe, verrückt, und das gelte generell für jeden, den üble Dummheit und das Verkennen der Wahrheit blind umhertreibe. Diese Doktrin, die in der Tat von der Stoa vertreten wurde («Jeder Unvernünftige ist wahnsinnig»), hatte Stertinius dann zum Leitgedanken eines 223 Verse umfassenden, nur jeweils knapp eingeleiteten und abgerundeten Vortrags gemacht, den Damasipp gegenüber Horaz wiederholt (77–299). Hier werden Habgier (82–157), Ehrgeiz (164–223), Genußsucht (224–246), sklavische Verliebtheit (247–280) und Aberglaube (281–295) als Spielarten von Geisteskrankheit dargestellt. Zwei von diesen menschlichen Schwächen hat, wie man sieht, auch Horaz in sittenkritischen Satiren thematisiert (1.1 und 2), freilich nicht vom stoischen Standpunkt aus. Immerhin gleicht die durch Damasipp zitierte Rede des Stertinius den moralphilosophischen Gedichten in der äußeren Form: Wir haben hier gleichfalls einen «Spaziergang» mit kurzen Erzähleinlagen an den Ruhepunkten. Kann man nun auch inhaltliche Berührungen zwischen Stertinius/Damasipp und Horaz beobachten?

Ja, sie sind durchaus vorhanden. Man bedenke: Bei aller Unterschiedlichkeit in manchen Lehrmeinungen besteht Konsens zwischen Epikureismus und Stoa sowie den übrigen hellenistischen Moralphilosophien, jegliches Streben nach dem Unverfügbaren sei abzulehnen. Ein solches liegt bei Habgier, Ehrgeiz, Genußsucht, sklavischer Verliebtheit und Aberglaube sowohl aus der Sicht des Stertinius als auch derjenigen des Horaz in den sittenkritischen Passagen seiner Gedichte offenkundig vor, und insofern stimmen beide Männer prinzipiell darin überein, diese menschlichen Schwächen müßten bekämpft werden. Der Stoiker weicht jedoch darin von dem Dichter ab, daß er im Gegensatz zu ihm die Auffassung vertritt, alle, die reich oder mächtig sein möchten, nach Luxus streben, sich als Verliebte selbst erniedrigen und auf den Willen der Götter durch Hokuspokus einzuwirken versuchen, seien geistesgestört. Während Horaz als Moralprediger lachend die Wahrheit über Menschlich-Allzumenschliches sagt, ereifert sich Damasipp als Sprachrohr des Stertinius über Untugenden so sehr, daß er selbst Anlaß zum Schmunzeln gibt. Bei ihm finden wir statt heiterer Typensatire einseitig verurteilende Karikatur, wobei aber die Verzerrung so absurd ist, daß man sich darüber belustigen kann. Deshalb sind auch die «Schnurren», die er bietet, besonders lesenswert. Als Beispiel betrachte man die Szene, in der ein gewisser Nomentanus, der jede Art von Genuß begehrt, all denen, die ihn bisher in seinem Verlangen unterstützt haben, seinen Dank erweist (226–238):

Sobald dieser tausend Talente als Erbschaft empfangen hat,
verkündet er durch Edikt, daß der Fischer, der Obsthändler, der Vogelverkäufer,
der Salbenkrämer und die ganze ruchlose Bande aus der Tuskergasse,

der Geflügelmäster mit den Possenreißern, mit dem Viktualienmarkt der ganze Fleischmarkt
am Morgen zu ihm nach Hause kämen. Was war dann? Sie kamen in Scharen,
das Wort führt der Zuhälter: ‹Alles was ich, alles was auch von denen hier
jeder zu Hause hat, das betrachte als dein und fordere es jetzt oder morgen.›
Vernimm, was darauf dieser junge Mann, «gerecht» wie er war, erwiderte:
‹Du schläfst, mit Gamaschen bekleidet, im lukanischen Schnee, damit ich einen Eber
verspeisen kann, und du schleppst Fische aus dem winterlichen Meer.
Ich bin faul und verdiene nicht, so viel zu besitzen. Trag's fort,
nimm dir eine Million Sesterzen, und du dir ebensoviel, und du dir das Dreifache,
von dessen Haus die Gattin mitten in der Nacht herbeirennt, wenn ich sie habe rufen lassen!›

Nachdem Damasipp alle Lehren des Stertinius an Horaz übermittelt hat, legt er dem Dichter dar, in welcher Hinsicht nun auch dieser wahnsinnig sei: Es zeige sich daran, daß er Bauten errichten lasse, was nicht zu seiner geringen Körpergröße von nur zwei Fuß passe, ferner, daß er in seinem Bemühen, an Maecenas heranzureichen, sich wie ein Frosch aufblase, daß er Verse mache, jähzornig sei, über seine Verhältnisse lebe und tausend wilde Affären mit Mädchen und Knaben habe (300–326). Sicherlich ist das eine weitere Karikatur, aber da Horaz sich selbst in *Epi.* 1.20.25 als «im Zürnen rasch» charakterisiert und gerade an der Stelle, als Damasipp ihm das vorwirft, «Jetzt hör auf!» ruft, darf man folgern: Der Satiriker, der in den vorausgegangenen Gedichten immer wieder eifrig die Unarten anderer bemängelt hat, setzt sich jetzt selbst ganz bewußt Angriffen gegen seine Person aus, um erstmals deutlich dies zu demonstrieren: Von Sittenkritik muß sich jeder angesprochen fühlen, auch derjenige, der sie übt.

Der Schlemmer und der Seher

Satire 2.4, wieder ein Dialog, beginnt mit einer Frage des Horaz:

‹Woher und wohin, Catius?›

Das ist «Zitat» der Worte des Sokrates am Anfang von Platons *Phaidros*:

‹O lieber Phaidros, wohin denn und woher?›

Man mag also erwarten, die Horaz-Satire werde einen philosophischen Disput auf hohem Niveau wiedergeben, und Catius behauptet auch, er habe gerade das dringende Bedürfnis, neue Lehren aufzuzeichnen, welche die des Pythagoras, Sokrates und Platon überträfen (1–3). Diese an den Dichter weiterzureichen, ist Catius bereit, aber er verrät nicht den Namen des Urhebers. Das klingt mysteriös und macht erst recht neugierig. Doch was kommt dann? Die erste der «neuen Lehren» lautet (12–14):

Eier, die eine längliche Form haben – denke daran, diese,
weil sie einen besseren Geschmack haben und weißer sind als die runden,
vorzusetzen; denn die dickschaligen enthalten einen männlichen Dotter.

Und so geht das weiter bis zu V. 87: Ein Ratschlag für Gourmets beziehungsweise ihre Gastgeber reiht sich an den anderen, wobei keine sinnvolle Abfolge sichtbar wird. Was man dagegen deutlich bemerkt, ist die Diktion einer Gattung, die Horaz offenkundig parodiert: diejenige des Lehrgedichts, welches in der Regel wie die Satiren des Horaz in Hexametern abgefaßt ist. Das zur Zeit der Publikation unseres Textes bekannteste war Lukrez' *Von der Natur der Dinge*. Dort entwickelt ein engagierter Epikureer mit heiligem Ernst die atomistische Grundlage der Ethik seines Meisters, und dem korrespondiert der hohe philosophische Anspruch, mit dem Catius die Lehren seines anonymen Gewährsmannes einleitet. Aber was er sagt, enthält alles andere als erhabene Weisheit, ja ist, wie die Erklärer längst herausgefunden haben, zum Teil auch unkorrekt oder ins Lächerliche verzerrt. Catius behauptet etwa, wenn man Massikerwein bei heiterem Himmel ins Freie stelle, werde durch die Nachtluft alles Dicke verdünnt (51 f.). Gewiß, trüber Wein wurde in der Antike zum Klären nach draußen gebracht, aber das mußte wohl nicht unbedingt bei gutem Wetter oder während der Nacht sein. Was soll das Gedicht also, wenn die Empfehlungen nicht wenigstens wirklich nützlich sind?

Catius lehrt einerseits etwas, was vor allem bei einem Gastmahl Anwendung findet, andererseits wird der Leser gleich zu Beginn der Satire je einmal indirekt und direkt auf Sokrates hingewiesen, worauf dann gleich der Name Platon fällt. Das ermuntert dazu, sich an dessen berühmte Schrift über ein Symposion zu erinnern, aber auch daran, daß der Philosoph nicht erzählt, was die dort zusammen mit Sokrates anwesenden Männer aßen und tranken, sondern was sie redeten, und das hatte noch dazu ein hohes geistiges Niveau. Das genaue Gegenteil bietet Enkolps Bericht über das Gastmahl des Trimalchio in Petrons wohl Mitte des 1. Jahrhunderts n. Chr. verfaßtem Roman *Satyrica*: Hier werden wir auf Schritt und Tritt detailliert über die mit größter Raffinesse zubereiteten Speisen informiert, und dafür bildet Satire 2.4 eine Art Vorstufe. Nun bedenke man, daß Trimalchio – so haben moderne Interpretationen überzeugend gezeigt – sich einem vulgarisierten Epikureismus verschrieben hat: Er nimmt die Forderung des Meisters, der Mensch solle nach *hedoné* (Lust) streben, zu wörtlich, indem er mit seinen Gästen hemmungslose Genußsucht auslebt. Laut Epikur dagegen ist die Voraussetzung für «Lust» gerade nicht Schwelgerei, sondern ein bescheidenes Dasein, das Ataraxie ermöglicht (S. 58 ff.). Es liegt nahe, daß auch Catius der falschen Meinung ist, *hedoné* sei mit körperlichen Freuden und speziell mit denen des Gaumens identisch. Doch um wen handelt es sich bei dem geheimnisvollen Anonymus, der ihn in der Kunst des guten Essens und Trinkens unterwies? Es könnte ganz einfach Horaz sein, zumindest insofern, als Catius sein literarisches Geschöpf ist und er durch seine Lehrgedichtparodie offenbar den von dieser Figur repräsentierten Vulgärepikureismus verspotten möchte. Also, der Dichter selbst – das wäre so etwas wie eine metapoetische Antwort auf die Frage nach dem Namen von Catius' Gewährsmann. Wer sie akzeptiert, dürfte sich besonders freuen, wenn Horaz am Ende der Satire sagt, er wolle unbedingt zu den fernen Quellen des ihm von seinem Dialogpartner vermittelten Wissens gelangen und daraus die Lehren für ein glückliches Leben schöpfen (93b–95). Denn darüber kann er in der Tat bei sich selbst lernen.

Unter den komischen Abwandlungen des Lehrgedichts, zu denen *Sat.* 2.4 gehört, ist Ovids *Liebeskunst* die berühmteste. Dort wird eine didaktische Methode praktiziert, die als Novum innerhalb der Gattung gelten darf, aber bereits dem Tiresias der Satire 2.5 vertraut ist: Der Dozent läßt den Schüler während des Kurses theoretisch die einzelnen Schritte bis zum Erreichen des Lernziels durchlaufen. So verfährt Tiresias als Professor für die Kunst der angewandten Erbschleicherei mit seinem Adepten Odysseus. Was er zuletzt sagt, bezieht sich auf den Moment, in dem der Erbschleicher dem Testament des Opfers seiner «Kunstfertigkeit» entnimmt, daß ihm nun ein Viertel des hinterlassenen Vermögens gehöre (99 ff.), er also seinen Kurs mit Erfolg absolviert hat; analog dazu erreicht Ovids Lehrgang für liebende Männer und Frauen sein Ziel jeweils, wenn er ihnen ausmalt, sie lägen endlich mit dem Partner im Bett, und ihnen abschließend Instruktionen für den Koitus gibt (2.703 ff.; 3.769 ff.). Nun ist gewiß schon die Kunst der erotischen Verführung ein ungewöhnlicher Lehrstoff, aber das gilt natürlich erst recht für Richtlinien, die zu beherzigen einem Erbschleicher nützen mag. Als ernsthaft entwickeltes Unterrichtssystem können sie nur in einer verkehrten Welt existieren, und den Hintergrund für eine solche schafft sich Horaz, indem er eine mythische Szenerie kreiert. Sie liegt außerhalb der Realität seiner Leser, aber ihnen ist das direkte Vorbild gut bekannt: Odysseus trifft Tiresias wie in Buch 11 von Homers *Odyssee* am Tor zum Hades, um ihn über seine Heimkehr zu befragen. Er interessiert sich aber jetzt lediglich dafür, wie er das an die Freier seiner Frau Penelope verlorene Vermögen zurückgewinnen kann, und der Seher entfaltet nun die genannte Lehrmethode. Zu einem *monde à l'envers* paßt vor allem zweierlei: einerseits, daß der Held Odysseus, den Horaz in *Epi.* 1.2.17 f. als Muster an Tugend und Klugheit bezeichnet, bereit ist, sich in den übelsten Tricks zum Zweck der Übertölpelung eines kinderlosen alten Mannes ausbilden zu lassen, zum anderen, daß der Berater seine Lehren nicht etwa als Anweisungen zu bösem Handeln, sondern so artikuliert, als würde er die Zehn Gebote verkünden.

Was könnte die mit der Umkehrung aller Werte verbundene Intention sein? Sicherlich beabsichtigt der Dichter, den Blick des Lesers für den Unterschied zwischen Schein und Sein zu schärfen. Nehmen wir als Beispiel den Passus in Satire 2.5, wo Tiresias dem Odysseus empfiehlt, Penelope als Helferin bei der Erbschleicherei einzusetzen, indem er sie einem Greis «ausliefert», der ihm sein Geld vermachen soll. Der Held reagiert auf diesen Rat zunächst so, wie der Dichter es auch von uns erwarten darf; Odysseus sagt (76b–78):

‹Glaubst du,
verkuppelt werden kann eine so Brave, so Sittsame,
welche die Freier nicht vom rechten Weg abbringen konnten?›

Wer so fragt, hegt Tiresias zufolge Wunschvorstellungen und verkennt, daß hier nur eine Fassade der Keuschheit den wahren Charakter der Frau des Helden verdeckt. Denn der Seher antwortet (79–83):

Es kamen ja mit großen Geschenken knausernde junge Männer,
die nicht so sehr an Sex wie an der Küche interessiert waren.
So ist Penelope für dich brav. Wenn sie aber einmal von einem
einzigen Greis genascht und mit dir das Profitchen geteilt hat,
wird sie davon – wie der Hund vom fettbeschmierten Leder – niemals mehr
abzuschrecken sein.

Das ist die von Tiresias in der Verkehrten Welt von Satire 2.5 als normal präsentierte Realität, und der Leser ruft sich, wenn er diese Wirklichkeit betrachtet, um so rascher ins Bewußtsein, daß sie sich in seinem Erfahrungsbereich permanent als Sein hinter dem Schein den Augen entziehen kann. Horaz steht mit dem Gedicht der neuzeitlichen Satire besonders nahe, da diese nicht selten in einen *monde à l'envers* eingebettet ist. Um nur ein Beispiel zu nennen: Jonathan Swift (1667–1745), *Gullivers Reisen.* In dem satirischen Roman wirken Welten wie die der Liliputaner oder der

Riesen auf den Ich-Erzähler bei der ersten Konfrontation mit ihnen denkbar fremd, doch nachdem er alles näher kennengelernt hat, bemerkt er deutlich, wie realistisch hier die ihm von zu Hause vertraute Umgebung widergespiegelt wird.

Sabinum, Saturnalien und Symposion

Mit Satire 2.6, der einzigen des zweiten Buches, in deren Zentrum die *persona* des Dichters steht, nähert dieser sich erstmals lyrischer Diktion. Das gilt besonders für V. 1–15, ein Gebet an Merkur, den Schutzgott des Landguts in den Sabinerbergen; hier der Anfang (1–5):

Das hatte immer zu meinen Wünschen gehört: ein nicht eben großes Stück Land,
wo ein Garten und nahe beim Haus eine Quelle nie versiegenden Wassers
und ein bißchen Wald darüber wäre. Reichlicher und
besser machten es die Götter. Gut so! Nichts weiter erbitte ich,
Sohn der Maia, außer daß du diese Geschenke zu meinem Eigentum machst.

Das Glück, welches Horaz als Herr des Sabinums empfindet, nimmt er zunächst zum Anlaß, das Leben, das er in der Stadt führen muß, gegenüber seinen Aufenthalten auf dem Lande herabzusetzen. In deutlichem Widerspruch zu Satire 1.6 schildert der Dichter jetzt einen Tag in Rom als eine Serie lästiger Tätigkeiten, die schon früh mit einem Gerichtstermin beginnen. Beim anschließenden Gang zu Maecenas auf den Esquilin muß Horaz sich den Weg durch die Menge bahnen, während er Äußerungen des Neids auf seine gute Beziehung zu dem Patron zu hören bekommt oder um Überreichung einer Bittschrift an diesen ersucht wird. Das Zusammensein mit Maecenas ist offenbar auch nicht immer die reine Freude. Auf einmal behauptet Horaz nun (40 ff.), der Freund habe ihm vor sieben Jahren nur zu folgendem Zweck Zutritt zu seinem Kreis gewährt: Er wolle über jemanden verfügen, den er zu einer Spazierfahrt in seinem Wagen mitnehmen und mit dem er vertraulich über Quisquilien reden könne, zum Beispiel solche (44b–45):

‹Wieviel Uhr ist es?› ‹Ist der thrakische <Gladiator> Gallina dem Syrus gewachsen?›
‹Der morgendliche Frost zwackt jetzt schon unvorsichtige Leute.›

Nach der Aufzählung weiterer Widrigkeiten, die sein freundschaftliches Verhältnis zu Maecenas mit sich bringt, kehrt Horaz zu dem lyrischen

Tonfall der ersten Verse zurück. Er apostrophiert das Landgut und verleiht seiner Sehnsucht nach diesem Ort Ausdruck, indem er die Freuden nennt, die das Sabinum ihm beschere: Lesen, Schlaf, Stunden des Nichtstuns, schlichtes Essen, unkonventionelle Gastmähler mit Diskussionen über ethische Themen, die den Anstoß dazu geben können, daß Nachbar Cervius «Altweibergeschichten» (77 f.) vorträgt, etwa die Fabel von Stadtmaus und Landmaus. Sie wird uns am Ende der Satire als ein Meisterstück kallimacheischer Schilderungskunst dargeboten (79b–117).

Es fällt auf, daß Horaz in dem gerade paraphrasierten Abschnitt (60–79a) zum Teil wieder von Tätigkeiten redet, denen im Geiste Epikurs nachzugehen ihm laut Satire 1.6 auch in der Stadt möglich war (S. 73). Ist das Land ihm jetzt ein Ersatz für Rom, die Metropole dagegen ein Ort, den es möglichst zu meiden gilt? Aus der Fabel kann man durchaus einen solchen Eindruck gewinnen – zumindest auf den ersten Blick: Die große Gefahr, der sich die Landmaus durch ihren Besuch bei der Stadtmaus aussetzt, wird sehr anschaulich vor Augen geführt. Nachdem Cervius liebevoll beschrieben hat, wie die Bewohnerin eines ärmlichen Erdlochs ohne Erfolg versucht, bei sich daheim die Freundin aus der Stadt mit ihrer spärlichen, bescheidenen Kost zu beglücken, läßt der Erzähler diese eine Einladung in ihr vermeintlich besseres Domizil aussprechen und dabei dem Sinn nach mit der Devise *carpe diem* argumentieren (93–97a):

‹Schnell auf den Weg (*carpe viam*), vertrau mir, begleite mich, weil ja alles, was
auf Erden lebt, eine sterbliche Seele erlost hat und es keine
Flucht vor dem Tod gibt für Groß oder Klein. Deshalb, meine Gute,
solang es erlaubt ist, lebe in erfreulichen Zeiten glücklich,
lebe dessen eingedenk, wie kurz dein Dasein ist.›

Das wohlhabende Haus, das die Landmaus dann betritt, macht mit seinem vornehmen Interieur und den vielen Gerichten, die, von der letzten Mahlzeit übriggeblieben, nun von der Stadtmaus aufgetragen werden, den Gast zunächst ganz vergnügt. Doch dann erschüttert ein gewaltiger Krach die Flügeltüren, die beiden Nagetiere laufen in Todesangst umher, als das Haus von Hundegebell widerhallt (man fühlt sich ein wenig an das Finale von Satire 1.2 erinnert; S. 67), und die Landmaus erklärt, sie ziehe diesem Streß das Leben in ihrem Loch und die Ernährung durch einfache Wicken vor. Kein Zweifel: Hinter ihr verbirgt sich Horaz, der ebenfalls mit schlichter Speise vorliebnimmt. Aber wer ist dann die Stadtmaus? Maecenas wäre denkbar, zumal der Dichter, wie wir gesehen haben, in *Sat.* 2.6 gewisse Nachteile seiner Freundschaft mit dem Patron erwähnt. Freilich scheint hinter den etwas nörgeligen Bemerkungen des Horaz über Rom und Maecenas so etwas wie Haßliebe zu dem Leben in der Metropole auf. Deshalb dürften diejenigen Erklärer der Fabel recht haben, die vermuten, daß beide Nager zusammen die Person des Horaz und somit «zwei Seelen in seiner Brust» repräsentieren: Die Mäusegeschichte bringe allegorisch zum Ausdruck, daß der Dichter sich nicht entscheiden kann, ob er lieber in der Stadt oder auf dem Land wohnt. In der hinter 2.6 plazierten Satire kann man diese Interpretation durch den Mund des Sklaven Davus bestätigt finden.

In 2.7 kommt Davus deshalb zu Wort, weil das als äußerer Anlaß für die Satire vorauszusetzende Saturnalienfest, an dem Herren und Diener die Rollen tauschen, ihm dazu die Freiheit einräumt. Zum Reden veranlaßt ihn, wie er eingangs sagt, daß er schon lange zuhöre (1). Das klingt, als habe er einer Rezitation der Gedichte 2.1–6 beigewohnt und möchte nun seinen «reader response» liefern; im vorletzten Gedicht paßt das sehr gut, zumal Davus sich überwiegend mit der Person des Horaz beschäftigt, die in dem Abschlußgedicht 2.8 nur noch im Hintergrund stehen wird. Auf den Dichter hat der Sklave es gleich zu Anfang abgesehen. Davon ausgehend, daß ein großer Teil der Menschen zwischen gegensätzlichen Verhaltensweisen hin und her schwanke (6–20), verkündet er, an dieser Unart kranke Horaz in hohem Maße. Belegt werde das unter anderem dadurch, daß der Dichter sich in Rom aufs Land wünsche – genau das lasen wir gerade in 2.6! –, doch wenn er dort verweile, die ferne Metropole zu den Sternen erhebe (28 f.); hier hätten wir Horaz nun auch wieder als den zufriedenen Städter der Satire 1.6. Davus, der seinen Herrn des Wankelmuts zeiht, versucht im Hauptteil seiner Saturnalienpredigt sogar nachzuweisen, Horaz sei dümmer als er, und damit gibt er wieder, was ihn der Türhüter des Stoikers Crispinus gelehrt hat. Nach 2.3 und 4 beruft sich also zum dritten Mal jemand im Dialog mit Horaz auf die Autorität eines nicht Anwesenden, in diesem Fall sogar eine besonders zweifelhafte, da man von einem Pförtner nicht unbedingt kundige Referate über stoisches Gedankengut erwartet. Außerdem ist die Doktrin, die Davus als Vertreter dieser Philosophie jetzt zur Basis seiner Argumentation macht, ebenso fragwürdig wie die von Damasipp herangezogene, derzufolge jeder Unvernünftige wahnsinnig sei. Denn nunmehr soll gelten: «Allein der Weise ist frei und jeder Unvernünftige ein Sklave.» Daß es wirklich so ist, will Davus als erstes anhand eines Vergleichs zwischen seinem Sexualverhalten und dem des Horaz demonstrieren. Inwiefern er sich persönlich hier als «frei» erachtet, formuliert der Sklave so (47b–52):

‹Sobald mich die leidenschaftliche
Natur steif werden läßt, fängt unter einer hellen Lampe nackt
irgendeine die Stöße des geschwellten Schwanzes auf
mit ihren Arschbacken oder treibt mich geil als ihr Pferd an, während ich auf
dem Rücken liege,
und sie entläßt mich, ohne daß mein Ruf leidet oder ich besorgt sein muß, daß
ein Reicherer oder ein Schönerer ebendorthin abspritzt.›

Wahrhaftig, das ist Freiheit – jedenfalls im Vergleich mit dem, was Horaz, wenn er Verlangen nach Sex hat, laut Davus auf sich nimmt: Der Dichter lege die Insignien des Ritterstandes ab, hülle sich in einen Kapuzenmantel, werde zu der Gattin eines anderen ins Haus geführt und zittere dabei, weil er Bestrafung durch den Ehemann fürchten müsse. Auch wenn er ungeschoren entwische, werde er sich wieder und wieder in Gefahr begeben, und das mache ihn zum vielfachen Sklaven (53–82). Bei weiteren Behauptungen über Fehler seines Herrn, die diesen als den wahren Unfreien erweisen sollen, erreicht Davus schließlich einen Punkt, an dem es Horaz zu viel wird, und die Satire endet mit folgendem Wortwechsel der beiden (116–118; zuerst spricht der Dichter):

‹Woher krieg ich einen Stein?› ‹Wozu brauchst du den?› ‹Woher Pfeile?›
‹Entweder ist der Mensch verrückt, oder er macht Verse.› ‹Wenn du dich nicht
gleich davonmachst, kommst du als neunter Landarbeiter auf mein Sabinergut.›

Horaz hat sich wie in 2.3 einiges ins Gesicht sagen lassen, wobei diesmal mehrere Laster zur Sprache kamen, die der Dichter in vorausgegangenen Satiren an anderen bemängelt hatte, darunter auch die Leidenschaft für eine verheiratete Frau. Zwar ist deutlich erkennbar, daß Davus, der seinem Herrn implizit eine Diskrepanz zwischen Leben und Dichtung unterstellt, selbst von Fehlern nicht frei ist, und dadurch disqualifiziert der Sklave sich in gewisser Weise. Aber das ändert nichts daran, daß Horaz unmittelbar vor dem letzten Gedicht seines zweiten Satirenbuches mit schonungsloser Ironie gegenüber der eigenen Person seine Kompetenz als Sittenrichter in Zweifel zieht. Sollte das Charakterbild, das Davus von der Dichter-*persona* zeichnet, als eine Art Sphragis (S. 23) aufzufassen sein, dann wäre sie die Persiflage einer solchen und insofern eine sehr bemerkenswerte Variante dieser Form von Selbstporträt.

Wie mancher Komödiendichter in der Antike als Finale seines Stückes ein Festmahl auf die Bühne brachte, so rundet Horaz seine Satirensammlung mit der Schilderung eines Symposions ab (2.8). Er selbst hat es nicht miterlebt, weshalb er Fundanius, einen der Geladenen, um einen Bericht bittet; der Mann ist passenderweise Komödiendichter. Als Gastgeber nennt dieser einen reichen Mann namens Nasidienus, der außer ihm an seiner Tafel folgende Personen bewirtet habe: Maecenas zusammen mit dessen «Schatten» Balatro und Vibidius, ferner Varius und Viscus, die ebenso mit dem Patron des Horaz wie mit ihm befreundet sind, sowie zwei den Nasidienus ständig umschmeichelnde Männer, Nomentanus und Porcius. Die Zahl der Gäste ist also mit derjenigen der Satiren in Buch 2 identisch. Wer das als ein Indiz dafür liest, daß es sich bei Gedicht 8 um einen Epilog handelt, kann als Bestätigung dies anführen: Vier von den Teilnehmern des Symposions sind auch in Satire 1.10, dem Epilog zu Buch 1, genannt – Maecenas, Varius, Viscus und Fundanius –, und alle außer dem letzteren sogar in der Liste derer, die Horaz sich als seine Leser wünscht. Man darf sich daher vorstellen, daß der Dichter jetzt vier Freunde seiner Poesie bei gutem Essen und Trinken die Vollendung seiner Satirensammlung feiern läßt. Allerdings ereignet sich während des Schmauses so allerlei, was diese Männer zwar erheitert, ihnen aber schließlich den Appetit verdirbt. Dazu gehört, daß Nasidienus und sein Sprachrohr Nomentanus zu jeder Speise, die aufgetragen wird, etwas über ihre Zubereitung oder die Besonderheiten bemerken. Offenbar als eine Art Protest gegen eine derartige Protzerei animieren Balatro und Vibidius, noch ehe die Speisenfolge beendet ist, die Gäste zu unmäßigem Trinken, und das weckt in Nasidienus die Befürchtung, allzu Zechfreudige könnten mit größerem Freimut lästern oder würden mit ihrem vom Wein abgestumpften Gaumen die einzelnen Delikatessen nicht ausreichend goutieren. Als er gerade eine raffiniert zubereitete Muräne und speziell die für sie verwendete Tunke lang und breit kommentiert, geschieht plötzlich dies (54–56):

... der darüber hängende Baldachin tat einen gewaltigen Sturz
auf die Schüssel und zog so viel schwarzen Staub mit sich,
wie nicht einmal der Nordwind von den kampanischen Feldern aufwirbelt.

Man mag hier einen unvorhergesehen fallenden Bühnenvorhang assoziieren. Zwar wurde ein solcher im damaligen Rom am Ende eines Schauspiels nicht herabgesenkt, sondern hochgezogen, aber als Symbol für das nahende Ende der Satire und des Buches darf man die kleine Panne gewiß verstehen. Von nun an geschieht auch nicht mehr viel. Nasidienus weint, Nomentanus tröstet ihn durch eine Bemerkung über das unberechenbare Walten der Fortuna, woraufhin Varius kaum das Lachen zurückzuhalten vermag, und Balatro findet aufmunternde Worte; dann geht der einigermaßen beruhigte Gastgeber für kurze Zeit aus dem Saal. Als er zurückkehrt, die Sklaven mehrere neue Leckerbissen auftragen und er wieder deren Herkunft und Beschaffenheit erläutert, ergreifen die Gäste die Flucht, ohne diese Speisen angerührt und an dem (in der Regel danach zu erwartenden) Umtrunk teilgenommen zu haben. Wie das Gastmahl, so enden auch Gedicht und Gedichtsammlung ziemlich abrupt, aber das trägt dem Genre und Horaz' Umgang damit durchaus Rechnung. In dem Gattungsnamen *Satura* konnte man in der Antike *satur*, was «satt» bedeutet, und *satis* (genug) mithören. Nun hatte Horaz schon kurz vor dem Ende von Satire 1.1. geschrieben, es gebe selten jemanden, der sagen könnte, er habe glücklich gelebt, und der wie ein gesättigter Gast (*conviva satur*) zufrieden von seinem Dasein Abschied nehme (S. 64). Danach war die Satire mit diesen Worten beschlossen worden (120 f.):

Jetzt ist es genug. Damit du nicht glaubst, ich hätte den Papyrusbehälter des triefäugigen Crispinus ausgeplündert, werde ich kein Wort mehr hinzufügen.

Auf die beiden Verse, die im Original mit den Worten *iam satis est* beginnen, ließ Horaz noch 17 Satiren folgen. Aber dann schien es ihm mit der *satura* endgültig genug zu sein. Und für alle, welche die Gedichte bis zum letzten Satz von 2.8 linear gelesen haben – die beiden Bücher umfassen zusammen immerhin (1029 + 1083 =) 2112 Verse und sind die beiden längsten des Gesamtwerkes –, ist es jetzt nicht nur genug, sondern sie sind auch satt. Denn im Laufe des zweiten Buches ist von Speisen so oft die Rede, daß man, wenn Nasidienus mit neuen Delikatessen aufmarschiert, förmlich ein Völlegefühl im Magen verspürt und es deshalb nicht schwerfällt, die Lektüre der Satirensammlung ebenso jäh zu beenden, wie die Gäste des Nasidienus das Schmausen abbrechen.

Im Spannungsfeld zwischen Herrscher und Hexe: *Epoden* in einem Buch

Am Ende seiner Erzählung vom Gastmahl des Nasidienus sagt Fundanius, von den zuletzt servierten Delikatessen hätten sie nicht gekostet, als ob diese von Canidia, die gefährlicher sei als afrikanische Schlangen, angehaucht worden wären (*Sat.* 2.8.94 f.). Man kann das als einen versteckten Übergang zum Epodenbuch des Horaz lesen. Denn zum einen ist die Hexe darin eine wichtige Figur, zum anderen leitete man in der Antike *íambos*, den griechischen Begriff für ein Schimpf- und Spottgedicht, unter anderem von *iós* ab, was «Gift» bedeutet. Canidia, die ein solches offenbar allein schon durch Ausatmen zu produzieren vermag, erscheint erstmals in Epode 3: als potentielle Köchin einer Speise voller Knoblauch, den Horaz scherzhaft mit Gift und Vipernblut gleichsetzt (5–8). Außerdem ist sie die Hauptfigur von zwei Texten: Epode 5 berichtet, wie sie einen Liebeszauber inszeniert, und in Epode 17, der letzten in der Sammlung, führt sie einen Dialog mit Horaz, der mit unverkennbarer Ironie behauptet, er kapituliere vor der göttlichen Macht ihrer magischen Künste. Canidias Name fällt im gesamten Buch viermal (3.8; 5.15; 48; 17.6), und so oft hebt Horaz außer ihr nur Octavian und Maecenas hervor (1.3; 9.2; 18; 37 bzw. 1.4; 3.20; 9.4; 14.5); niemanden sonst erwähnt er so oft wie die drei Personen. Nun ist ja Octavian der Sieger von Actium, und Horaz erhofft sich von ihm, er werde Antonius und Kleopatra, die von dort entflohen sind, bald endgültig niederringen; in dem Imperator sieht der Dichter also eine ausgesprochen positive Gestalt (wie natürlich auch in Maecenas). Canidia dagegen steht – wie vermutlich schon in *Sat.* 1.8 (S. 76) – für die «Geister», die sich Roms Erneuerung durch Octavian noch widersetzen. Denn in den Augen des Horaz und seiner Freunde verkörpert die Hexe – davon ist mit Sicherheit auszugehen, obwohl es im Text nicht explizit gesagt wird – wie Kleopatra ein der patriarchalischen römischen Staatsordnung feindliches Prinzip: Weiblichkeit, die in Abweichung von der ihr traditionell innerhalb der Gesellschaft zugewiesenen passiven Rolle aktiv, also «männlich» und darum gefährlich handelt.

Unter dem genannten Aspekt bilden Octavian in *Epo.* 1.3 und Canidia in 17.6 die beiden Pole eines Spannungsfeldes: Horaz konfrontiert das von dem Herrscher vertretene Rom mit Kräften, welche die des Staates – *Roma* wurde von griech. *rhóme* (Kraft, Stärke) abgeleitet – zu schwächen drohen; unter ihnen ragen Canidias Hexerei ebenso wie die von ihr und anderen Frauen usurpierte «Männlichkeit» sichtlich heraus. Freilich sind am Anfang und genau in der Mitte des Epodenbuches Gedichte plaziert (1 und 9), die unmißverständlich darauf hindeuten, daß die Macht in Rom künftig die Octavian-Partei übernehmen wird. Canidia dagegen muß sich im letzten Gedicht in einer Weise von Horaz verspotten lassen, daß der Leser erkennt: mit ihrer Kunst ist es zu Ende. Ja, das klingt alles nach «Juchhei! Nun ist die Hexe tot, / mausetot, und aus die Not!». Aber so simpel ist es nun wieder nicht. Denn Horaz bietet nicht propagandistische Schwarz-Weiß-Malerei, sondern durchtränkt seine Gedichte mit Witz und Ironie, sagt also wie in den Satiren «lachend die Wahrheit», und dabei wählt er auch sich selbst zum Objekt seines Spottes. Das wird besonders deutlich, wenn er, der vom Standpunkt einer androzentrischen Sozialordnung aus sprechende Dichter, plötzlich einer Gegenmacht unterliegt: dem Gott Amor, dessen Name das Palindrom von *Roma* ist. Durch Liebe muß, wie man in der Antike glaubte, ein Mann verweichlicht werden, und so auch ein Jambiker. Horaz nennt uns den Moment, in dem ihm das im Laufe der Geschichte, die sein Epodenbuch erzählt, widerfährt. Er bringt die «Metamorphose» sogar metrisch zum Ausdruck. Sie vollzieht sich zu Beginn von Epode 11, nachdem die bisherigen Gedichte alle in einem jambischen Versmaß verfaßt wurden, nämlich in Distichen, die aus Trimetern und Dimetern zusammengefügt sind (S. 37). Jetzt schiebt Horaz zwischen diese beiden Systeme die zweite Hälfte eines daktylischen Pentameters (S. 48), den man sonst in Elegien und somit in erotischer Poesie findet; was dabei herauskommt, sei hier am Beispiel der beiden ersten Distichen von *Epo.* 11 in metrischer Wiedergabe demonstriert:

Nicht méhr macht Freúde wíe zuvór, mein Péttiús
   Vérse zu schreíben mir jétzt. | Denn schwér erschǘttert Líebe mích,
die Líebe, díe vor állen ándren mír befíehlt,
   báld für ein Mä́dchen und báld | für zárte Knáben zú erglǘhn.

Doch brechen wir vorläufig die Schulstunde über Metrik ab! Im folgenden sollen zunächst in zwei Abschnitten die Gedichte 1–10 entsprechend ihrer Anordnung im Epodenbuch behandelt werden. Daran schließen sich Überlegungen zu Nr. 11–15 an; hier verwendet Horaz mehrere Kombinationen jambischer und daktylischer Versmaße, die am besten jeweils ad hoc vorzustellen sind. Im letzten Teil des Kapitels nehmen wir die beiden Epoden in den Blick, die eine Art Koda des Buches bilden: Nr. 16 – dort wechseln Hexameter und jambischer Trimeter miteinander ab – und Nr. 17, ein nur aus jambischen Trimetern bestehendes Gedicht.

Knoblauch statt Gift

Wie bereits gezeigt wurde (S. 37 f.), verkündet Horaz dem Maecenas in Epode 1, er sei bereit, ihm überallhin zu folgen, auch wenn er «unkriegerisch und zu wenig stark» sei. Er werde – so fährt er fort – gerne mit in den Krieg ziehen, aber nicht in der Hoffnung auf den Gewinn größerer Äcker oder Viehherden, als er sein eigen nennt, oder einer Prachtvilla in Tusculum. Denn der Freund habe ihn «genug und übergenug» beschenkt, und er wolle nicht erwerben, was er dann habgierig vergraben oder auch verschwenden müsse. Die Gabe, auf die Horaz anspielt, dürfte das Sabinum sein. Wer davon zu Beginn seiner Lektüre der Epode 2 ausgeht, betrachtet den Lobpreis eines glücklichen Lebens auf dem Lande, den das Gedicht bis V. 66 enthält, als Fortsetzung zu den letzten Äußerungen des Dichters in Epode 1. Es paßt – so muß man beim «first reading» von Nr. 2 einfach denken – bestens zu Horaz, daß er hier liebevoll die einzelnen Tätigkeiten des Bauern im Verlauf der Jahreszeiten beschreibt, vom Ausruhen am murmelnden Bächlein schwärmt und schildert, wie die Bäuerin dem von des Tages Arbeit ermüdeten Gemahl «ungekaufte Speisen» serviert, die ausgesuchten Delikatessen vorzuziehen seien. Wenn wir dann erfahren, welche Freude es bereite, bei einem schlichten, gesunden Mahle auf die heimkehrenden Schafe und Stiere sowie das um den Herd versammelte Gesinde zu schauen, glauben wir mit gutem Grund, aus dem Munde des Horaz ein epikureisch gefärbtes Bekenntnis zu einem bescheidenen idyllischen Dasein zu vernehmen. Und da das Gedicht in mehreren Versen an Vergils «Lob des Landlebens» am Ende von Buch 2 der *Georgica* anklingt, mögen wir überdies heraushören, der Epodendichter ermuntere zu der von Octavian so gern gesehenen Rückbesinnung auf altrömisches Bauerntum. Um so überraschter lesen wir in den letzten vier Versen, daß Horaz gar nicht gesprochen hat (67–70):

Als dies gesagt hatte der Wucherer Alfius,
  fast schon der künftige Landmann,
trieb er sein ganzes Geld in der Monatsmitte ein,
  und er sucht es am Monatsanfang wieder auszuleihen.

Nein, damit hat man nicht gerechnet, und es mag manchen auf den ersten Blick sogar schockieren. Aber endlich wird im Epodenbuch, das trotz der Anknüpfung an Archilochos (S. 36) bisher «unjambisch» wirkte, jemand immerhin indirekt attackiert: Horaz stellt Alfius als Heuchler bloß. Eine richtige Invektive ist das freilich nicht, zumal der Name des Mannes (der historisch nachweisbar ist) griech. *alphaínein* (erwerben) evozieren und somit als derjenige eines Typus gelesen werden kann. Man beginnt zu argwöhnen, der Jambiker Horaz werde wie in den Satiren auch jetzt keine Angriffe auf bedeutende Personen seiner Umgebung wagen.

Vielleicht bestätigt der Dichter dies in Epode 3 auf der metapoetischen Ebene. Hier schimpft er, weil man ihm ein stark knoblauchhaltiges Gericht vorgesetzt hat, erklärt, er fühle sich vergiftet, und geht dabei so weit, unter Verweis auf die Mythen von Medea und Herkules Salben als Vergleich heranzuziehen, welche, auf Gewänder gestrichen, die damit Bekleideten verbrannten. Doch das ist natürlich stark übertrieben und entsprechend komisch, und es gilt erst recht für die Schlußpointe des Gedichtes. Horaz bittet dort Maecenas für den Fall, daß dieser jemals Verlangen nach solchem Knoblauch habe, dann möge doch sein Mädchen seinem Kuß die Hand entgegenhalten und am Bettrand ruhen. Man darf, wie ich meine, dem kleinen Gedicht auf einer zweiten Sinnebene eine allegorische Aussage des Horaz entnehmen: Er benutze als Jambiker nicht wie Archilochos «echtes» Gift, sondern hauche die Objekte seines Spottes lediglich mit stark nach Knoblauch riechendem Atem an. Wenn diese Deutung zutrifft, ergibt sich ferner: Beim Verzehr des Gewürzes erlebt Horaz so etwas wie die Dichterweihe durch eine Inspirationsgottheit beziehungsweise seine «magische Verwandlung» in einen Jambiker. Horaz erwägt ja, Canidia habe das Gericht gekocht, und diese Frau eignet sich gut als Muse für eine Gattung, deren Name in der Antike von einem griechischen Wort für Gift abgeleitet wurde (S. 96). Mit dem Namen Canidia wiederum könnten die Zeitgenossen des Horaz *canis*, das lateinische Wort für «Hund», assoziiert haben, und als ein solcher wird sich der Dichter, wie bereits gezeigt, in der programmatischen Epode 6 präsentieren (S. 39). Schon in Epode 4 fängt er zu «bellen» an, und man meint beim ersten Lesen, die Wirkung des von Horaz verzehrten Knoblauchgerichtes zu spüren, ja gewinnt den Eindruck, jetzt werde doch noch «echtes» Gift verspritzt. Denn der Dichter redet hier erstmals eine Negativfigur direkt und sehr aggressiv an: einen ehemaligen Sklaven, der, zu Geld gekommen, hochmütig mit einer sechs Ellen langen Toga die Via Sacra durchmißt und über den die Vorbeigehenden folgendes sagen (11–20):

‹Ausgepeitscht wurde dieser von den Ruten der Vollzugsbeamten
  bis zur Erschöpfung des Büttels,
beackert aber auf falernischem Boden tausend Joch,
  schleift die Via Appia mit seinem Ponygespann ab,
sitzt großartig als Ritter in den ersten Reihen <im Theater>,
  und verachtet dabei <den Gesetzgeber> Otho.

Was hilft es, daß so viele schwer mit Erz beschlagene
 Schiffsschnäbel geführt werden
gegen die Seeräuber und die Sklavenschar,
 wenn der, ja der Miltärtribun ist?›

Das sind heftige Schmähungen gegen jemanden, der von niedriger sozialer Stufe zum Ritter aufstieg – als solcher hatte er durchaus das Recht, im Theater vorne zu sitzen – und ein hochrangiger Offizier im Krieg Octavians gegen Sextus Pompeius (S. 18) auf der Seite des letzteren war. Für einen Mann wie den von Horaz angegriffenen ist es gewiß sehr unangenehm, an seine einstige Unfreiheit und daran erinnert zu werden, daß sein oberster Befehlshaber, wie der Text impliziert, Piraten und Sklaven in sein Heer aufgenommen haben soll. Doch wer ist der Herr Emporkömmling? Den Namen erfahren wir nicht, und das entschärft die Attacke erheblich, ja eröffnet wieder die Möglichkeit, daß wir es nur mit einem Typus zu tun haben. Außerdem entdeckt man bei näherer Betrachtung auffällige Parallelen mit Horaz selbst: Dieser spaziert zu Beginn von Satire 1.9 über die Via Sacra, er besitzt ein Landgut, gehört zum Ritterstand, war bei Philippi Militärtribun und hat vermutlich in der Schlacht bei Naulochos (36 v. Chr.) mitgefochten, allerdings nicht unter dem Kommando des Sextus Pompeius, sondern Octavians (S. 15 ff.). Er ist zwar kein ehemaliger Sklave, aber die Leute rufen ihm auf der Straße nach, er sei der Sohn eines Freigelassenen (S. 16 f.). Die erste Invektive des Horaz enthält folglich zwischen den Zeilen jambischen Spott über die eigene Person. Immerhin wird mit dem Anonymus ein Anhänger der Octavian-Gegner gerügt und so die zuletzt in Epode 1 behandelte politische Thematik wiederaufgenommen. Scheinbar spielt diese in Epode 5, dem einen von zwei Gedichten, in denen es ausführlich um Canidia geht, keine Rolle. Doch wir werden sehen, daß Horaz einen Zeitbezug wenigstens andeutet.

Das erste der beiden Canidia-Gedichte beschließt sehr eindrucksvoll die erste Pentade des Epodenbuches, da es 102 Verse umfaßt und damit alle übrigen Gedichte an Länge übertrifft. Zudem präsentiert es uns eine schaurige Szenerie, die dramatisch wirkt, da über die Hälfte des Textes aus wörtlicher Rede besteht (1–10.49b–82.87–102). Zuerst spricht ein Knabe, der entsetzt fragt, warum «aller Mienen» – es sind die der vier Hexen Canidia, Sagana, Veia und Folia – ihn finster fixieren. Den Grund nennt Horaz, während er die Vorbereitungen der Frauen zu ihrem Hokuspokus schildert: Sie wollen den Knaben bis zum Kinn in die Erde eingraben, um ihm, wenn er im Verlauf eines Tages beim Anblick von zwei-, dreimal ausgewechselten Speisen gestorben ist, sein Mark und seine Leber, die für einen Liebestrank bestimmt sind, herauszuschneiden.

Canidia, deren Ziel es ist, ihren treulosen Liebhaber, den alten Varus, zu sich zurückzuzwingen, versucht dies zunächst mit Hilfe von Opfer und Gebet, und als der gewünschte Effekt ausbleibt, prophezeit sie Varus, sie werde ihr Ziel durch einen Trank erreichen. Dann redet noch einmal der Knabe. Er erklärt den Hexen, er wolle sie nach seinem Tode mit Flüchen jagen, ihnen nachts als Schreckbild erscheinen und den Schlaf rauben; danach erwarte sie die Steinigung durch die Volksmenge, und die Wölfe und Vögel vom Esquilin würden ihre unbestatteten Glieder verschleppen. Horaz hat den Text in der Art gestaltet, daß man das beschriebene Geschehen bei genauer Betrachtung von Einzelheiten nicht ernst nehmen kann, sondern unbesorgt und fast ein wenig belustigt den Kopf schüttelt, also nicht damit rechnet, es könne den Hexen wirklich gelingen, die von ihnen geplante Ermordung des Knaben durchzuführen. Das Stichwort «Esquilin» kurz vor dem Gedichtschluß ruft die Canidia-Szene in Satire 1.8 ins Gedächtnis, welche der Furz Priaps jäh beendet, und darin steckt vielleicht ein Hinweis darauf, daß auch hier «last minute rescue» stattfinden wird – wie, soll sich der Leser diesmal offenbar selbst ausmalen.

Die primär mit Epode 5 verbundene Intention des Horaz war es wohl, das Thema «Hexenzauber», das von hellenistischen Autoren bereits behandelt worden war, erstmals in einen Jambus einzubringen. Es galt in Rom noch als Novum, aber immerhin lag schon Vergils achtes Hirtengedicht vor, in dem es ebenfalls um das magische Herbeilocken eines treulosen Galans geht. So exotisch ein solcher Stoff auf die Zeitgenossen wirken mochte, Horaz verlor darüber vermutlich nicht den politischen Hintergrund seines Gedichtbuches aus den Augen. Wenn er in V. 21 f. sagt, Canidia habe Kräuter benutzt, die aus Iolkos und Iberien (Georgien) kämen, evoziert Iolkos den Medea-Mythos, während die Nennung Iberiens eine Anspielung darauf sein könnte, daß dieses Land im Jahre 36 v. Chr. für Antonius von einem langjährigen Gegner Octavians namens P. Canidius Crassus erobert worden war (der Sieger von Actium ließ ihn nach der Schlacht hinrichten). Canidius und Canidia – wenn Horaz es auf diese Assoziation abgesehen haben sollte, gäbe er uns einen Wink, daß er die Hexe als weibliche Symbolfigur der Feinde Octavians verstanden wissen will. Nun behauptet der antike Horaz-Kommentator Pomponius Porphyrio (2./3. Jh. n. Chr.), Canidia sei Deckname für eine Gratidia, die in Neapel als Salbenhändlerin gelebt habe. Das ist wahrscheinlich erfunden, zumal Wohnort und Tätigkeit aus *Epo.* 5.43, 5.59 und 17.23 herausgesponnen sein dürften. Sollte aber tatsächlich eine Gratidia existiert und Horaz für diese ein Pseudonym geprägt haben, dann wäre der Anklang von Canidia an den (nicht gerade gängigen) Namen Canidius um so auffälliger.

Cherchez la femme

Wer Epode 3 nicht als Hinweis darauf versteht, daß der Jambiker Horaz weit weniger aggressiv sein möchte, als die Gattung es verlangen würde, wartet nach der Lektüre der Gedichte 1–5 immer noch auf einen direkten Angriff, der mit einer Namensnennung verbunden ist. Doch einen solchen bietet auch nicht Epode 6, die wir bereits betrachtet haben (S. 39 f.); Horaz bezeichnet dort die von ihm attackierte Person lediglich als einen Hund. Das Gedicht eröffnet die zweite Pentade, und wie zu Anfang der ersten macht Horaz hier eine Aussage über sich selbst. Programmatisch verkündet er, wie Archilochos und Hipponax erhebe er die «Hörner» gegen die «Bösen» (V. 11 f.). An Leute, die das in seinen Augen sind, wendet sich Horaz dann gleich in Epode 7; sie beginnt so (1–4):

Wohin, wohin, ihr Ruchlosen, stürzt ihr? Oder warum werden der rechten Hand
angepaßt die Schwerter, die verborgen waren?
Ist über Felder und Meere hin zu wenig
Latinerblut vergossen worden …?

Die verwundeten und gefallenen römischen Soldaten, um die es hier geht, hatten, wie Horaz anschließend beklagt, nicht gegen auswärtige Feinde wie Karthager oder Britannier gekämpft, sondern gegen ihre Landsleute, und das interpretiert er am Ende des Gedichtes als eine Art Erbsünde: Der Frevel der Ermordung des Remus durch seinen Bruder Romulus treibe die Römer um. Nun hatte der Dichter zuletzt in Epode 1 von Krieg geredet und sich zur Teilnahme bereit erklärt. Damit meinte er sicherlich, aus der Rückschau sprechend, die Auseinandersetzung zwischen Octavian und Antonius, die am 2. September 31 v. Chr. zur Niederlage des letzteren, aber noch nicht zu seiner definitiven Unterwerfung geführt hatte. Da Horaz sich in Epode 1 zu der Sache Octavians bekennt, apostrophiert er in Epode 7 als «ruchlos» schwerlich alle in den Bürgerkrieg Involvierten, sondern wohl nur die Parteigänger des Antonius; für ihn trägt sehr wahrscheinlich allein dieser die Schuld daran, daß wieder Römer gegen Römer kämpfen müssen. In Epode 9 wird Horaz dann fragen, wann man im Hause des Maecenas den (endgültigen) Sieg Octavians werde feiern können. Epode 1, 7 und 9 bilden also die Sequenz «Auszug in den Krieg» – «Vorwürfe an die Gegner» – «Hoffnung auf die Feier zur erfolgreichen Beendigung des Krieges»; fortgeführt wird das vermutlich in Epode 13 und eindeutig in Epode 16 (S. 107 f. u. 110 ff.).

Zwischen den Gedichten 7 und 9 plazierte Horaz eines, dessen Zusammenhang mit den anderen beiden nicht ohne weiteres erkennbar ist. Hier schmäht der Dichter eine Frau – wieder nennt er keinen Namen –, weil sie ihn frage, was ihm bei ihr die «Kräfte» erlahmen lasse. Er antwortet mit der Behauptung, sie sei eine häßliche Alte mit schwarzen Zähnen, Runzeln auf der Stirn, einem klaffenden Anus zwischen mageren Backen, welken Brüsten, schlaffem Bauch und dürren Beinen mit geschwollenen Waden. Dann erklärt er ihr, es helfe auch nichts, daß sie reich sei, auf Ahnen zurückblicken könne, die mit einem Triumphzug geehrt wurden, und besonders wertvolle Perlen besitze, um so fortzufahren (15–20):

Ja und? Weil stoische Schriften zwischen deinen seidenen
  Kissen zu liegen pflegen,
ist mein ungebildeter Penis deshalb weniger kalt,
  mein Schwanz weniger schlaff?
Um den von meinen stolzen Hoden hochzulocken,
  mußt du dich mit dem Mund abmühen.

Sieht man einmal ab von der Beschreibung des Körpers dieser Frau – was Horaz sagt, muß, wie gleich näher begründet werden soll, keineswegs der Wirklichkeit entsprechen –, dann bleibt als Erklärung für den Widerwillen des Dichters gegen sie, daß sie als Persönlichkeit nicht die Geschlechtsrolle spielt, die römische Normvorstellungen ihr zuweisen. Statt sich im Sinne der geltenden «Nestideologie» einem Mann gegenüber passiv zu verhalten, kann die Anonyma, weil sie vermögend, von vornehmer Herkunft und philosophisch gebildet ist, selbstbewußt und aktiv handelnd auftreten, und das tut sie offenkundig. Dadurch gleicht sie zum einen Canidia, die über die Macht der Magie verfügt und durch Liebeszauber einem Mann ihren Willen aufzuzwingen versucht, zum anderen Kleopatra, die laut Epode 9 sogar über ein Heer von Römern gebietet. Das behauptet Horaz in jenem Gedicht, das mit der (S. 22 anzitierten) Frage nach dem Zeitpunkt der Feier des Sieges über Antonius und die Königin beginnt (9.11–16):

Römische Soldaten, weh! – ihr Nachkommen werdet es bestreiten –
  tragen als Sklaven einer Frau
Schanzpfahl und Waffen, und sind imstande,
  runzligen Eunuchen zu dienen,
und zwischen Feldzeichen erblickt
  die Sonne ein schändliches Mückennetz!

Äußert sich hier echte Empörung? Wenn ja, ist sie aber sicher durch ein Augenzwinkern des Dichters unterminiert. Denn die evozierte Szenerie hat durchaus etwas Erheiterndes, was ja ebenso für das Abrakadabra-Drama in Epode 5 gilt. Es dürfte in erster Linie die sich selbst nicht ganz ernst nehmende jambische *persona* des Horaz sein, welche hier im Namen der römischen Sexualordnung gegen «emanzipierte» Weiblichkeit protestiert. Das scheint mir durch die vorausgehende Epode 8 bestätigt, wie die folgende Überlegung ergibt: Aus diesem Text erhellt zweifelsfrei, daß Horaz bei der von ihm angesprochenen Frau impotent war. Seine Begründung dafür mag zutreffen, kann aber auch Ausrede sein. Besonders verdächtig wirkt, daß er die Dame als ekelerregende Greisin beschreibt. Denn wenn sie das wirklich ist, darf man fragen, warum er mit ihr überhaupt ins Bett ging. Außerdem erklärt er seine Bereitschaft, sich von ihr fellieren und somit durch ein Mittel «heilen» zu lassen, auf das zum Beispiel in den obszönen Epigrammen Martials (ca. 40–104) beim Koitus notorisch insuffiziente Männer rekurrieren. Der Jambiker zeigt sich also in Epode 8 denkbar unmännlich, jedenfalls aus antiker Perspektive, und das macht ihn aus ebendieser Sicht lächerlich. Auch deshalb sollte man sein Wehgeschrei über die (vermeintlich) von Kleopatra versklavten römischen Soldaten nicht einseitig als politische Aussage verstehen. Kein Zweifel: Die von der ägyptischen Königin repräsentierte Weiblichkeit empfanden Octavian und seine Anhänger als schwere Bedrohung für den patriarchalisch regierten römischen Staat; «cherchez la femme» wurde sogar als Mittel der Propaganda gegen Antonius benutzt, indem man ihn als Opfer einer männermordenden Frau geradezu entschuldigte. Aber das Mückennetz zwischen den Feldzeichen ist ebenso komisch wie der impotente Jambiker. Wie schon in Epode 4 sehen wir deutlich, daß Horaz die Artikulation seiner Parteinahme für Octavian ironisch verbrämt und daß er dabei, indem er die «Sklaven» der Kleopatra zu seiner impotenten *persona* in Parallele setzt, sogar Selbstverspottung impliziert.

Im Anschluß an seine Schmähung der Königin und der mit ihr verbündeten Römer betrachtet der Dichter in Epode 9 das Geschehen bei Actium vom Blickwinkel eines Zeugen der Seeschlacht aus. Gerade hat «der Feind» – damit ist Antonius gemeint – zu Schiff die Flucht ergriffen und segelt, wie Horaz vermutet, entweder nach Kreta oder zu den Syrten der nordafrikanischen Küste, oder er irrt auf dem Meer umher (27–32). Wie es mit dem Bürgerkrieg weitergehen wird, ist mithin unklar, und deshalb fordert der Dichter einen Sklaven dazu auf, größere Weinbecher zu bringen, damit Sorge und Furcht durch den Bacchustrank vertrieben werden können. Hieran dürfte später Epode 13 anknüpfen, wie noch näher dargelegt werden soll. Aber jetzt entwickelt Horaz aus der Erwähnung von

Antonius' Meerfahrt im neunten Gedicht erst einmal das zehnte. Es beginnt mit den Worten (1 f.):

Unter bösem Vorzeichen vom Ufer gelöst, fährt hinaus ein Schiff,
und es trägt ...

Ja, wen trägt es? Antonius? Nein, einen nicht näher bekannten Mann, den Horaz den «stinkenden Maevius» nennt. Er könnte mit einem von Vergil in Vers 90 seines dritten Hirtengedichts erwähnten Dichterling gleichen Namens identisch sein, aber über den wissen wir auch nichts. Immerhin ist Maevius innerhalb des Epodenbuches der erste Zeitgenosse, der in direkter Anrede und nicht als Anonymus geschmäht wird. Horaz wünscht ihm ganz und gar nichts Gutes für seine Seefahrt: Er möge in ein fürchterliches Unwetter geraten, um dann, an einen Strand geworfen, als fette Beute Tauchervögel zu erfreuen, und wenn das geschehen sei, werde der Dichter den Sturmwinden einen geilen Bock zusammen mit einem Lamm opfern. Das klingt grausam, aber der Mann ist ein Mister Nobody, ja möglicherweise sogar eine fiktive Gestalt, und deshalb wird man wieder gut daran tun, das Gedicht nicht zu ernst zu nehmen. Aber vielleicht soll der Leser denken, der Geschmähte sei eine Ersatzfigur, Horaz sehe also Antonius unter «bösen Vorzeichen» übers Meer gleiten und verleihe zwischen den Zeilen der Hoffnung Ausdruck, Octavians großer Gegner möge in den Fluten umkommen? Gänzlich abwegig ist das nicht. Man bedenke: Wir befinden uns in Gedicht 10, welches man für das letzte der Sammlung halten könnte, weil zwei nur wenige Jahre vor den Epoden erschienene Gedichtbücher, Vergils *Bucolica* und das erste Satirenbuch des Horaz, zehn Einzeltexte umfassen. Das Epodenbuch begann mit der Anrede an den zu Schiff in den Bürgerkrieg gegen Antonius, also in eine ungewisse Zukunft fahrenden Maecenas. Dann hatte Horaz in Gedicht 9 erzählt, der von Octavian besiegte Feldherr sei in eine gleichermaßen ungewisse Zukunft abgesegelt. Liest man jetzt in einem Text, der die Sammlung beschließen könnte, daß der Jambiker jemandem den Untergang auf See wünscht, dann kann man zu der Ansicht gelangen, er verbinde damit implizit folgende Aussage: «Liebe Römer, würde doch auch Antonius den Tod im Meer erleiden! Dann wäre der Bürgerkrieg zu Ende! Mein Buch ist es jedenfalls, und damit verabschiede ich mich.»

Ein effektvolles Finale wäre das gewesen, aber es hätte mit seinem politischen Pathos schwerlich zu der von Ironie durchtränkten Epodensammlung gepaßt. Wie verfährt Horaz in Wirklichkeit? Er beschert uns eine amüsante Überraschung. Denn unmittelbar nach dem Gedicht, in dem er als Jambiker erstmals Archilochos sehr nahe rückt – er spielt wohl sogar auf eine von ihm oder Hipponax stammende Epode an, in der die *persona* ebenfalls jemandem einen Schiffbruch wünscht (Hipponax Frg. *115 West) –, redet er in der Rolle eines unglücklich Verliebten. Als solcher kann er nicht mehr ohne weiteres jambisch sprechen, was sich, wie gezeigt, äußerlich darin manifestiert, daß ein daktylisches Metrum in seine bisher nur aus Jamben zusammengefügten Epoden eindringt. Sehen wir im nächsten Abschnitt, wie er sich in der neuen Situation präsentiert.

Liebe versus Spott

Der Beginn der dritten Pentade wird dadurch besonders markiert, daß gleich mit dem ersten Wort von Epode 11 Horaz seinen (sonst unbekannten) Freund Pettius apostrophiert. Nachdem er diesem ganz allgemein erklärt hat, er stehe unter dem Zwang der Liebe zu Mädchen oder Knaben (S. 97), stellt er fest, seit er aufgehört habe (5 *destiti*), für Inachia zu schwärmen, sei nun zum dritten Mal ein Dezember gekommen. Er erinnert sich, wie er Pettius bei Gelagen in seinem damaligen Liebeskummer «Geheimes» erzählte und verkündete, sein unterdrücktes Ehrgefühl werde davon ablassen (18 *desinet*), mit Leuten, die nicht an ihn heranreichten – er meint vermutlich einen Nebenbuhler –, zu wetteifern. Zweimal also spricht er vom Aufhören, und er hätte, um wieder zum richtigen Jambiker zu werden, wirklich damit Schluß machen müssen, unglücklich verliebt zu sein. Denn man redete schon über ihn in Rom (V. 7 f.) – über ihn, der dadurch mit seinem Schimpfen und Spotten jede Glaubwürdigkeit verloren haben dürfte. Gab er es dann auf, sich trotz «Konkurrenz» um Inachia zu bemühen? Hier sein Bericht darüber, wie es weiterging (19–22):

Sobald ich damit vor dir ernsthaft angegeben hatte,
  wurde ich, obwohl heimzugehen aufgefordert, von unsicheren Füßen getragen
zu den Türpfosten, die, ach!, nicht meine Freunde sind, und, ach!,
  zu der harten Schwelle, an der ich mir Unterleib und Seite brach.

Als unsicher kann Horaz seine «Füße» schon deshalb mit Recht bezeichnen, weil er in Epode 11, wie gesagt (S. 97), mit den Füßen der Verse zwischen Jamben und Daktylen hin und her schwankt. Und die eigenen Füße trugen ihn entgegen seinem guten Vorsatz zu der Haustür, hinter der wahrscheinlich Inachia mit dem anderen im Bett lag. Was tat er dort? Elegisch Verliebte pflegen die Nacht auf der Schwelle der sich ihnen verweigernden Frau zu verbringen und dabei ihr Paraklausithyron (griech. «bei der Tür Geweintes») zu singen. Horaz ließ offenbar kein Lied ertönen. Ja, aber was geschah statt dessen? Will er andeuten, daß er sich an den Türpfosten selbst befriedigt habe? Zu einem Jambiker würde das eher passen, als eine Serenade zum besten zu geben. Aber es ist wieder ganz unjambisch, wenn Horaz anschließend verkündet, er liebe jetzt den Lykiskos, und davon könne ihn nur neue Leidenschaft entweder für ein Mädchen oder einen anderen Knaben befreien.

Mit Epode 12 entfernt Horaz sich metrisch wie inhaltlich am weitesten von der für das Gedichtbuch zunächst gewählten Gattung. Jetzt bestehen die Distichen nur noch aus Daktylen – fünf und ein verkürzter (also zusammen ein Hexameter) sind es in der ersten Zeile, drei und ein verkürzter in der zweiten –, und angeredet ist in ihnen eine Dame, die der Dichter wieder als häßliche Alte schildert und bei der er impotent ist, «wenn sie am schlaffen Schwanz eifrigst bemüht ist, ihre ungezähmte Liebesraserei zu stillen» (8 f.). Die Frau – so berichtet er – mache ihm Vorwürfe; hier ihre von ihm zitierten ersten Worte (14–16a):

‹Bei Inachia bist du weniger schlapp als bei mir!
Inachia kannst du dreimal in der Nacht, bei mir bist du immer zu einer
Nummer zu schwach!›

«Kann» er die Genannte wirklich mehrmals hintereinander? Er wird es gegenüber dieser Anonyma, wenn sie sein Versagen beklagte, behauptet haben, aber man möchte es ihm nicht so recht glauben. Denn in Epode 11 war zu lesen, daß er mit Inachia wenig Glück hatte und in seiner Liebe zu ihr wohl etwas anderes besser «konnte». Also dürfte die Frau in Epode 12 ihn überschätzen. Aus ihren restlichen Worten erfährt man unter anderem, sie habe für Horaz Wolltücher angefertigt und mit tyrischem Purpur gefärbt – dieser war in der Antike sehr teuer –, damit der Dichter unter seinen Freunden beim Gastmahl als derjenige erscheine, der von seiner Partnerin am meisten geliebt werde. Sind wir etwa ein Gigolo geworden? Es sieht stark danach aus! Dann aber gibt es für jambische Schmähungen keine Basis mehr, und so mag man sich zu dem Bellen gegen die Dame des Gedichtes einen Hund mit zahnlosem Maul denken.

Horaz hat nicht nur Probleme mit seinem Liebesleben, sondern auch mit der politischen Lage. Epode 13 spielt, wie ich meine, auf die Unsicherheit an, die unter den Octavian-Anhängern nach Actium mehrere Monate lang herrschte. Die Schlacht des 2. September 31 v. Chr. liefert dem Dichter in Epode 9 die Sprechsituation: Er fragt an ebenjenem Tag, wann man im Hause des Maecenas den Sieg Octavians werde feiern können. In Epode 11, nur wenig später im Buch, redet er dann von «diesem

Dezember» (V. 5), könnte also den desselben Jahres meinen. Für Epode 13 wiederum ist der zeitliche Hintergrund irgendein Wintertag. Horaz und seine Freunde trinken, sind dabei aber in gedrückter Stimmung, und deshalb kann dies nicht das Gelage sein, das der Dichter sich in Epode 9 ausmalt. Wann für ein solches Jubelfest die Vorbedingungen geschaffen waren, ist bekannt: im August 30, als Antonius und Kleopatra Selbstmord begingen. Nimmt man nun an, daß in Epode 13 deshalb keine Freude aufkommt, weil die Zecher noch nicht wissen, ob Octavian seine Gegner endgültig niederringen kann, wird man die Sprechsituation des Gedichtes in den Januar oder Februar 30 setzen. Die Verse 1–10 lauten:

Ein schauriges Unwetter hat den Himmel verengt, und Regen
und Schnee lassen ihn herabsinken. Jetzt brausen die Meeresfluten,
jetzt die Wälder vom thrakischen Nordwind. Rasch laßt uns packen, Freunde,
die Gelegenheit, die der Tag bietet, und solange jugendfrisch sind die Knie
und es sich noch schickt, sei von der umdüsterten Stirn gelöst der Altersgram.
Du bring Wein, der unter meinem Konsul Torquatus gekeltert wurde,
vom übrigen rede nicht. Ein Gott wird dies vielleicht freundlich durch eine
Veränderung wieder ins Lot bringen. Jetzt erfreut es, sich mit
achaimenischem Nardenöl zu salben und mit der kyllenischen Lyra
die Herzen zu erleichtern von den schrecklichen Sorgen.

Wie groß die Sorgen sind, deutet ein mythisches Beispiel an, mit dem das Gedicht schließt (11–18). Daran anknüpfend, daß man in die Saiten greifen solle, erzählt Horaz von dem Kentauren Chiron, der seinem Zögling Achill singend den Tod vor Troja verheißen und ihm geraten habe, dort vorher alles Leid durch Wein und Gesang zu lindern. Will Horaz hier zwischen den Zeilen zu verstehen geben, man fürchte, daß noch mancher fallen werde im Kampf gegen Antonius und die Königin, am Ende sogar Octavian? Möglicherweise. Aber die Aufforderung, den Tag zu nutzen, statt an die Zukunft zu denken, hat etwas Tröstliches, und man kann außerdem sagen: Wenn ein Achill, der um sein frühes Sterben wußte, dennoch der Empfehlung Chirons zu folgen fähig war, dürfen Horaz und seine Gefährten, die keine analoge Prophezeiung vernommen haben, durchaus noch auf eine bessere Zukunft hoffen. Eine Vorausschau liefert das Gedicht vielleicht implizit: Im Rückblick von den symposialen Oden des Horaz, insbesondere von dem Soracte-Gedicht 1.9 (S. 11 f. und 120), erkennt man in Epode 13 ein Präludium zu solcher Art von Lyrik.

Da Kallimachos 13 Jamben verfaßte (S. 40), mochten antike Leser, während ihnen ein Rezitator Epode 13 vortrug, diese für die letzte der Horazischen Jambensammlung halten. Sie könnten das dadurch bestätigt gesehen haben, daß sich von Epode 1 zu diesem Gedicht ein Bogen spannt: Dort wendet sich Horaz an den Freund (V. 2) Maecenas vor Actium, hier an Freunde in der Zeit danach. Für einige Gelehrte steht der Plural *amici* (Freunde) in 13.3 im Widerspruch zu der Anrede an eine einzelne Person in 6 ff.; sie vermuten also einen Überlieferungsfehler. Man hat als Verbesserung unter anderem *amice* (Freund) vorgeschlagen, was sich dann auf Maecenas beziehen könnte. Ist das berechtigt, dann kommt die nicht unbedingt erwartete Fortsetzung durch Epode 14 um so überraschender. Freilich ist zu bedenken, daß Epode 13, weil sie offenbar keine ironischen Zwischentöne enthält, sich ebensowenig zur Abrundung des Buchs geeignet hätte wie Epode 10. Außerdem wird durch Epode 13 der «Wiedereinzug» von Jamben in die Sammlung eingeleitet. Zwar bildet innerhalb der einzelnen Distichen dieses Gedichtes der erste Vers noch wie in Nr. 12 einen daktylischen Hexameter, aber Vers 2 beginnt mit einem jambischen Dimeter, auf den die zweite Hälfte eines daktylischen Pentameters folgt, wie eine metrische Wiedergabe von 13.1–3a zeigt:

Schaúriges Únwetter hát dèn Hímmel veréngt, und es sénken
ihn Schnée und Régen tief heráb. | Jétzt von dem thrákischen Wínd
braúsen das Méer und die Wä́lder ...

Vers 1 der Epode 14 ist wieder ein Hexameter, aber daran schließt in Vers 2 nur noch ein jambischer Dimeter an:

Weíchè Trä́gheit – warúm hàt díe nùr sólches Vergéssen
mir ín die Sínne eíngeflö́ßt?

Was hat Horaz «vergessen»? Daß er an einem Epodenbuch schreibt. Er wird zwar von Maecenas gemahnt, bis zum Ende der Papyrusrolle Jamben zu dichten, aber ein Gott untersagt es ihm. Das dürfte Amor sein, da Horaz in Liebe entbrannt ist. Ebendies gilt allerdings auch für Maecenas. Für den Fall, daß die Geliebte des Freundes durch die trojanische Helena nicht an Schönheit übertroffen werde, wünscht Horaz ihm Freude an seinem Schicksal. Er selbst wiederum werde von der Freigelassenen Phryne gemartert, die nicht mit einem einzigen Mann zufrieden sei. Seine Lage hat sich also gegenüber der in Epode 11 beschriebenen nicht geändert. Er empfindet sexuelles Verlangen nach einer Frau, aber sie betrügt ihn, und er hat Probleme mit dem Schreiben von Schmähgedichten.

Wie Horaz auf die Untreue einer Frau reagiert, veranschaulicht Epode 15, die im selben Metrum verfaßt ist wie Nr. 14. Das Gedicht fängt damit an, daß Horaz seine Partnerin, die jetzt Neaera heißt, daran erinnert, wie sie ihm einst höchst pathetisch durch einen förmlichen Eid schwor, ihrer beider Liebe werde auf immer wechselseitig sein. Dieses Gelöbnis hat sie nun gebrochen, und deshalb prophezeit der Dichter ihr Schmerzen, die sie aufgrund seiner Mannhaftigkeit erleiden werde. Er sagt dazu (12–16):

> Denn wenn irgend etwas von einem Mann in Flaccus ist,
> wird er nicht dulden, daß du ständig einem dir Lieberen Nächte schenkst,
> und wird zornig eine suchen, die ihn liebt, wie er sie,
> und nie wird die Standhaftigkeit des Gekränkten weichen vor deiner Schönheit,
> wenn sicherer Schmerz in ihn eingedrungen ist.

Das hört sich nicht sehr überzeugend an, zumal Horaz' Beiname Flaccus, den er hier zum ersten Mal nennt, mit «Schlappschwanz» wiedergegeben werden kann. Warum muß der Dichter betonen, sein Schmerz über die Untreue der Geliebten sei dann, wenn er sich in ihm festgesetzt hat, ihrer Schönheit zu widerstehen fähig? Das weckt den Verdacht, er werde der Frau gleich beim ersten Wiedersehen erneut verfallen sein. Das «unjambische» Verhalten des Epodendichters hat also einen Tiefpunkt erreicht. Zwar verheißt er in V. 17–24 seinem Rivalen, diesem werde es mit Neaera genauso ergehen wie ihm mit ihr und dann werde er es sein, der lacht, aber ist das eine überzeugende Rückkehr zu jambischem Sprechen? Höchstens insofern, als Horaz wieder selbstironisch ist, denn mit einer solchen Art von Auftrumpfen gegenüber dem Nebenbuhler wirkt er komisch. Das wiederum könnte ein passender Anlaß dazu sein, jetzt einen Schlußstrich unter das Epodenbuch zu ziehen. Vielleicht dachten antike Leser hier zum dritten Mal, Horaz sei ans Ende der Gedichtsammlung gelangt. Diesmal mochten sie *risero* (ich werde lachen), das letzte Wort, und die Tatsache, daß die beiden letzten Gedichte im selben Versmaß geschrieben sind, als Signale des Ausklangs betrachten; durch zwei metrisch identische Gedichte sind etwa auch Catulls *Carmina* 1–60, die er vermutlich als sein erstes Buch edierte, und Horaz, *Oden* 4 (dort 14 und 15!) abgerundet. Aber alle diejenigen, die vermuten, auf Epode 15 folge nichts mehr, werden durch Nr. 16 und 17, die Horaz als zwei Teile eines effektvollen Finales konzipiert hat, höchst angenehm überrascht.

Abschied vom Jambus

Epode 16, in der daktylische Hexameter und jambische Trimeter alternieren, beendet die Reihe der Gedichte, mit denen Horaz auf die politische Lage nach Octavians Sieg bei Actium reagiert. Der Text ist gewissermaßen die Fortsetzung zu Vergils viertem Hirtengedicht, in dem unter Berufung auf die Sibyllinen (Weissagungsbücher) der Anbruch eines neuen Goldenen Zeitalters prophezeit wird und zwischen den Zeilen, wie ich glaube, zu lesen ist, Rom werde dieses Glück Octavian verdanken. Horaz spielt mit seinem ersten Vers direkt auf Vergils Vers 4 an:

ultima Cumaei venit iam carminis aetas
(Das letzte Zeitalter des sibyllinischen Liedes ist schon gekommen)

Altera iam teritur bellis civilibus aetas
(Die zweite Generation schon wird durch Bürgerkriege aufgerieben).

Das klingt fast wie ein Vorwurf an den Propheten, ist jedoch auf ihn gewiß nicht bezogen, sondern richtet sich gegen das eigene Volk, eine «ruchlose Generation» (9: *inpia aetas*). Aber angesprochen fühlen sollen sich wohl wie in Epode 7 in erster Linie die Anhänger des Antonius, denen die Octavian-Partei die Schuld am erneuten Wüten des Bürgerkriegs in den Jahren 31/30 v. Chr. gab. Wenn Horaz nun an die Römer die Frage richtet, ob alle «gemeinsam oder der bessere Teil» unter ihnen nach Befreiung von den Übeln suchen würden, «falls vielleicht irgend etwas helfen könnte» (15 f.), dürfte er mit der kleineren Gruppe die Sympathisanten Octavians meinen. Was nach Ansicht des Dichters eine Lösung sämtlicher Probleme sein könnte, wäre dies: Die ganze Bürgerschaft oder «der Teil, der besser ist als die ungelehrige Horde» (36 f.), soll zu den Inseln der Seligen fahren, wo paradiesische Zustände herrschen, also solche, wie sie für das von Vergil geweissagte Goldene Zeitalter charakteristisch sind. Bei seiner Aufzählung der im neuen Lebensraum zu erwartenden Vorteile «zitiert» Horaz mehrfach das vierte Hirtengedicht, etwa den Honig, der aus hohlen Eichen tropft (16.47~4.30), oder die freiwillig zum Melktrog kommenden Ziegen (16.49~4.21). Natürlich ist viel darüber gerätselt worden, was Horaz mit seinem utopischen Vorschlag implizit zum Ausdruck bringen möchte. Setzt man voraus, daß er an eine konkrete Auswanderung nicht dachte, dann wäre denkbar, daß er dazu ermahnt, endlich mit der von Bürgerkriegen geprägten Vergangenheit zu brechen und ein Rom zu schaffen, das, durch Frieden und Wohlstand gesegnet, die mythischen Träume von menschlichem Dasein in einem »realen« Goldenen Zeitalter verwirklicht. Trifft das zu, dann verbindet sich wahrscheinlich mit dem Rekurs auf den Vergiltext die Aufforderung an die Römer, die Neuordnung von Staat und Gesellschaft unter Octavians Führung in Angriff zu nehmen.

Gehen wir einmal davon aus, daß der schwierige Text so zu deuten ist, dann erheben sich Zweifel, ob hier noch der Jambiker Horaz spricht. Zunächst einmal fällt auf, daß die Beschreibung des Inselparadieses in Epode 16, der vorletzten des Buches, an das Lob des Landlebens in der zweiten erinnert und daß Nr. 16 ebenso wie die Rede des Wucherers Alfius aus 66 Versen besteht. Dem Geldverleiher, der sich nicht wirklich nach Bauernromantik sehnt, gleicht der Jambiker Horaz insofern, als er ein Land rühmt, das kein rechter Ort für einen Verfasser von Spott- und Schmähgedichten ist. Das wiederum ergibt sich allein schon daraus, daß sein Utopia in Epode 16 weder Giftschlangen kennt (52) noch jemals von Medea aufgesucht wurde (58). Was hätten eine Zauberin wie sie oder Canidia auch dort zu schaffen? Ebensowenig wie ein Jambiker. Denn wenn das insulare Schlaraffenland als Allegorie auf das künftige Rom zu lesen ist, dann haben wir uns einen Staat vorzustellen, in dem Invektiven, wie sie das Epodenbuch enthält, nicht mehr geschrieben zu werden brauchen. So verrät uns Horaz denn auch in Vers 66 von Epode 16 ganz überraschend, er erhebe seine Stimme als *vates*, und wie seine positive Schilderung der Inseln impliziert das seinen Abschied von der Rolle des Jambikers. Ein *vates* ist in der augusteischen Poesie ein Dichter, der zwischen Göttern und Menschen vermittelt, und als ein solcher wird sich Horaz im letzten Vers von Ode 1.1 präsentieren (womit er vom Anfang der Lyriksammlung zum vorletzten Gedicht des Epodenbuches zurückweist). Allerdings bleibt Horaz, bevor er endgültig als Spott- und Schmähdichter abtritt, dieser Rolle noch ein wenig treu, indem er sich selbst als *vates* ironisiert. Wie auf 2.1–66 die Verse über den Wucherer Alfius folgen, die den vorher geäußerten Preis des Bauerndaseins unglaubwürdig erscheinen lassen, so schließt an die 66 Verse von Epode 16 ein Gedicht an, das den «*vates*» auf humorvolle Art ins Zwielicht rückt: Dieser praktiziert hier die von ihm erwartete Vermittlung zwischen Göttern und Menschen lediglich in einem Dialog mit seiner «Muse» Canidia.

Gleich zu Beginn von Epode 17 macht Horaz deutlich, worauf sich sein Status als *vates* innerhalb des Epodenbuches reduziert: Er spricht, jetzt nur noch jambische Trimeter verwendend, zu Canidia im Stil eines Gebets, bezeigt also der Hexe wie einem göttlichen Wesen seine Reverenz. Warum tut er das? Weil er, wie aus dem Text erhellt, unter dem Zauberbann der Hexe steht und davon erlöst werden möchte. Um diese Gnade bittet der Dichter sie mit der Begründung, daß er unter seinem Zustand sehr leide – er sei nur noch Haut und Knochen, weißhaarig, schlaflos, ja brenne heftiger als Herkules im Nessushemd und der Ätna –, worauf er verheißt, davon zu singen, daß sie dereinst unter die Sterne versetzt werde, sowie zu widerrufen, was er Schlechtes über sie geäußert hat (1–45). Wer das noch einigermaßen ernst nimmt – bei der Erstlektüre kann man das durchaus –, erkennt auf jeden Fall in den letzten sieben Versen der

Rede des Horaz, daß dieser einfach nur seinen Spott mit der Hexe treibt; er sagt nämlich (46–52):

‹O nicht von schmutziger Abstammung Befleckte
und nicht eine Alte, die es versteht, auf den Gräbern armer Leute
am neunten Tag die Asche zu verstreuen,
du hast ein freundliches Herz und reine Hände,
deine Leibesfrucht ist Pactumeius, und die von deinem
Blut roten Tücher wäscht die Hebamme,
sooft du tapfer aufspringst aus dem Wochenbett.›

Das ist kein Widerruf, sondern pure Verhöhnung. Denn teils verkehrt Horaz die in Epode 5 über Canidia vorgebrachten negativen Äußerungen ironisch (also betont unglaubhaft) ins Positive, teils bekräftigt er seine Schmähungen, indem er so tut, als hielte er sie für unberechtigt. Die Hexe, mit deren Antwort das Gedicht und damit auch das Epodenbuch schließt, weigert sich denn auch, Horaz von ihrem Bann zu befreien. Seine Schandtaten, erklärt sie, sollen nicht ungestraft bleiben, seine Qualen würden sich fortsetzen, bis er Selbstmord zu begehen versuche; wenn das dann mißglückt sei, werde sie, auf seinen Schultern reitend, über ihn triumphieren. Im letzten Vers von Epode 17 fragt Canidia, nachdem sie nochmals die Macht ihrer Magie durch Beispiele belegt hat:

‹Soll ich etwa weinen, weil meine Kunst am Ende ist und nichts bei dir bewirkt?›

Dazu braucht Horaz nichts mehr zu bemerken. Man sieht überdeutlich: Die Antwort lautet «Ja». Ohne Canidia wirklich um Gnade anzuflehen, hat der Dichter sich jetzt von der «Verzauberung» durch die «Muse» seiner Schmähdichtung befreit, indem er sie endgültig der Lächerlichkeit preisgab. Canidia symbolisierte freilich nicht nur die Gattung Jambus, sondern auch, wie zu Anfang des Kapitels gezeigt, die politischen Kräfte, die Octavian noch nach seinem Sieg bei Actium Widerstand leisteten. Horaz hat mit Epode 16 auf eine Zukunft vorausverwiesen, in der es für die Geister der Vergangenheit keinen Platz mehr gibt – und somit auch nicht für eine Canidia.

Monument mit Erweiterungsbau: *Oden* in vier Büchern

Als Buch 1 der Oden des Horaz um 26 v. Chr. erschien, war Caesar Octavian bereits offiziell der erste Mann im Staat. In einer Senatssitzung am 13. Januar 27 v. Chr. hatte er zwar die Macht, die er durch seinen Sieg bei Actium errungen hatte, niedergelegt, dann aber inszeniert, daß die Senatoren ihn durch Zurufe dazu bewegten, innerhalb eines von ihnen abgesteckten staatlichen Rahmens den Prinzipat anzunehmen; faktisch wurde Rom so aus einer Republik zur Monarchie. Seit dem 16. Januar 27 trug Octavian zudem aufgrund eines von L. Munatius Plancus im Senat eingebrachten Antrages den Beinamen Augustus («der Erhabene»). Plancus war einer von mehreren Angehörigen der römischen Nobilität, die noch vor Actium von Antonius zu Octavian überliefen, und das spielte gewiß eine wichtige Rolle für die Entscheidung des Horaz, ihn zum Adressaten von 1.7, also einer der «Paradeoden» (S. 115 ff.) zu machen. Denn eines von mehreren Leitmotiven in Buch 1–3 der lyrischen Texte ist das Eintreten des Dichters für die Anerkennung des neuen Herrschers und die Mahnung zur Restitution der durch die Bürgerkriege zerrütteten Staatsordnung. Als Horaz die Reihe der Oden, die er von 26 bis 23 v. Chr. publizierte, mit 3.30 abschloß, wagte er es, durch die Sammlung offenbar sehr selbstbewußt geworden, seine Dichter-*persona* implizit mit Augustus gleichzustellen, indem er mit Blick auf die von diesem mittlerweile errichteten römischen Bauwerke verkündete (1 f.):

Ich habe ein Monument errichtet, das dauerhafter ist als Erz …

Am Ende des Gedichts beansprucht Horaz außerdem eine Ehre für sich, die bisher in Rom nur Triumphatoren zuteil geworden war; er sagt zu der Muse seiner lyrischen Poesie (14b–16):

Nimm dir zu eigen den Stolz,
der erworben ist durch Verdienste, und bekränze mir mit
delphischem Lorbeer gnädig, Melpomene, das Haar!

Diese Verse sind sozusagen die Stiftungsurkunde für den seit der frühen Neuzeit in Westeuropa geübten Brauch, Dichter mit Lorbeer zu krönen.

Angesichts des markanten Schlußpunktes, den Ode 3.30 setzt, hätte man eigentlich nicht erwarten sollen, daß Horaz seiner Lyriktrilogie noch ein weiteres Buch hinzufügen würde. Er tat es dann wohl auch nur deshalb, weil er sich durch den Auftrag, den Festgesang für die Jahrhundertfeier des Jahres 17 v. Chr. zu komponieren (S. 24–27), dazu angespornt fühlte. Inzwischen hatte Augustus, der noch 23 v. Chr., also um die Zeit des Erscheinens von *Oden* Buch 3, mit der (vergeblichen) Revolte einer Gruppe von Senatoren konfrontiert worden war, seine Monarchie fest etabliert. Horaz sah sich somit veranlaßt, ihn nun anders anzusprechen als bisher: Er ging als Lyriker von der Bekundung seiner Loyalität zur Herrscherpanegyrik über. Buch 4 ist, unter diesem Aspekt betrachtet, ein Erweiterungsbau zum Monument der ersten Sammlung. Aber Horaz hat es insgesamt motivisch und strukturell mit den drei älteren Büchern eng verklammert. Das soll hier nicht in einem Überblick, sondern im Laufe einer linearen Interpretation des gesamten Korpus gezeigt werden. Was die Themen betrifft, sind sie, wie bereits gesehen (S. 48 ff.), sehr vielfältig, und das gilt auch für die Versmaße. Um so günstiger ist es, daß der Dichter die ersten 9 beziehungsweise 11 Oden von Buch 1 – dazu Näheres im nächsten Abschnitt – als eine Textsequenz angeordnet hat, die den Leser sowohl inhaltlich als auch metrisch in die Lyriksammlung einführt. Diesen sogenannten «Paradeoden» wenden wir uns als erstes zu.

Themen- und Metrenparade

Ode 1.1 erinnert an Satire 1.1, da Horaz auch hier Berufsvertreter aufzählt, darunter wieder Bauer, Kaufmann und Soldat, aber jetzt nicht innerhalb eines moralphilosophischen, sondern eines metapoetischen Diskurses: Am Ende einer Liste von Leuten, die diverse Tätigkeiten ausüben, bekennt Horaz sich Maecenas gegenüber dezidiert zu der eines Lyrikers in der Tradition griechischer Repräsentanten der Gattung. Der Text besteht aus 36 kleineren asklepiadeischen Versen (S. 47 f.), und damit nicht aus vierzeiligen Strophen, die, zu verschiedenen metrischen Systemen gehörig, die Bauelemente der meisten Gedichte des Korpus sind. Da Horaz nun 1.2 als die erste Ode solcher Art aus sapphischen Strophen zusammenfügte und darin zudem Bitten an Augustus (bzw. Merkur in Gestalt des Prinzeps) richtet, will er Sapphos System wahrscheinlich besonders exponieren. Warum? Er dürfte daraus den Strukturplan von Buch 1 entwickelt haben, und das sei im folgenden kurz dargelegt.

Ode 1.1 eröffnet eine Serie von neun Gedichten, die alle ein eigenes Metrum aufweisen. 1.10 ist auffälligerweise wieder eine sapphische Ode und hat außerdem mit Nr. 2 gemeinsam, daß hier wie dort Merkur angeredet wird. Man könnte also meinen, die Oden 1.1–9 seien vom übrigen Buch klar abgegrenzt. Doch zum einen beginnt, wie wir bereits sahen, mit 1.9 eine Dreiergruppe von Texten, die als eine Art Hommage für Alkaios fungieren (S. 44), zum anderen präsentiert die dritte Ode dieser Sequenz, 1.11, ein von Horaz noch nicht benutztes Versmaß. Ein weiteres bietet er uns innerhalb von Buch 1 dann nicht mehr, weshalb man 1.1–11 ebenso wie 1.1–9 als in sich geschlossene Sequenz betrachten kann, zumal hinter 1.11 – wieder an markanter Stelle – ein Gedicht in sapphischen Strophen plaziert ist. Wollte der Dichter nun 1–9 oder 1–11 als Einheit verstanden wissen? Das läßt sich nicht eindeutig sagen, auch deshalb, weil schon mit 1.9 die oben genannte, bis 1.18 reichende Dichterrevue anfängt, also eine dritte Gedichtreihe die beiden anderen überlagert (S. 49).

Aber in der Zahl 11 steckt vielleicht ein Hinweis. Der kleinere sapphische Vers (S. 46), der in den strukturell besonders herausragenden Oden 1.2, 10 und 12 verwendet ist, besteht aus elf Silben. Darf man das als Argument dafür anführen, daß 1.1–11 einen Zyklus bilden? Ja, weil es sich durch eine weitere Beobachtung stützen läßt. Buch 1 der Oden enthält 38 Gedichte, und das erscheint ungewöhnlich, wenn man die übrigen auf uns gekommenen augusteischen Gedichtbücher zum Vergleich heranzieht. Bedenkt man jedoch, daß eine sapphische Strophe, die außer drei kleineren sapphischen Versen einen Adoneus umfaßt (S. 46), sich aus 3 × 11 + 5 = 38 Silben zusammensetzt, ergibt diese Zahl einen Sinn (Rahn 1970). Für die Analyse des Gedichtbuches wird es sich zudem als nützlich herausstellen, außer 1–11 die Gruppen 12–22 und 23–33 und von ihnen wiederum 34–38 als «Adoneus» zu unterscheiden. Wer so verfährt, darf sich dadurch bestätigt sehen, daß in Buch 2 die Oden 1–11 unbestreitbar als Zyklus gelesen sein wollen. Er ist als solcher kenntlich, weil hier Gedichte in alkäischen und sapphischen Strophen miteinander abwechseln. Ich darf nur noch hervorheben, daß in beiden Systemen der erste Vers ein Elfsilbler ist, um nunmehr meine Zahlenspielerei, die nicht jedermanns Sache sein dürfte – in der Antike fand man dergleichen allerdings höchst interessant –, zu beenden. Denn auf jeden Fall ist eine Basis für die Analyse von Buch 1 in vier Abschnitten geschaffen, und so gehe ich denn zu der Besprechung von 1.2–11 über.

In Ode 1.2 fragt Horaz, welchen Gott das Volk als Beistand für das «niederstürzende» (25 *ruentis*) Reich anrufen soll, wendet sich an mehrere in Frage kommende Unsterbliche und schließlich an Merkur in Gestalt des Augustus. Sind es in Epode 16 noch die Bürgerkriege, durch die Rom «niederstürzt» (2 *ruit*), wankt es jetzt primär aufgrund der Bedrohung durch auswärtige Mächte. Zwar ist die Erinnerung an Römer, die gegen

Römer kämpften, noch wach (*Od.* 1.2.21–24), aber darauf wird der göttliche Helfer nicht direkt hingewiesen; Horaz bittet ihn als einen Heerführer lediglich darum, die Parther nicht ungestraft heranreiten zu lassen (51). Gleich zu Beginn von Ode 1.3 wünscht der Dichter sich auch etwas von Venus, den Dioskuren und dem Windgott Äolus: Sie möchten Vergil sicher über das Meer nach Attika geleiten. Wer zur See fährt, riskiert sein Leben, ja Menschen zeigen sich, wie Horaz in dem Gedicht breit ausführt, nicht nur hier, sondern auch bei anderen Unternehmungen allzu tollkühn. Schon recht, aber warum sagt er das dem Freund vor dessen Reise, wozu macht er ihm unnötig Angst? Vermutlich geben diejenigen, welche die Ode allegorisch interpretieren, die richtige Antwort: Horaz meine mit dem «Wagnis» der Meerfahrt Vergils dessen anspruchsvolles literarisches Projekt, die *Aeneis*; der Autor von «kleiner» Poesie warne den Freund, der wie er als Kallimacheer zu dichten anfing (S. 35), vor der Abfassung eines Werkes der «großen» Gattung Epos. Vielleicht soll der lebendige Rhythmus der Ode die innere Bewegung des besorgten Dichters abbilden: Hier wechseln Glykoneen und kleinere asklepiadeische Verse einander ab; man lese etwa V. 37–40 in metrischer Übertragung (wobei für den Glykoneus der Merkvers «Níemàls hábe ich Géld bei mír» helfen mag):

Níchts ìst Stérblichen állzu hóch:
  Sélbst zùm Hímmel im Wáhn stǘrmen wir, lássen dúrch
únsrèn Frével die zórnigén
  Blítzè Júpiter níe légen aus seíner Hánd.

In alternierenden Versen ist auch Ode 1.4 geschrieben; es handelt sich um ein von Horaz nur für dieses Gedicht verwendetes Epodenmetrum des Archilochos, bei dem im jeweils ersten Vers Daktylen in Trochäen übergehen, der jeweils zweite dagegen aus Jamben besteht; hier V. 1 f.:

Schṓn, wie im Wéchsel von Frǘhling und Wéstwinden schmílzt der strénge Wínter
  und Róllmaschínen tróckne Kíele zíehen …

Sowohl die Schiffe kommen in Bewegung als auch das Buch (was gut dazu paßt, daß antike Dichter das Voranschreiten eines solchen manchmal mit einer Fahrt vergleichen). Nachdem Horaz in 1.1–3 mit einem dreiteiligen Präludium dem Patron, dem Prinzeps und dem besten Freund besondere Ehre erwiesen hat, schafft er in 1.4 durch ein Frühlingsbild Aufbruchsstimmung und ist dann auch sofort bei einem von ihm besonders gern behandelten Themenkomplex: Er sagt, jetzt sei es angebracht, sich der

Jahreszeit zu freuen, also den Augenblick zu genießen; denn das Leben sei kurz, und wenn Sestius, der Adressat des Gedichtes, in den Hades gewandert sei, werde er weder den Vorsitz beim Gelage erlosen noch den zarten Lycidas bewundern können.

Wie man sieht, werden in 1.4 gleichzeitig die Motive «Nutze den Tag», «Symposion» und «Liebe» eingeführt, und das dritte dominiert denn auch schon im nächsten Gedicht, der Ode 1.5. Horaz, der hier ein Mädchen namens Pyrrha fragt, von welchem Knaben sie sich in einer Grotte «bedrängen» lasse, sagt ihr voraus, dieser werde noch oft ihre Untreue beklagen. Seine Prophezeiung verbindet er mit der Andeutung, daß er, der offenbar selbst von ihr bereits betrogen wurde, das inzwischen verwunden habe. Für seine Situation nach der negativen Erfahrung mit Pyrrha wählt er eine Metapher: Nunmehr zeige ihn eine Votivtafel als einen aus Seenot Geretteten, der seine nassen Kleider dem Meergott in dessen Tempel geweiht hat. Horaz fügt in dieser Ode zwei kleinere asklepiadeische Verse mit einem Pherekrateus, also einem um eine Silbe verkürzten Glykoneus, sowie einem solchen zu einer vierzeiligen Strophe zusammen; V. 12b–16, der Schluß des Gedichtes, lautet in metrischer Wiedergabe:

Élend ist jéder, dém

únèrpróbt du erglä́nzt! Áber was mích betrífft,
zeígt dìe heílige Wánd aúf dem Votívbild, dáß
ích dèm mä́chtigen Méergòtt
aúfgèhä́ngt hab mein násses Kleid.

In seinen erotischen Oden reflektiert Horaz gelegentlich über eigene Liebeserfahrungen oder diejenigen anderer Personen. Wie in den Epoden redet er in solchen Zusammenhängen von sich selbst ironisch. Bedenkt man, daß er Vergil in 1.3 vor einer Meerfahrt warnt, dann wirkt es komisch, wenn er in dem ersten Gedicht, in dem er sich nach dem metapoetischen Prolog über seine Person äußert, als Schiffbrüchiger auftritt.

Ode 1.6 wurde bereits besprochen (S. 42). Horaz hat für das Gedicht, in dem er sich programmatisch als Verfasser von «kleiner» Poesie vorstellt, eine Strophenform gewählt, bei der auf drei kleinere asklepiadeische Verse ein Glykoneus folgt. Der Leser kennt nun alle vier von Horaz verwendeten metrischen Systeme, in denen der *Asclepiadeus minor* vorkommt: 1. Aneinanderreihung von Versen dieses Typs (1.1); 2. Strophe aus drei von ihnen und einem Glykoneus (1.6); 3. Strophe aus Asklepiadeen, Pherekrateus und Glykoneus (1.5); 4. Wechsel von Glykoneus und Asklepiadeus (1.3). Während Typ 1 im Lyrikkorpus nur dreimal vertreten ist (1.1;

3.30; 4.8), sind die übrigen drei Systeme zusammen mit dem sapphischen und dem alkäischen diejenigen, die man am häufigsten antrifft. Nur zweimal dagegen und dazu einmal im Epodenbuch erscheint das auf Archilochos zurückgehende metrische Schema, welches Ode 1.7 zugrunde liegt: Wie in Epode 12 und Ode 1.28 alternieren ein Hexameter und ein aus vier Daktylen bestehender Vers. Horaz variiert in diesem Text zunächst den schon in 1.6 geäußerten Grundsatz, er gebe der «kleinen» gegenüber der «großen» Dichtung den Vorzug, indem er es anderen überläßt, lange panegyrische Gesänge auf berühmte griechische Städte zu verfassen, und seine Vorliebe für das einheimische Tibur bekennt. Dann fordert er seinen Adressaten Plancus auf, bei mildem Wein Trauer und Mühsal des Lebens ein Ende zu bereiten, wofür Tibur kein besserer Ort sei als ein Feldlager. Schon der mythische Held Teuker habe, als er, vom eigenen Vater verbannt, seinen Gefährten ein neues Zuhause verhieß, ihnen zugestanden, ihre Sorgen mit Wein zu vertreiben, damit aber den Appell verbunden, dennoch an ein Morgen zu glauben; das richtet sich dann implizit auch an Plancus. Die Gedankenbewegung einer Horazischen Ode ist, wie das Beispiel demonstriert, nicht immer leicht nachzuvollziehen. Aber wer 1.7 erreicht hat, dürfte mit den hier verarbeiteten Motiven schon so weit vertraut sein, daß er bei aufmerksamer Lektüre das Besondere ihrer Kombination wahrnehmen kann.

In Ode 1.8 redet Horaz wieder eine Frau an, die eine Beziehung zu einem jugendlichen Liebhaber hat. Lydia – so nennt sie sich, und wir werden ihr in Buch 1 noch zweimal begegnen (13; 25) – ist dabei, Sybaris mit ihrer Liebe zu «zerstören», da er sich durch sie von sportlicher Betätigung abhalten läßt. Warum sie so handle, fragt Horaz sie, und wir würden gerne wissen, weswegen ihn das interessiert. Ist es ihm wichtig, daß junge Leute ihren Körper stählen – etwa zu dem Zweck, Augustus als Soldaten zu dienen –, oder gefällt es ihm nicht, daß man Sybaris in der Ringschule, einem verheißungsvollen «Kontakthof» für Päderasten, zur Zeit nicht antreffen kann (8 ff.)? Man möchte eher das Letztere vermuten. Denn Horaz verbindet mit seiner Frage an Lydia die Beschreibung der sonst von dem jungen Burschen ausgeführten Übungen, und das wirkt voyeuristisch. Aber es wäre auch denkbar, daß der Dichter auf Sybaris eifersüchtig ist. Speziell seine erotische Poesie eröffnet meist mehrere Deutungsmöglichkeiten. Das Metrum der Ode ist wieder eines, welches Horaz sonst nicht benutzt: Ein aus der Silbenfolge |*lang*|*kurz*|*kurz*|*lang*|*kurz*| *lang*|*lang*| gebildeter Vers («Aristophanium») wechselt mit dem größeren sapphischen, der dadurch entsteht, daß in den kleineren (S. 46) zwischen die achte und neunte Silbe ein Chorjambus (|*lang*|*kurz*|*kurz*|*lang*|) eingeschoben wird; hier V. 1–3a in metrischer Übertragung:

Lýdia, ság, bei állèn
  Gőttern bítt ìch dích: Was zerstőrst mútwillig dú durch Líebè
Sýbarís?

Den drei Gedichten am Anfang der elf «Paradeoden» korrespondieren Nr. 9, 10 und 11, mit denen Horaz, wie gezeigt, Alkaios als den für ihn wichtigsten griechischen Lyriker besonders hervorhebt. Thematisch sind sie nach dem Schema A-B-A angeordnet: 9 und 11, welche die jeweils apostrophierte Person dazu auffordern, den Tag zu nutzen, nehmen 10, einen Hymnus auf Merkur in sapphischen Strophen, in die Mitte. Horaz rekapituliert hier der Reihe nach Eigenschaften und Tätigkeitsbereiche des Gottes, die mythisch vorgegeben sind, bevorzugt aber dabei deutlich solche, in denen er eigene gewissermaßen präfiguriert sieht. Er ist ja auch in der Tat wie Merkur beredt (1), ein «Bote der Götter» (5 f.), weil er als *vates* zwischen ihnen und den Menschen vermittelt, ein Freund von Scherzen (7; vgl. *Od.* 2.1.37; 3.3.69) und ein «Seelengeleiter» (17–19), indem er in mehreren Gedichten dazu anhält, dem Tod als einem unvermeidlichen Übel ins Auge zu sehen.

Wer 1.9 und 11 sehr genau liest, kann den Eindruck gewinnen, Horaz verbinde hier zwei Wesenszüge, die er mit Merkur gemeinsam hat: Eloquenz und Spaß an listigem Handeln. In 1.9, das in alkäischen Strophen (S. 41 f.) geschrieben ist, deutet Horaz zu Beginn auf eine Winterlandschaft (1–4; S. 11 f.), fordert einen Knaben namens Thaliarch dazu auf, Holzscheite auf den Herd zu legen und einen Weinkrug hervorzuholen. Dann mahnt er ihn, nicht nach der Zukunft zu fragen, sondern jeden Tag, den das Schicksal ihm schenkt, als Gewinn zu betrachten und in jungen Jahren «süße Liebeserfahrungen» (15) nicht zu verachten. Wenn er dabei als Exempel ein nächtlich im Freien mit einem Mädchen veranstaltetes Versteckspiel nennt, kann sich, wer will, einfach den guten Onkel vorstellen, der einen Halbwüchsigen belehrt und dabei selbstverständlich voraussetzt, dieser sei am anderen Geschlecht interessiert. Man sollte aber bei der Interpretation zweierlei berücksichtigen: 1. Thaliarch erinnert als Mundschenk an Jupiters Liebling Ganymed; 2. In manchen erotischen Gedichten der Antike drängt ein Päderast den von ihm begehrten Knaben dazu, die Zeit vor dessen erster Bartschur für Sex zu nutzen, der danach nicht mehr so erfreulich wäre. Also darf man mit Recht argwöhnen: Die moralphilosophisch gefärbten Worte, die Horaz an seinen Mundschenk richtet, sind ein Mittel der Werbung um dessen Gunst.

Ode 1.11 lädt zu Überlegungen ein, die in eine ähnliche Richtung gehen. Hier spricht der Dichter eine Frau mit Namen Leukonoë in größeren asklepiadeischen Versen an; gegenüber den kleineren sind diese, wie die metrische Wiedergabe von V. 1–2a zeigt, zwischen der sechsten und siebten Silbe durch einen Chorjambus erweitert:

Frágè dú nicht danách – frévelhaft wắr's – wás denn als Zíel gesétzt
mír dìe Gồtter und dír, Leúkonoë̈!

In welcher Beziehung steht Horaz zu der von ihm Angeredeten? Es ist zu vermuten, daß die beiden bereits erotischen Kontakt hatten, da Leukonoë mit dem von den Göttern anberaumten Ziel das Horaz und ihr vorbestimmte Ende der beiderseitigen Liebe meinen dürfte. Die Frau möchte deswegen, wie man wohl aus V. 2 f. schließen darf, astrologisch recherchieren. Horaz wirkt also im Gegensatz zu ihr «aufgeklärt», wenn er vom moralphilosophischen Standpunkt aus verkündet, besser, als so etwas zu tun, sei es, die Dinge zu nehmen, wie sie kommen; denn man wisse nicht, ja dürfe nicht einmal wissen, wie viele Jahre des Daseins von Jupiter noch zu erwarten sind. Doch Leukonoë hatte vermutlich nicht das Ende der Liebe mit dem des Lebens gleichgesetzt, sondern den von ihr geliebten Mann nur darüber aushorchen wollen, wie lange noch mit seiner Treue zu rechnen sei. Davon lenkt der Dichter durch seine Predigt über die richtige Haltung gegenüber der Zukunft ab. Wenn er die Frau dann auffordert, den Tag zu nutzen – hier sagt er nun *carpe diem* (V. 8) –, ergibt sich das folgerichtig aus seinen Ausführungen, impliziert aber dies: «Weil alles, was morgen geschieht, im dunkeln liegt, und es durchaus möglich ist, daß ich mich bald in eine andere verliebe, mußt du auf jeden Fall heute mit mir ins Bett gehen.» Ist also das Ziel, welches Horaz sich mit seiner ethischen Unterweisung gesteckt hat, ganz einfach, daß er mit Leukonoë schlafen will? Wissen kann man das nicht, aber es sieht sehr danach aus.

Von Pindar zu Catull

Wer Buch 1 der Lyriksammlung gleich nach der Lektüre von Satiren und Epoden zu lesen beginnt, der bemerkt, daß Horaz in den elf «Parade-oden» über sich selbst als Dichter vergleichsweise wenig sagt. Zwar lernen wir ihn in den programmatischen Texten 1, 6 und 7 als Nachfolger der altgriechischen Lyriker kennen und erfahren, daß er weiterhin die Welt der «kleinen» Poesie bevorzugt, aber man vermißt hier die von den bisher publizierten drei Gedichtbüchern vertrauten autobiographischen Äußerungen der *persona*. Sie werden sich später freilich auch im lyrischen Korpus finden, aber erst gegen Ende von Buch 1 und auch dort nur in geringer Zahl; gehäuft treten sie ab Buch 2 auf. Offenbar wollte Horaz in den Oden zunächst die verschiedenen Möglichkeiten lyrischen Sprechens präsentieren und besonders sein Verhältnis zu den Prätexten hervorheben, dabei aber als Dichter-*persona* vorläufig im Hintergrund bleiben. Nachdem er in den Oden 1.1–11 seine Themen und alle in Buch 1 verwendeten Metren vorgestellt hat, setzt er in 1.12–22, der zweiten «Hendekade», bis zu 1.18 die schon mit 1.9 begonnene Revue seiner Vorgänger in der griechischen Lyrik fort. Am Anfang der neuen Gedichtreihe steht Pindar, dessen zweite Olympische Ode in V. 1 f. von 1.12 evoziert wird, am Schluß in 1.18 Alkaios wie schon in 1.9 (S. 49). Mit 1.19 erreicht Horaz das Ende der ersten Buchhälfte, was er auch, wie wir sehen werden (S. 125), deutlich macht. Die drei ersten Gedichte der zweiten Buchhälfte bilden wie 1.1–3 ein Triptychon: Wieder wird als erster Maecenas angeredet (1.20), wieder folgt ein Gedicht, in dem Augustus erwähnt ist (1.21), und wieder erweist Horaz mit dem dritten Gedicht (1.22) einem römischen Poeten seine Reverenz: Catull. Er nennt ihn zwar nicht namentlich, zitiert ihn aber im vorletzten Vers wörtlich (23 *dulce ridentem* = Cat. 51.5). Von der Bezugnahme auf Pindar in 1.12.1 f. bis zu der auf Catull in 1.22.23 spannt sich also ein Bogen quer über die zweite «Hendekade».

Mit ihren 60 Versen ist Ode 1.12 die umfangreichste in Buch 1. Horaz hat sie auffallend symmetrisch in fünf Strophentriaden gegliedert: Nachdem er einleitend die Muse Klio gefragt hat, welchen Mann, welchen Heros oder welchen Gott sie verherrlichen werde, widmet er die zweite Triade zunächst Jupiter und dann vier weiteren Göttern, die dritte und vierte einer langen «Heldenschau», die mit Herkules beginnt und mit Julius Caesar endet, und die fünfte verrät, welcher *vir* (Mann) in V. 1 gemeint ist. Um wen handelt es sich nun? Wenn Vergil sein Epos mit den berühmten Worten *Arma virumque cano* eröffnet (S. 45), zielt er natürlich auf Aeneas. Aber bevor man als viertes Wort *Troiae* liest, kann man annehmen, es werde um Augustus gehen. Darauf dürfte Horaz, der einzelne Bücher der *Aeneis* vor der Publikation des Gesamtwerks (ca. 18 v. Chr.) gekannt haben muß, mit der Frage «Welchen Mann?» anspielen, und in seinem Gedicht lautet die Antwort: Augustus. Dieser wird hier in direktem Anschluß an V. 51 der Ode 1.2 bereits als Bezwinger östlicher Feinde des Imperiums verherrlicht, und wie in 1.2 verwendet Horaz die Strophenform, die nach Sappho benannt ist. Die Dichterin selbst steht eindeutig im Hintergrund von Ode 1.13: Horaz spricht darin von Eifersucht, die er empfindet, und rekurriert mit seiner Beschreibung der Symptome auf das berühmte Sappho-Gedicht 31 Voigt. Anlaß zur Schilderung seiner Gefühle gibt ihm Lydia, die es wie in 1.8 mit einem jungen Burschen treibt; er heißt diesmal Telephus. Wie in 1.3 redet Horaz sehr bewegt und hat wohl deshalb das vierte asklepiadeische System gewählt. In 1.14 benutzt er das dritte, das wir durch die Pyrrha-Ode 1.5 kennenlernten, aber jetzt sieht es nicht so aus, als wäre sein Thema erotischer Natur:

O Schiff, zurücktragen ins Meer werden dich neue
Fluten. O was tust du? Tapfer strebe an
den Hafen! Siehst du nicht, wie
entblößt sind von Rudern die Seiten

und wie der Mast, verwundet vom schnellen Südwestwind,
wie die Rahen stöhnen und ohne Taue
kaum der Kiel zu ertragen
vermag die allzu mächtigen

Wogen? Nicht hast du heile Segel,
nicht Götter, die du wieder rufen kannst, bedrängt vom Unheil.
Freilich, als Fichte vom Pontus,
Tochter eines edlen Waldes,

magst du rühmen dein Geschlecht und deinen Namen, der doch nutzlos ist:
Nicht dem Bild auf dem Heck vertraut der ängstliche
Seemann. Du, wenn du nicht den Winden
zum Spielzeug werden willst, sei auf der Hut!

Du, erst neulich noch meine Ruhelosigkeit und mein Verdruß,
jetzt meine Sehnsucht und nicht geringe Sorge,
meide die zwischen den schimmernden
Kykladen strömenden Wogen!

Mit 1.13 hatte Horaz Sappho «zitiert», jetzt weckt er die Erinnerung an Alkaios-Gedichte, in denen ein sturmgepeitschtes Schiff den durch Bürgerkrieg zerrütteten Staat symbolisiert (z. B. 208 Voigt). Aber meint auch Horaz mit seinem Schiff den Staat? Wenn ja, warum verwendet er dann das dritte asklepiadeische System, das sonst nicht in politischen, sondern in erotischen Oden (1.5; 23; 3.7; 4.13) und Hymnen (1.21; 3.13) erscheint? Was außerdem auffällt: Sorgen um das (Staats-)Schiff macht sich in antiken Texten in der Regel eine während des Sturms an Bord befindliche Person, nicht jemand, der wie Horaz offenkundig von einem externen Standort aus redet. Man ist daher mehrfach dafür eingetreten, es handle sich hier um die verschlüsselte Botschaft an eine Frau, die vor die Wahl zwischen Horaz und einem anderen Mann gestellt wird; großes Gewicht kommt dabei der Tatsache zu, daß Schiffe im Lateinischen weiblich sind und dieses hier Körper (4), Stimme (6, 10, 13), Kleidung (9) und edle Herkunft (12 f.) hat, ja sogar mit erotischem Vokabular angeredet wird (18). Andererseits könnte Horaz in 2.7 auf 1.14 zurückweisen: Er sagt dort über den Pompeius, der mit ihm bei Philippi kämpfte, diesen habe danach im Gegensatz zu ihm die Woge wieder in den Krieg zurückgetragen (15 f.). Doch auf welchen den Staat bedrohenden inneren Zwist sollte jetzt, in einem etwa 26 v. Chr. publizierten Buch, angespielt sein? Ode 1.15, eine Zusammenfassung des Trojamythos, beginnt mit der Entführung Helenas durch Paris, in denen der Leser Antonius und Kleopatra und somit die Ursache für die Sorge des Dichters um Rom erblicken könnte. Aber davon ist der Dichter in den Epoden bewegt, nicht mehr im ersten Odenbuch, wo er über den Tod der Königin jubelt (1.37). Wen oder was auch immer Horaz in 1.14 mit dem Schiff im Auge hat, eine klare Entscheidung für eine der Interpretationen, die vorgeschlagen wurden, scheint nicht möglich.

Eher als mit 1.14 hängt 1.15 mit 1.16 und 1.17 zusammen, und zwar durch die Gestalt der Helena. In 1.16 erklärt Horaz einer namentlich nicht genannten Schönen, er habe den jambischen Attacken, die er gegen sie richtete, abgeschworen. Damit erinnert er an Stesichoros, der Helena geschmäht haben, von ihren Brüdern Kastor und Pollux mit Blindheit gestraft und nur dadurch wieder sehend geworden sein soll, daß er seine Worte widerrief. Auch die von Horaz angeredete Frau ist also eine Helena, und sie könnte identisch sein mit der Adressatin in dem wie 1.16 alkäischen Gedicht 1.17; diese heißt nämlich Tyndaris – wie Helena als die Tochter des Tyndarëus. Horaz preist der Dame den ländlichen Ort, an dem er sich gerade befindet (wahrscheinlich das Sabinum), als bukolische Idylle an, was man wohl als Einladung verstehen darf. Hier bei ihm, so betont er zu Anfang der Ode, bräuchten seine Ziegen weder Schlangen noch Wölfe zu fürchten. Tyndaris wiederum könne sich bei ihm sicher fühlen, da sie, wenn sie dann auf der Lyra von Odysseus, Penelope und Kirke singe, weder von streitlustigen Zechern noch dem gewalttätigen Kyros gestört werde. Dieser ist offenbar der Liebhaber der Tyndaris. Ist er wirklich so gefährlich? Oder gilt das nicht vielmehr für Horaz selbst? Will der am Ende gar die Rolle Kirkes spielen, die Odysseus eine Zeitlang von seiner Penelope fernhält? Auch die Hexe wohnt in lieblichem Ambiente, von Tieren umgeben – wer weiß, ob es sich bei den friedlich grasenden Zicklein des Dichters wirklich um Zicklein und nicht um verzauberte Menschen handelt! Hatte er nicht irgendwann einmal mit einer Hexe Kontakt? Ja, mit Canidia, der er in Epode 17 wie jetzt der «Helena» in Ode 1.16 als Jambiker Widerruf leistete! Also Vorsicht vor Horaz, Tyndaris!

Das in 1.17 nur kurz anklingende Motiv «Alkoholgenuß mit negativen Folgen» ist eines von zwei Themen in der kurzen, wie 1.11 in größeren

Asklepiadeen verfaßten Ode 1.18. Horaz singt hier ein Loblied auf den Wein, warnt aber vor der schädlichen Wirkung, die dieser, im Übermaß getrunken, haben kann. Von Bacchus, den er in dem Gedicht direkt anredet, wechselt der Dichter mit 1.19 zu einer Gottheit über, deren Macht wie die des Weingottes – er wird erneut genannt – sowohl Freude als auch Leid bringen kann: Venus. Horaz, in Liebe zu Glykera entbrannt, beginnt die Ode, die durch den Wechsel von Glykoneen und Asklepiadeen wieder die innere Erregung des Sprechenden abbildet, mit den Worten (1–4):

Die grausame Mutter der Begierden
  und der Sohn der thebanischen Semele [= Bacchus]
und die lüsterne Freizügigkeit befehlen mir,
  auf beendete Liebe den Sinn zurückzulenken.

Horaz hatte sich anscheinend von Glykera abgekehrt, aber als er nun von Roms Feinden, den Skythen und Parthern singen wollte, also sich einem Thema zuwandte, das eher der «großen» als der «kleinen» Dichtung angemessen ist, hinderte Venus ihn daran, indem sie sich auf ihn stürzte und ihn so wieder in Leidenschaft verfallen ließ. Daher ist an «Beenden» nicht zu denken, weder für den liebenden noch für den über Erotik schreibenden Dichter, und so will er versuchen, die Göttin durch ein Opfer zu besänftigen, sobald seine Sklaven ihm auf einen aus Rasen errichteten Altar Zweige, Weihrauch und eine Schale zweijährigen Weines gelegt haben. Das kurze Ausruhen im Freien, das er da plant, gönnen wir ihm am Schluß der ersten Hälfte von Buch 1 nur zu gerne.

Wie im vorletzten Vers von 1.19 geht es um Wein gleich wieder in 1.20, dem an Maecenas gerichteten ersten Gedicht der zweiten Buchhälfte. Horaz lädt den Freund zu Anfang des nur drei sapphische Strophen umfassenden Textes dazu ein, bei ihm gewöhnlichen Sabinerwein, den er selbst in einem griechischen Gefäß aufgehoben hat, aus schlichten Krügen zu trinken. Wenn das die Eröffnung eines Binnenproöms sein soll, bietet sich eine allegorische Interpretation an: Der Dichter, der sich dem Maecenas im Prologgedicht des Buches als Nachfolger der griechischen Lyriker vorgestellt hat, deutet jetzt an, daß er in die von ihnen entwickelten äußeren Formen von Poesie seine auf lateinisch artikulierten Gedanken «gegossen» habe. Im nächsten, auch nicht langen Gedicht – es besteht aus vier asklepiadeischen Strophen des dritten Systems – fordert Horaz einen Knaben- und Mädchenchor zu einem Hymnus für Diana, Apollo und Latona auf, wobei er kurz sagt, was die Mädchen über die Jagdgöttin und die Knaben über den Gott singen sollen. Das gibt ihm Gelegenheit, wie in 1.2 auch im zweiten Text der zweiten Buchhälfte von Augustus zu sprechen. Denn er weiß: Apollo wird Krieg, Hunger und Seuche von den Römern und dem Prinzeps auf Parther und Britannier lenken (V. 13–16). Noch nicht bekannt ist ihm, daß er im Jahre 17 v. Chr. einen Chorgesang komponieren wird, der mit der Anrufung Dianas und Apollos anhebt, das *Carmen saeculare*. Einen Hymnus auf Diana hatte schon Catull verfaßt, Nr. 34 seiner Sammlung. Er war es auch, der in seinen Gedichten 11 und 51 erstmals sapphische Strophen verwendete, und daran erinnert Horaz seine Leser in 1.22, indem er einen Bezug zu beiden Texten herstellt.

Catull erteilt in Gedicht 11 zwei Freunden einen Auftrag: Sie, die bereit seien, mit ihm in alle Richtungen zu den Grenzen des Imperiums zu reisen, möchten seiner Geliebten «nicht gute Worte» melden von ihm, dessen Liebe durch ihre Schuld gefallen sei wie eine Blume, die am Wiesenrand vom vorüberziehenden Pflug berührt wurde. Vielleicht greift Horaz in Ode 1.22 mit dem ersten Wort *integer* (unberührt, unbescholten) das vom Vorgänger im letztem Vers von Gedicht 11 gebrauchte *tactus* (berührt) auf (Putnam 2006b, 37). Auch Horaz, dessen Adressat sein Freund Fuscus ist, spricht vom Herumreisen in aller Welt, aber er möchte zeigen, daß jemand, der «integer» ist wie er, in der Fremde von keinerlei Gefahr bedroht werde. Das habe er, so fährt er fort, allein schon an einem Erlebnis im sabinischen Wald erkennen können: Dort sei vor ihm, während er von seiner Lalage sang, ein Wolf geflohen. Ganz gleich, ob Fuscus ihn in ein Land des äußersten Nordens oder des tiefsten Südens setze – er werde die süß lachende und süß plaudernde Lalage lieben. Der zweite Elferblock von Buch 1 endet also mit einer denkbar heiteren metapoetischen Aussage, die sich auf die einfache Formel «Gott schützt die Liebenden und davon Singenden» reduzieren läßt. Die Folie dazu liefert außer Catulls Gedicht 11, in dem dieser sich keineswegs als vom Himmel begünstigter Liebhaber präsentiert, sein Gedicht 51; dort schildert er, wie das süße Lachen Lesbias in Gegenwart eines anderen Mannes ihn dermaßen heftig aller Sinne beraubt, daß seine Zunge erlahmt, innere Hitze seinen Körper durchglüht, die Ohren dröhnen und ihm schwarz vor Augen wird. Da sind wir ja nur froh, daß unserem Horaz das mit Lalage alles erspart bleibt! Und um so freudiger gehen wir zur dritten «Hendekade» über.

Von Anakreon zu Tibull

Außer in den Augustus-Gedichten 1.12 und 21 (sowie möglicherweise 14) geht es in der zweiten «Hendekade» überwiegend um Liebe und Wein; nur in 1.22 redet Horaz von sich als Dichter. Was ganz fehlt, ist Lebensphilosophie, die im ersten Elferblock schon thematisiert war (4, 7, 9, 11).

Sie kommt dafür in der Odenreihe 1.23–33 stärker zur Geltung; auch über die Poetik seiner lyrischen Texte und die Liebe äußert sich Horaz jetzt mehrfach, während er nur einmal das Thema «Wein» behandelt (27). Dieses Motiv dominiert dann in der «Koda» von Buch 1 (34–38) zusammen mit dem Thema «Prinzeps», das in 1.23–33 ganz ausgespart ist. Dort schenkt der Dichter erneut dem Faktor «Zeit», der schon in 1.9 und 11 eine Rolle gespielt hatte, seine Aufmerksamkeit. Das finden wir gleich in 1.23, einer wahrscheinlich von einem Text des frühgriechischen Lyrikers Anakreon angeregten Ode, sowie in dem komplementär darauf bezogenen Gedicht 1.25. Zunächst zu 1.23 und seinem mutmaßlichen Prätext: Anakreon wirbt in einem (vollständig erhaltenen) Gedicht (78 Gentili) um die Gunst eines noch sehr jungen Mädchens (oder Knaben?), das (den?) er allegorisch als thrakisches Füllen apostrophiert. Er fragt dieses, warum es vor ihm fliehe, wo er ihm doch Zügel anlegen und es um den Wendepunkt der Rennbahn lenken könne; dann sagt er (5 f.):

Jetzt noch grast du auf Weiden,
  unbeschwert springst und spielst du herum,
denn einen geschickten roßerfahrenen
  Reiter hast du nicht.

Anakreon ist dafür bekannt, daß er Erotik durch Bilder vermittelt, die das wirklich Gemeinte nur leicht verhüllen. Hier ist es die Metapher «Roß und Reiter»; Horaz wählt in *Od.* 1.23.6 f. eine andere, die nicht ganz so leicht als solche bemerkbar ist; der ganze Text des Gedichts lautet:

Du meidest mich ganz wie ein Hirschkalb, Chloë,
das auf unwegsamen Bergen nach der ängstlichen
  Mutter sucht, nicht ohne nichtige
    Furcht vor Windhauch und Wald.

Denn ob das zitternde Laub durchschauert hat
des Frühlings Ankunft, oder ob grüne Eidechsen
  zerteilt haben das Brombeergebüsch,
    es beben ihm Herz und Knie.

Doch ich verfolge dich nicht wie ein wilder
Tiger oder ein gätulischer Löwe, dich zu zerschmettern.
  Hör endlich auf, der Mutter
    zu folgen, du, reif für den Mann.

Ähnlich wie in 1.9 spricht der erfahrene Ältere; diesmal weist er auf ein von der Natur vorgegebenes Gesetz hin (11 f.). Daß Horaz eine solche Pose vor allem in eigenem Interesse einnimmt, beginnt man zu argwöhnen, wenn man darüber nachdenkt, welche Eidechsenart und was für ein Brombeergebüsch (6 f.) er vor seinem inneren Auge sehen dürfte.

Ein wichtiges Motiv in 1.23 ist das Verstreichen der Zeit in früher Jugend, und diesem Lebensabschnitt ist symbolisch der Frühling zugeordnet. Das Pendant zu 1.23 bildet 1.25: Dort behauptet Horaz Lydia gegenüber, die Zahl ihrer Verehrer sei geringer geworden, und das veranlaßt ihn, die Frau vor der Einsamkeit des Alters zu warnen: Sie werde beklagen, daß junge Männer sich an grünem Efeu und dunkler Myrte erfreuten und trockene Blätter dem Ostwind, dem «Gefährten des Winters» (19), weihten. Auch hier darf man mutmaßen, der Dichter rede nicht uneigennützig. Es muß ja keineswegs mit der Wahrheit übereinstimmen, daß Lydia an Attraktivität verloren hat. Kann es nicht sein, daß Horaz von ihr einen Korb bekam? Dann würde er versuchen, sie zu gewinnen, indem er ihr zu verstehen gibt, sie könne froh sein, wenn überhaupt noch ein Mann etwas an ihr finde. Eine solche Deutung schließt freilich nicht aus, daß der Dichter Jugend und Alter in 1.23 und 25 bewußt miteinander kontrastiert hat, zumal von den beiden Gedichten eines gerahmt wird, in dem Horaz zum ersten Mal im Lyrikkorpus das Motiv «Tod» in den Mittelpunkt stellt: 1.24. Der Dichter trauert darin über das Ende des Quintilius. Dieser ist sehr wahrscheinlich mit dem Mann identisch, der bereits als einer der Anhänger Philodems erwähnt wurde (S. 54). Denn einen von ihnen, Vergil, der mit dem Toten offenbar eng verbunden war, mahnt Horaz: «Vergeblich ... forderst du Quintilius von den Göttern zurück» (11 f.). Daraus entwickelt der Dichter den Gedanken, in den die Ode einmündet: Leichter werde durch Geduld, was zu ändern (20: *corrigere*) frevelhaft wäre. Manchem Zeitgenossen mochte beim Lesen dieser Worte sofort eines in den Sinn kommen: Quintilius, ein strenger Literaturkritiker, pflegte nach einer Rezitation zum Autor zu sagen: «Ändere (*corrige*) bitte das hier und das» (*Ars poetica* 438 f.). Horaz, der in den bisherigen Gedichten von Buch 1 viel Humor bewiesen hat, bringt ihn, wie sich zeigt, auch in dem Nachruf auf einen Freund zur Geltung, und wir dürfen vermuten, daß Vergil ihm das nicht übelnahm, sondern es zu schätzen wußte.

Mit 1.26 und 27 läßt Horaz wie mit 1.16 und 1.17 zwei Oden aufeinander folgen, für die er das alkäische Versmaß benutzt, aber diesmal ist nicht erkennbar, ob es sich um ein Gedichtpaar handelt. In 1.26, das nur 12 Verse umfaßt, schreibt der Dichter zunächst, als Freund der Musen sorge er sich nicht um auswärtige Angelegenheiten weit weg von Rom – hier nennt er zwei Beispiele –, und erklärt dann einer der neun Göttinnen, für diese zieme es sich, seinen Freund Lamia durch ein lesbisches Lied zu verherrlichen (also eines in der Tradition des Alkaios und der Sappho). Wir wissen nicht, was der Anlaß für diese Verse war, aber inhaltlich sind sie bemerkenswert. Denn Horaz redet endlich wieder über sich als Dichter und erinnert dabei an etwas, was er zuletzt in 1.1 explizit verriet: daß er in der Tradition der griechischen Lyriker steht. Er wird das in 1.32 wieder aufgreifen, aber erst einmal bietet er uns mit 1.27 eine Textsorte, die im bisherigen Buch noch nicht vertreten war: diejenige des mimetischen Gedichts. In einem solchen läuft während der Worte des Ich-Sagenden ein Geschehen ab; 1.27 «inszeniert» dies: Horaz ermahnt bei einem Symposion die Zechenden, sich nicht zu streiten und nicht zu lärmen, und verkündet, er selbst wolle nur dann Falernerwein trinken, wenn der Bruder der Megylla von seiner Liebesaffäre erzähle. Als dieser seinen Ohren etwas anvertraut hat, bedauert Horaz den Mann als das Opfer einer Charybdis (womit er wohl eine habgierige Hetäre meint) und äußert die Befürchtung, es sei unmöglich, ihn von der Frau zu befreien. Das Gedicht wirkt innerhalb des ersten Buches so singulär, daß der vorausgehende Musenanruf möglicherweise als eine Art Prolog fungiert.

Ein Unikum ist freilich auch 1.28, sogar im Hinblick auf das gesamte Lyrikkorpus. Hier vernehmen wir nicht die Stimme des Horaz, sondern der Seele eines Schiffbrüchigen, dessen Leiche an einem Strand liegt. Adressat des Toten ist zunächst der Philosoph Archytas von Tarent, der in der ersten Hälfte des 4. Jahrhunderts v. Chr. lebte; wir sollen uns wohl denken, sein Grabmal befinde sich am selben Ort wie der Ich-Sprecher. Diesen führt die Feststellung, daß Archytas nur von ein wenig Staub bedeckt ist, obwohl er das Universum erforscht hat, zu einem Gemeinplatz: Alle Menschen müssen sterben. Dann bittet der Tote einen Seemann darum, ihn zu bestatten. Es fällt auf, daß die Ode die einzige in der Sammlung ist, die Horaz im selben archilochischen Metrum geschrieben hat wie das Gedicht 1.7. Nun sagt dort im letzten Vers Teuker zu seinen Mannen, morgen würden sie wieder übers weite Meer fahren (32). Soll nun, wer bis zu 1.28 linear weitergelesen hat, darüber schmunzeln, daß das Metrum, in dem der Herr Kapitän seiner Crew Mut zusprach, von einem ertrunkenen Schiffer aufgegriffen wird? Wohl nicht, weil das Thema von 1.28 sehr ernst ist – oder vielleicht doch? Als Scherz ist auf jeden Fall Ode 1.29 aufzufassen. Horaz selbst wendet sich darin an einen Mann namens Iccius, der sich zur Teilnahme an einer Expedition in das reiche Arabien rüstet. Dieser ist wie Archytas ein Philosoph oder möchte es zumindest sein. Denn er hat sich stoische Lehrbücher «samt der sokratischen Schule» (14) von überallher zusammengekauft, und der Dichter wundert sich nun darüber, daß jemand solches Geistesgut gegen spanische Brustpanzer eintauscht. Wir wissen schon: Ihm, der sich nicht um Dinge sorgt, die für Roms Außenpolitik interessant sind, käme so etwas nicht in den Sinn. Und wir werden in 1.31 erfahren, daß es ihn nach Schätzen, wie Iccius sie sich erhofft, ganz und gar nicht verlange.

Hier und im darauffolgenden Gedicht 1.32 verrät uns Horaz einiges über seine Lebensphilosophie und sein Selbstverständnis als Lyriker. Sowohl diese beiden Oden als auch die zwei, von denen sie gerahmt werden, 1.30 und 1.33, hängen eng miteinander zusammen. 1.30, nur zwei sapphische Strophen umfassend, knüpft an 1.19 an – zu Glykera, die Horaz dort als seine Angebetete bezeichnet, ruft er hier Venus sowie Amor, die Grazien, Nymphen, die Jugend und Merkur –, und am Anfang von 1.33 (zu diesem Gedicht später mehr) geht es wieder um Glykera. Mit 1.30 ist 1.31 dadurch verbunden, daß Horaz erneut eine Gottheit apostrophiert: Apollo als den Herrn des von Augustus am 9. Oktober 28 v. Chr. geweihten Tempels auf dem Palatin. Der Prinzeps hatte die Errichtung des Heiligtums schon nach seinem Sieg bei Naulochos beschlossen, aber da er wohl erst durch seinen Erfolg im Bürgerkrieg gegen Antonius ausreichend Gelegenheit bekam, das Projekt durchzuführen, ehrte er damit Apollo auch als den Gott, der ihn seiner Überzeugung nach bei Actium unterstützte. Aber sicherlich sollte das Monument nicht nur an die glorreiche Vergangenheit seines Stifters erinnern, sondern auch dessen Hoffnung auf künftiges Kriegsglück symbolisieren. Das muß man im Hinterkopf behalten, wenn man in 1.31 liest, Horaz erbitte sich von dem Palatinischen Apollo etwas. Was ist es? Nein, nichts Großartiges – keine riesigen Saatfelder, keine Viehherden, nicht Gold noch Elfenbein. Dergleichen sollen andere erwerben, etwa Kaufleute, denen der Dichter Wein aus goldenen Kelchen zu trinken gönnt, er, den Oliven, Endivien und leichte Malven nähren. Was soll ihm Apollo also gewähren? Dies (17–20):

Zu genießen, was mir zuteil wurde, und gesund zu sein, mögest du,
Sohn der Leto, mir schenken, und ich bitte, daß ich mit heilem
    Verstand weder ein unwürdiges Greisenalter
        verbringe noch eines, dem die Lyra fehlt!

Erstmals in der Odensammlung hören wir den genügsamen Epikureer sprechen, und das wird sich, wie wir bereits am Beispiel von 2.16 gesehen haben (S. 57 ff.), fortsetzen. Im Moment bringt das Stichwort «Lyra» den Dichter zu einer Hymne an das Instrument, Gedicht 1.32, welches oben in dem Abschnitt über die griechischen Prätexte der Oden zitiert und betrachtet wurde (S. 43). Es ergänzt das, was Horaz uns in 1.31 über seine Vorstellung von einem glücklichen Dasein verrät, durch eine metapoetisch relevante Aussage; sie steckt in dem Alkaios-Porträt der Verse 5–12: Der Römer tritt mit der Wahl seiner in den Oden behandelten Themen die Nachfolge des Hellenen an.

Von seiner Huldigung an die Lyra und den frühgriechischen Sänger, der sie einst schlug, geht Horaz zu einem zeitgenössischen Kollegen über, einem Elegiker. Die Ode 1.33, in deren erstem Vers er ihn anredet – er nennt ihn nur Albius, aber die Identität mit Albius Tibullus sollte nicht angezweifelt werden –, beschließt zusammen mit der dritten «Hendekade» von Buch 1 die lange Reihe der darin zu lesenden erotischen Gedichte. Diese unterscheiden sich von denjenigen des Adressaten, die uns in zwei Büchern überliefert sind, nicht unerheblich. Gewiß, sie haben mit ihnen viele Motive gemeinsam. Aber während Tibulls *persona* die Liebe als sklavischen Dienst an einer Frau oder einem Knaben begreift und einen Ausweg aus der Abhängigkeit von ihr oder ihm nicht sieht, ja nicht sehen will, führt Horaz uns gleich in seiner ersten erotischen Ode (1.5) geradezu demonstrativ vor Augen, daß es ihm gelingen konnte, «das rettende Ufer zu erreichen». In den übrigen Oden zum Thema «Liebe» erleben wir ihn als kommentierenden Beobachter der sexuellen Beziehungen anderer oder bei der Anwendung einer Werbestrategie, oder er erzählt uns, wie er sich mit Venus zu arrangieren versucht – nie jedoch gibt er sich als unglücklich Verliebter elegischer Klage hin. Das verschafft ihm in seinem Verhältnis zu Tibull eine überlegene Position, und so rät er dem Freund in 1.33 davon ab, über Glykeras Untreue Schmerz zu empfinden. Liebende seien, so erklärt er, der Willkür der Venus, ihrem «grausamen Scherz» (12) unterworfen, so daß sie nicht immer erreichen, was sie wollen: Lykoris glühe für Kyros, aber Kyros wende sich von ihr ab zu Pholoë, und die wolle wiederum den Kyros um keinen Preis. Und was ist mit Horaz? Er sei von «besserer Liebe» (13) begehrt worden, doch da habe ihn mit angenehmen Fesseln Myrtale zurückgehalten, die wilder sei als die Fluten der Adria. Wohlgemerkt: Er sagt «angenehm» (14), jammert also nicht elegisch, sondern akzeptiert die Dinge, wie sie kommen. Und darum wissen wir: Sollte er in dieser Meeresbrandung Schiffbruch erleiden, wird er es schon noch bis zum nächsten Neptun-Tempel schaffen.

Buchschluß mit viel Wein

Die Ode 1.34 ist thematisch von allen vorausgegangenen Gedichten so verschieden, daß ganz gewiß nicht nur der analysierende Philologe eines bemerkt: Zwischen 1.33 und diesem Text liegt ein Einschnitt. Exponiert wird die Ode auch dadurch, daß Horaz als lyrische *persona* hier zum ersten Mal (und im selben Buch dann nicht wieder) einen Monolog hält, also niemanden anredet. Er sagt:

Der ich kleinlich und nur gelegentlich die Götter verehrte,
solange ich als verrückter Weisheit
Anhänger irrte, werde nun gezwungen, rückwärts
die Segel zu wenden und wiederum zu befahren die hinter mir

gelassenen Bahnen. Denn Jupiter,
der mit dem Blitzstrahl die Wolken teilt
gewöhnlich, hat durch klaren Himmel die donnernden
Rosse getrieben und den schnellen Wagen,

durch den die unbewegliche Erde und die unsteten Flüsse,
durch den der Styx und des verhaßten Tainaros grausige
Stätten und die Grenze des Atlas
erschüttert werden. Es vermag das Tiefste mit dem Höchsten

zu vertauschen der Gott, und den Herausragenden schwächt er,
während er Verborgenes hervorholt. Von dort hat die Krone raffend
Fortuna mit schrillem Schrei
weggenommen, hier sie aufgesetzt voller Freude.

Wenn Horaz mit der «verrückten» Weisheit die epikureische Philosophie meint – und darüber sind sich die Interpreten einig –, dann erklärt er, von ihr sei er abgekommen, weil Jupiter am heiteren Himmel gedonnert habe. Bekennt er sich also jetzt zum Volksglauben, dem er als Epikureer offenbar wenig Bedeutung beimaß? Am Gedichtende äußert er sich allerdings über das Walten der Fortuna, die unter ihrem griechischen Namen Tyche sowohl in Epikurs Lehrgebäude als auch in dem der Stoa einen Platz hat und an die er in der nächsten Ode ein Gebet richten wird. Mit Recht geht man also davon aus, ein direktes Bekenntnis zu Jupiter könne nicht vorliegen, und am meisten überzeugen diejenigen, welche annehmen, der Gott stehe für Augustus. Eine Bestätigung gibt vielleicht, daß Horaz sagt, er wende die Segel um. Denn die Metapher vom Lenken eines Schiffes kann, wie erwähnt, das Abfassen eines poetischen Werks bezeichnen, und wenn Horaz in 1.35 und dann wieder in 1.37 über den Prinzeps reden wird, kehrt er zum Buchanfang zurück: Dort hat er die beiden großen Augustus-Oden 1.2 und 1.12 plaziert. Jetzt wird man sich auch erinnern, daß der Dichter in Ode 1.26 verkündet hatte, als Freund der Musen sorge er sich nicht um außenpolitische Probleme. Eine solche Haltung befindet sich im Einklang mit der epikureischen Forderung *láthe biósas!* (S. 73), aber die hier implizierte Distanz von der Welt der Politik wird Horaz in der «Koda» zu Buch 1 nicht wahren: weder in 1.35, wo er Fortuna anfleht, sie möge den Prinzeps bei einem bevorstehenden Feldzug gegen die Britannier sowie die jungen Männer in Arabien (S. 129) beschützen, noch in 1.37, wo er Kleopatras Tod zum Anlaß nimmt, die Gefährten zu einem Freudenfest aufzufordern. Andererseits deutet er in V. 12–16 von 1.34 wohl an, daß er sich keineswegs gänzlich von Epikur distanziert, und dem entspricht es, daß er in der ersten «Römerode» (3.1) zum Ausdruck bringen wird, wie er die Lehre des Philosophen mit seiner Loyalität gegenüber dem augusteischen Staat zu vereinbaren wisse (S. 150).

Bevor Horaz in 1.35 zu Fortuna betet (29 ff.) – die Ode ist wie 1.34 in alkäischen Strophen geschrieben und dadurch eng mit diesem Text verbunden –, preist er hymnisch die Macht der Göttin. Der permanente Wandel des menschlichen Schicksals, den sie hervorruft, hat jetzt eine positive Richtung eingeschlagen: Augustus kann sich darum kümmern, Feinde am Rande des Reiches zu bezwingen. Aber noch ist die negative Erfahrung der Bürgerkriege keineswegs vergessen, und das betont Horaz am Schluß der Ode mit besonderem Nachdruck, damit um so klarer wird: Statt des Kampfes von Römern gegen Römer darf es künftig nur noch Kriege gegen andere Nationen geben (33–40):

Wehe, wehe, wir schämen uns der Narben und des Verbrechens
an den Brüdern. Wovor scheuten wir, eine grausame
    Generation (*aetas*), zurück? Welchen Frevel ließen wir
        unversucht? Wovon haben die Hand junge Männer

in Furcht vor den Göttern zurückgehalten? Welche
Altäre haben sie geschont? O mögest du doch auf neuem
    Amboß schmieden das stumpf gewordene
        Schwert gegen Massageten und Araber!

Das klingt ganz ähnlich wie die Empörung über die Bürgerkriege, die der Dichter in den Epoden geäußert hat; *aetas* in V. 35 greift vielleicht dasselbe Wort in 16.1 auf (S. 111). In Ode 1.37 beantwortet Horaz sich dann selbst die in Epode 9 während der Schlacht bei Actium gestellte Frage, wann man Octavians Sieg endlich feiern und dabei Caecuberwein werde trinken können (S. 22). Doch bevor er seine Gefährten dort dazu anhält, das «jetzt» zu tun (1.37.1), freut er sich in 1.36 auf ein anderes Gelage, und damit knüpft er vermutlich direkt an das Ende von 1.35 an. Dort wünscht er sich von Fortuna, sie möge die Voraussetzung für militärische Aktionen an den Grenzen des Imperiums schaffen, und in 1.36 bietet den Anlaß zum Zechen die Rückkehr von Horaz' Freund Numida aus Spanien, wo dieser an einem kriegerischen Unternehmen teilgenommen haben könnte. Mit dem für ihn verfaßten Text, in dem Horaz zum ausgiebigen Genuß von Wein auffordert, beginnt eine Sequenz von drei Gedichten, die alle das Trinken thematisieren und somit das erste Odenbuch zu einem feuchtfröhlichen Abschluß bringen (1.36–38); das letzte Wort des Lyrikers ist denn auch eine Form von *bibere* (trinken; 1.38.8).

1.37, das mit *Nunc est bibendum* einsetzt (S. 22), gehört zu den berühmtesten Produkten der Horazischen Muse, und dies vor allem wegen des darin gezeichneten Kleopatra-Porträts. Nachdem der Dichter sie im ersten Teil der Ode als *fatale monstrum* (21: todbringendes Ungeheuer) charakterisiert hat – sie habe dem Reich zusammen mit der «krankhaft entarteten Horde» ihrer Eunuchen «wahnwitzigen Untergang» zu bereiten versucht, sei «unmäßig» in ihrer Hoffnung, «trunken vom süßen Glück» und voller «Raserei» gewesen –, spricht er, wie es scheint, von Größe, die sie nach ihrer Niederlage bei Actium bewiesen habe. Um «edler» sterben zu können als durch die von den Römern drohende Hinrichtung, habe sie nicht «weibisch» das Schwert gefürchtet, sich sogar «tapfer» mit Giftschlangen umgebracht und so als eine *non humilis mulier* (32: nicht niedrige Frau) eines verhindert: im Triumphzug durch Rom geführt zu werden. Mag sein, daß wir hier an den Wandel einer Tragödienfigur von Hochmut und Verblendung zur Erkenntnis der eigenen Verfehlung denken sollen, und möglicherweise wollte Horaz, falls ihm um 26 v. Chr. Buch 4 der *Aeneis* schon zugänglich war (was sehr wahrscheinlich ist), eine Parallele zu Didos heroischem Selbstmord herstellen. Aber man geht gewiß zu weit, wenn man den Nachruf des Horaz auf die Königin als Artikulation humanen Mitgefühls interpretiert. Denn für die Römer zeigte Kleopatras «unweibliches» Verhalten im Angesicht des Todes sicherlich an, daß sie im Grunde noch weit, weit gefährlicher war, als Horaz sie in der ersten Hälfte von 1.37 schildert. Also steckt in *non humilis mulier* weniger Bewunderung und Empathie als Erleichterung darüber, daß ein solches Monster, welches zu allem fähig war, keine Gelegenheit bekam, sein Talent anhand der Zerstörung des Reiches zu demonstrieren.

Kommen wir zum Schluß unserer Betrachtung von Teil 1 der Lyriksammlung! Vielleicht ist das nur aus zwei sapphischen Strophen bestehende Gedicht 1.38 unter denjenigen, die Horaz an das Ende seiner Bücher setzte, das gelungenste; hier der Text:

Persische Pracht, Knabe, ist mir zuwider,
mir mißfallen mit Lindenbast gebundene Kränze,

laß ab nachzuspüren, wo im Umkreis eine späte
Rose verweilt.

Der schlichten Myrte etwas hinzuzufügen, mußt du dich
von mir aus nicht bemühen. Weder dir als Diener
steht schlecht die Myrte noch mir, während ich unter einem dichten
Weinstock trinke.

Nach dem Stampfen der Erde, zu dem Horaz seine Gefährten am Anfang von 1.37 auffordert, und dem Pathos, mit dem er Niederlage und Tod der Kleopatra kommentiert, vernimmt man überrascht und geradezu versöhnt die leisen Töne des kleinen Kunstwerks. Die Erklärer haben natürlich gerade deshalb, weil die acht Verse so schlicht sind, um so eifriger die zwischen den Zeilen versteckten Aussagen aufgespürt. Und gewiß: Da ist das Bekenntnis zur kallimacheischen Poesie am «kleinen Tisch», wie wir es ausführlicher in Ode 2.16 finden (S. 56 ff.), da ist ein Hauch von Eros, der den Knaben umgibt, ebenso wie von Tod und Vergänglichkeit, wofür die späte Rose steht. Aber den stärksten Eindruck erzeugt das Bild einer Szenerie, welches gerade deshalb, weil es mit so wenigen Strichen gemalt ist, sich dem Gedächtnis einprägt: Horaz mit seinem jungen Diener, beide mit Myrte bekränzt, unter Weinlaub, und der Dichter hebt den Krug und trinkt uns, den Lesern, zum Abschied zu.

Alkaios und Sappho im Wechsel

Buch 2 der Oden, mit insgesamt 572 Versen das kürzeste innerhalb des Horazischen Œuvres, enthält 20 Gedichte. Davon sind zwölf aus alkäischen, sechs aus sapphischen und eines, Nr. 12, aus asklepiadeischen Strophen (System 2) zusammengefügt; ein bisher nicht und nur hier benutztes System, das hipponakteische (S. 146), weist Nr. 18 auf. Vom Versmaß her also nicht sehr variabel, hat das Buch in den ersten elf Gedichten sogar nur zwei Strophenformen zu bieten, die alkäische und die sapphische; sie wechseln regelmäßig miteinander ab. Die Oden 2.1–11 umfassen 288, Nr. 12–20 284 Verse. Aus rein numerischen Überlegungen ergibt sich mithin, daß die erste Buchhälfte aus den elf metrisch alternierenden Texten besteht und nicht allein aus Nr. 1–10. Bestätigt wird das zum einen durch ein am Ende von 2.11 verwendetes Motiv, welches man als Schlußsignal betrachten darf – wie in 1.38 spricht Horaz hier von einem Knaben, der ihn beim Weintrinken bedient (man vergleiche auch 1.19.13–16; dazu S. 125) –, zum anderen dadurch, daß Ode 2.12 Züge eines Binnenprooms trägt: Der Dichter begründet wieder seine Entscheidung für die «kleine» Poesie, und sein Adressat ist Maecenas. Ihn exponiert Horaz diesmal also erst zu Anfang der zweiten Buchhälfte, während 2.1 an Asinius Pollio (76 v. Chr.–4 n. Chr.) gerichtet ist. Die Odensequenz, die der Dichter damit eröffnet, wird im laufenden Abschnitt behandelt.

Bürgerkrieg – Lebensphilosophie – Eros

Pollio, ehemaliger Konsul und vielseitiger Autor, arbeitete in der Zeit, als Horaz das zweite Odenbuch publizierte, an einem (heute verlorenen) Geschichtswerk über die Epoche der Bürgerkriege von 60 v. Chr. bis in die eigene Gegenwart. Horaz nimmt das zum Anlaß, wie in 1.37 auf die Vergangenheit zurückzublicken. Wer die so geschaffene Anbindung an das Kleopatra-Gedicht bemerkt, erkennt auch, daß das Alternieren von alkäischen und sapphischen Oden bereits mit 1.37 beginnt; so wird eine Brücke vom ersten zum zweiten Buch und damit zu Teil 2 der «Fortsetzungsgeschichte» geschlagen. In 2.1 ist freilich nicht vom Sieg bei Actium und dessen Folgen die Rede, sondern Horaz ruft wie in 1.35.33–40 die Schrecken der Zeit, in der Römer sich gegenseitig umbrachten, ins Gedächtnis (2.1.29–36). Dann beendet er die Ode plötzlich mit den Worten (37–40):

Doch damit du nicht abläßt von deinen Scherzen, ausgelassene Muse,
um erneut Spenden bei keïscher Totenklage zu behandeln,
suche mit mir in der Grotte der Venus
mit leichterem Plektrum Weisen zu finden.

Horaz reißt sich selbst weg von der Trauer über Gefallene im Krieg – Simonides von Keos (556–um 468 v. Chr.) hatte sie einst angestimmt, aber für den Odendichter soll es damit nun genug sein – und ermuntert sich zu scherzhafter, erotischer Poesie. Damit nennt er offenkundig sein Programm für Buch 2, aber entspricht es dessen Inhalt? Auf jeden Fall, soweit es den römischen Bruderkampf betrifft. Denn in 2.7, wo Horaz diesen noch einmal in die Erinnerung ruft, klagt er nicht über das Blutvergießen, sondern gedenkt seiner wundersamen Entrückung vom Schlachtfeld bei Philippi und freut sich über das Wiedersehen mit einem Kampfgefährten. Doch wie steht es mit Witz und Eros? Beides tritt im zweiten Teil der lyrischen Tetralogie hinter Gedanken zur Lebensphilosophie zurück, ja das Thema «Tod» spielt hier eine größere Rolle als im übrigen Lyrikkorpus. Allerdings kann man die Begriffe «Scherz» und «Venus» in den zitierten Versen als Chiffren für «kleine» Poesie lesen.

Also möchte Horaz wohl einfach sagen, er werde in 2.2–20 auf Äußerungen über Haupt- und Staatsaktionen ganz verzichten und sich im Rahmen der kallimacheischen Tradition bewegen. So ist es dann auch, und das dürfte Buch 2 der Oden manchem besonders attraktiv erscheinen lassen.

Innerhalb der Reihe 2.2–11 thematisieren je zwei Gedichtpaare Ethik (2/3; 10/11) und Erotik (4/5; 8/9), und in 6 und 7, die von den vier Paaren in die Mitte genommen werden, erfahren wir von der Verbundenheit des Horaz mit je einem sehr guten Freund. Die vier Texte zum Thema «Lebensführung» beginnen mit einer Ode (2.2), die C. Sallustius Crispus, dem Adoptivsohn des bekannten Historikers, gewidmet ist und vom Umgang mit Geld handelt. Horaz verurteilt hier Habgier, räumt also diesem Thema in *Oden* 2 innnerhalb seiner moralphilosophischen Darlegungen (wie schon in *Satiren* 1) den ersten Platz ein. Es mag etwas befremden, daß er in diesem Zusammenhang auf den Lehrsatz, der stoische Weise sei König, rekurriert, ohne ihn wie in *Sat.* 1.3.123 ff. in Zweifel zu ziehen (S. 67 f.). Aber das geschieht offenbar mit Blick auf das philosophische Credo des Adressaten. Wie dieser war Q. Dellius, dem Horaz in 2.3 Rat spendet, ein Vertrauter des Augustus. Das hinderte den Dichter freilich nicht daran, ihn mit *moriture Delli* (4: «Dellius, der du einst sterben wirst»), anzureden. Gerade mächtigen und reichen Römern – und zu ihnen gehörte Dellius gewiß – hält Horaz gerne eindringlich vor Augen, daß sie sich eines Tages von ihrem großen Besitz trennen müssen, und so auch diesem vornehmen Herrn (17–20). Angesichts des Todes, so lesen wir dann, bestehe nun einmal kein Unterschied zwischen Hoch und Niedrig (21–24), sondern es gelte dies (25–28):

Wir alle werden zusammen zu demselben Ort getrieben, geschüttelt
wird in der Urne das Los aller, das früher oder später
  herausfallen und uns zu ewiger
    Verbannung setzen wird auf den Kahn.

Mit dem letzten Wort meint Horaz die Fähre, auf welcher der Sage nach Charon die Seelen der Verstorbenen über den Unterweltsfluß transportiert. Nachdem der Dichter in Buch 1 von so manchem Kahn gesprochen und dabei gelegentlich auf die Metapher vom «Schiff der Dichtung» angespielt hat (S. 117 und 132), prophezeit er uns jetzt erstmals, daß wir Passagiere in Charons Boot sein müssen, und er wird das Motiv in zwei Gedichten von Buch 2 wieder aufgreifen (2.14.9–11 und 2.17.10–12). Gedanklich eng damit verknüpft ist die fünfmal erfolgende Feststellung, daß die Lebenszeit des Menschen rasch verstreicht (2.4.23; 5.13 f.; 11.5 f. 14.1 f.; 18.15 f.). Anscheinend sollen wir uns während der «Reise» durch das zweite Odenbuch ständig bewußt sein, daß unsere allerletzte «Fahrt» in nicht allzu weiter Ferne liegt.

Es ist wohl der in 2.3 neu formulierte Gemeinplatz «Alle Menschen sind gleich», der den Übergang von diesem Gedicht zum Anfang des nächsten schafft. Denn Horaz beginnt 2.4 mit den Worten: «Nicht soll dir die Liebe zu einer Magd Anlaß zur Scham sein, Xanthias aus Phokis!» Beim Weiterlesen wird freilich schnell klar, daß jetzt nicht mehr *égalité* den Dichter interessiert, sondern die Frau, die es seinem Freund angetan hat, als solche. Er preist sie Xanthias förmlich an, indem er ihm einen Vortrag darüber hält, daß die Homerischen Helden Achilleus, Aias und Agamemnon wie Xanthias ihr Herz an Sklavinnen verloren hätten. Dem fügt er dann noch hinzu, der Freund wisse ja gar nicht, ob seine Angebetete, die blonde Phyllis, nicht von königlichem Geschlecht sei – ihre Treue und ihr Verzicht auf finanziellen Gewinn sprächen jedenfalls dafür. Wer jetzt über so viel Fürsorglichkeit gerührt sein sollte, statt zu spüren, daß Horaz sich mit Xanthias einen Spaß macht, wird den Satz, mit dem der Dichter die Ode beschließt, ernst nehmen; er lautet (21–24):

Arme und Gesicht und die wohlgeformten Waden
lobe ich unbefangen; schöpfe keinen Verdacht gegen den,
dessen Alter sich beeilt hat, schon das achte
Lustrum zu beenden.

Ein 40jähriger und noch dazu ein Horaz – zu alt, um nach dem, was er angeblich so neutral betrachtet, sexuelles Verlangen zu empfinden? Nicht wenige Zeitgenossen werden ihn sicherlich als Heuchler durchschaut haben, da sie in V. 21 die subtile Anspielung auf ein erotisches Epigramm Philodems bemerkt haben dürften (*Griech. Anthologie* 5.132):

Hach, der Fuß, hach, die Wade, hach, die Schenkel (mit Recht
sterbe ich!), hach, die Bäckchen, hach, die Schamhaare, hach, die Hüften,
die Schultern, hach, die Brüste, hach, der schlanke Hals,
hach, die Hände, hach, die Augen (sie machen mich ganz verrückt!),
hach, die geschickten Bewegungen, hach, die unübertroffenen
Zungenküsse und hach (bring mich doch um!), dieses Stimmchen!
Oskerin ist sie, heißt Flora und singt nicht Sapphos Lieder,
aber es liebte ja auch Perseus die schwarze Andromeda.

Sieht Horaz im Geiste etwa all dies, während sein Mund nur Arme, Gesicht und Waden der blonden Phyllis aufzählt? Man möchte es eigentlich schon annehmen! Doch der Dichter versucht, uns von solchem Argwohn abzulenken, indem er in 2.5 erneut in die Rolle eines Mannes schlüpft, der die Schönheit einer jungen Frau höchst gelassen anzusehen vermag. Da er in dieser Ode zwar ein Du anredet, aber keinen Namen nennt, darf man mit der Mehrzahl der Erklärer vermuten, daß er das Wort an sich selbst richtet. Er konstatiert als erstes, daß die «Jungkuh» – damit meint er laut V. 16 Lalage, die wir schon aus 1.22 kennen – noch nicht imstande sei, die Last des «Stiers» zu tragen und nur Verlangen danach habe, unter freiem Himmel bald in Flüssen zu baden, bald mit den «Kälbern» zu spielen. Dann ermahnt er sich selbst, die unreife Traube nicht zu begehren. Denn er rechnet damit, daß Lalage ihm bald nachläuft, da sie rasch reifen und ihr die Zeit die Jahre hinzufügen werde, die sie ihm weggenommen habe. In Kürze sei auch zu erwarten, daß sie nach einem Ehemann suche, sie, die geliebt worden sei wie nicht Pholoë, Chloris und der Knidier Gyges. Von wem – Horaz? Der sagt uns das nicht, und es ist ihm vielleicht auch gar nicht mehr wichtig, weil er sich plötzlich nur noch auf den zuletzt erwähnten Knaben konzentriert und die ganze Schlußstrophe dazu benutzt, dessen mädchenhaftes Äußeres hervorzuheben. Wie man sieht, kann Zeit wahrhaft schnell verstreichen: Während der Dichter einen nur 24 Verse umfassenden Text spricht – dafür braucht man höchstens eineinhalb Minuten –, lenkt er seinen Blick erst auf Lalage, wendet ihn aber dann allmählich von ihr ab (sie wird im Lyrikkorpus nicht mehr auftauchen) und hat am Ende nur noch Augen für Gyges.

Freunde – Eros – Lebensphilosophie

Mit dem in 2.4.23 f. gegebenen Hinweis, er habe schon das 40. Lebensjahr hinter sich, setzt Horaz die in Buch 1 begonnene Reihe der Informationen über seine lyrische *persona* fort, die sich wie Bruchstücke einer Autobiographie lesen und die jetzt häufiger erscheinen als bisher. In 2.6 verrät er seinem Freund Septimius, wo er im Alter wohnen möchte: entweder in Tibur, das er schon in Ode 1.7 gepriesen hatte, oder, sollten die Parzen ihm das verwehren, in Tarent, das ihm besonders gefällt, weil an jenem Ort Honig, Öl und Wein von bester Qualität seien und mildes Klima herrsche. Dort werde Septimius dereinst die noch warme Asche des Dichters mit seinen Tränen benetzen. Wenn Horaz sich zu Beginn der Ode in Vorausschau auf seinen Lebensabend als «erschöpft vom Meer, von den Straßen und vom Kriegsdienst» bezeichnet (7 f.), verschafft er sich ein Stichwort für das nächste Gedicht, das wie folgt anfängt (2.7.1–8):

O du, der du oft mit mir in äußerste Gefahr
geführt wurdest, als Brutus Heerführer war –

wer hat dich wiedergeschenkt als Bürger
den einheimischen Göttern und dem italischen Himmel,

Pompeius, erster meiner Gefährten,
mit dem ich oft den langsam verstreichenden Tag mit Wein
verkürzte, mit einem Kranz im Haar,
das von syrischer Salbe glänzte?

Pompeius, ein Kampfgenosse des Horaz in Brutus' Armee, hatte nach der Doppelschlacht bei Philippi anders als der Dichter (S. 15) weiter gegen Octavian-Augustus gefochten (V. 13–16). Dieser war es offensichtlich, der Pompeius durch eine Amnestie die Rückkehr nach Rom gestattete. Horaz hebt den Prinzeps als einen Wohltäter dadurch besonders hervor, daß er dessen Handeln in Kontrast zu demjenigen des Brutus setzt: Der Heerführer (2: *duce*) hat Pompeius und Horaz, indem er sie in Gefahr brachte, in die Irre geführt – im Originaltext steht das Verb *deducere* (2), das dies bedeuten kann –, und bei jemandem, der, wenn man seinen Namen wörtlich nimmt, ein Blödian ist (S. 75), verwundert das auch nicht. Doch nun sind der Dichter und sein Freund nach längerer Trennung wieder vereint und können feiern, wobei Horaz sich kräftig betrinken will (26b–28):

Ebenso wahnsinnig
wie die Thraker werde ich bacchantisch rasen: Weil ich wiedererhalten habe
meinen Freund, ist es mir ein Vergnügen, herumzutoben.

Die nächste Person, welche der Dichter anredet (Ode 2.8), ist eine Frau, die Barine heißt. Er behauptet von ihr, sie sei notorisch treulos, aber das schade ihr überhaupt nichts. Denn sie werde dennoch von den jungen Männern begehrt, und durch ihre Fähigkeit, alle Welt zu täuschen, bringe sie Venus, die Nymphen und Cupido ganz einfach zum Lachen. Andere würden freilich anders reagieren (21–24):

Dich fürchten für ihre halbwüchsigen Söhne die Mütter,
dich die knausrigen Greise und die armen soeben
verheirateten Jungfrauen, die Angst haben, daß zurückhalten könne
dein Hauch (*aura*) ihre Ehemänner (*maritos*).

Mit dem zweimal am Versanfang plazierten «dich» (*te*) ahmt Horaz betont die für einen antiken Gebetshymnus typische Diktion, den sogenannten «Du-Stil» nach; er erweist also Barine wie einem unsterblichen Wesen seine Reverenz. Gleichzeitig spielt er auf eine Strophe aus einem

Gebet an, das Catull im Rahmen eines Hochzeitsliedes an den für eine Vermählungsfeier zuständigen Gott Hymen richtet (61, 51–55):

Dich ruft für die Seinen der ängstliche Vater
an, dir lösen die Jungfrauen
den Gürtel ihres Gewandes,
dich hört bangend mit begierigem
  Ohr (*aure*) der jungverheiratete Ehemann (*maritus*).

Der Textbezug verdeutlicht: Horaz präsentiert uns Barine als eine Göttin, die dem Hochzeitsgott Konkurrenz macht. Sie ist gewissermaßen das «Urweib», das niemals durch die Bande der Ehe zu fesseln wäre und sich damit außerhalb der gesellschaftlichen Norm bewegt. Sollte ihr auch der Dichter verfallen sein – direkt sagt er das nicht –, so wäre er dadurch entschuldigt, daß Barine, obwohl sie permanent alle ihre Schwüre bricht, auf jeden Mann eine unwiderstehliche Macht ausübt.

Ist Horaz, weil er Barine gar so kritiklos akzeptiert, von seinem Besäufnis mit Pompeius her noch etwas enthemmt? In 2.9 sieht er sich erotischer Leidenschaft konfrontiert, die keine Grenzen kennt, und hier zeigt er nun die Besonnenheit, die man von ihm als Anhänger Epikurs eigentlich erwarten würde. Der Dichter mahnt seinen Freund Valgius, der sicherlich mit dem Elegiker Valgius Rufus (ca. 65 v. Chr.–nach 14 n. Chr.) identisch ist, zur Beendigung der Klage darüber, daß diesem der Knabe Mystes «genommen» wurde (V. 10). Wie es dazu kam, ist nicht erkennbar, aber es spricht mehr dafür, daß entweder ein Rivale den Liebling des Valgius entführte oder Mystes zum Mann geworden ist (S. 120), als dafür, daß er starb. Denn Horaz schlägt dem Freund vor, er soll, statt sich seinem Schmerz hinzugeben, lieber mit ihm Siege des Augustus über zwei Randvölker des Reiches besingen, und ein solches Ansinnen wäre wohl angesichts eines Todesfalles reichlich taktlos. Freilich ist zu bedenken, daß Horaz wahrscheinlich nicht auf ein reales Ereignis reagiert, sondern sich als Lyriker mit einer Elegie auseinandersetzte, in der die *persona* des Valgius redete und somit die Trauer fingiert war. Wäre uns das poetische Werk dieses Mannes überliefert – es ist bis auf geringe Reste verloren –, wüßten wir wohl, was Horaz mit «genommen» meint. 2.9 gehört mithin zu den Horaz-Texten, die wir nicht voll und ganz würdigen können, weil uns Informationen über die Produktionsbedingungen fehlen. Das gilt auch für Ode 2.10. Darin empfiehlt der Dichter einem Licinius, alle Probleme dadurch zu bewältigen, daß er stets den goldenen Mittelweg wählt, also in Notsituationen beherzt und tapfer auftritt und im Glück sich selbst Beschränkung auferlegt. Hier dürfte Aristoteles im Hintergrund stehen, und

Horaz ist es gelungen, durch Transposition eines ethischen Lehrsatzes in seinen lyrischen Diskurs ein Gedicht zu schaffen, das langatmiges Philosophieren zusammenfaßt und so einem breiteren Publikum nahebringt.

Doch mancher interessiert sich vielleicht auch dafür, wer der Mann ist, dem Horaz zur *mesótes* (Mitte) rät. Denn eine bestimmte Situation im Leben jenes Licinius könnte den Dichter zur Abfassung von 2.10 veranlaßt haben, und falls sich herausfinden ließe, was geschehen war, gewänne man einen tieferen Einblick in den Text. Wer also war der Adressat von 2.10? Sehr überzeugend wurde in jüngerer Zeit dafür eingetreten, es sei M. Licinius Crassus, der 29/28 v. Chr. einen siegreichen Kriegszug gegen mehrere Völker des Schwarzmeergebietes unternahm und dabei einen ihrer Könige eigenhändig tötete (Gerding 2004). Nach alter römischer Tradition hätte ihm dafür die sehr große Ehre zuteil werden müssen, Jupiter die erbeutete Rüstung des feindlichen Heerführers als Trophäe weihen zu dürfen. Doch das verweigerte Augustus ihm, während er andererseits nicht verhinderte, daß der Mann am 4. Juli 27 einen Triumphzug veranstaltete. Spricht Horaz nun wirklich diesen Licinius an und fordert er ihn implizit dazu auf, sich gerade deswegen, weil er einen so großen Erfolg errungen hat, mit der einen militärischen Auszeichnung zufrieden zu geben und zu akzeptieren, daß er die andere nicht bekam? Schon möglich, aber unwiderlegbar beweisen kann man das nicht, und so muß es offen bleiben. Doch wie gesagt: Die moralphilosophische Botschaft der Ode 2.10 ist zeitlos, und das gilt ebenso für 2.11. Hier ermahnt Horaz gleich zu Anfang den Adressaten, einen nicht weiter bekannten Mann namens Quinctius Hirpinus, er solle sich keine Gedanken über die Pläne zweier feindlicher Nationen machen. Wie wäre es, wenn wir das als moderne Leser kurzerhand dahingehend umdeuteten, daß wir bei diesem Text einmal überhaupt nicht historistisch nach dem «Sitz im Leben» fragen, sondern ihn einfach so, wie er auf dem Papier steht, rezipieren? Auf denn! Und siehe da: Was der Dichter schreibt, ist allgemeingültig, weshalb es über die Jahrhunderte wirkt und keines Kommentars bedarf:

Was der kriegerische Kantaber und der Skythe,
Hirpinus Quinctius, im Sinn haben mögen, die durch die ihnen vorgelagerte
  Adria von uns getrennt sind, hör auf
    zu erforschen, und schwanke nicht hin und her beim Gebrauch

des wenigen, was das Leben fordert! Es flieht rückwärts
die glattwangige Jugend und ihr Charme, während das verwelkte
  graue Alter vertreibt die ausgelassenen
    Amouren und den leichten Schlaf.

Nicht immer gleich ist die Pracht der Blumen
im Frühling und nicht glänzt der rötliche Mond mit einem einzigen
  Antlitz: Was ermüdest du den Geist, der überfordert ist
    mit Gedanken über die Ewigkeit?

Warum liegen wir nicht unter der hohen Platane
oder dieser Pinie einfach so und trinken, mit Rosenduft
  die grauen Haare getränkt,
    solange es vergönnt ist, mit syrischem

Balsam gesalbt? Es vertreibt Bacchus
die nagenden Sorgen. Welcher Knabe wird besonders schnell
  kühlen des feurigen Falernerweines
    Becher im vorbeifließenden Wasser?

Wer wird die abseits wohnende Kleine herauslocken aus dem Haus,
die Lyde? Los, sag ihr: Mit der elfenbeinernen Lyra
  soll sie herbeieilen, frisiert nach spartanischer
    Art, das Haar zum Knoten gebunden.

Zwischen Hadesvision und Höhenflug

In 2.12, dem ersten Gedicht der zweiten Buchhälfte, ist wie in 2.1 von dem Projekt eines Geschichtswerks die Rede – als Autor erscheint diesmal Maecenas (V. 9–12) –, und dann spannt sich ein Bogen von Ode 2.13, in der Horaz erzählt, wie er beinahe die Unterwelt gesehen hätte, zum Epilog (2.20), der uns den Dichter als über die Lande fliegenden Schwan präsentiert. Während also 2.13 implizit vorausverweist (darauf wird gleich näher einzugehen sein), ist 2.12 inhaltlich enger mit der Gedichtsequenz 2.1–11 verklammert als mit dem übrigen Buch. Denn Horaz spricht den Patron und Freund deswegen als einen Historiker an, weil er wie in 2.1.37–40 betonen will, daß er sich der «kleinen» Poesie verschrieben hat. Maecenas, so erklärt er, könne sich von ihm weder die Behandlung der römischen Vergangenheit noch Stoffe der griechischen Sage wünschen, da die Muse gewollt habe, daß er von der schönen Licymnia singe. Er preist diese Frau auch gleich in vier Strophen (13–28), und das gipfelt darin, daß er Maecenas fragt, ob dieser orientalische Reichtümer für eine Locke der Licymnia eintauschen würde,

wenn sie zu glühenden Küssen zurückbiegt
den Nacken oder sie in gefügiger Grausamkeit versagt,
die sie freudiger als der Drängende sich rauben läßt,
manchmal aber auch selbst zu rauben sich herausnimmt (25–28).

Speziell durch diese Strophe knüpft Horaz an eine Motivreihe der ersten Buchhälfte an, denn er spricht hier von Erotik, und das führt er in 2.13–20 nicht mehr fort. So fungiert die Licymnia-Ode mit der Anrede an Maecenas und der poetologischen Thematik zum einen als Binnenproöm – auch für den Rest von Buch 2 gilt ja, daß Horaz nicht über Taten historischer oder mythischer Helden schreibt –, andererseits bringt 2.12 eine mit 2.4, dem ersten erotischen Gedicht des Buches, begonnene Linie zum Abschluß. 2.13 wiederum stellt insofern einen Neuansatz dar, als Horaz in V. 1–12 überraschend in den Stil eines Jambikers verfällt, also gewissermaßen auf eine frühere Stufe seines Dichtens zurücktritt: In direkter Apostrophierung eines Baums, der umstürzte und ihn beinahe erschlagen hätte, verflucht der Dichter den, der das «Unglücksholz» (11) auf seinem Acker gepflanzt hat. Zwar enthält die Schimpfkanonade ähnlich wie die Verwünschung des Knoblauchs in Epode 3 ironische Untertöne, aber die danach vorgetragenen Reflexionen darüber, wie unvorhergesehen der Tod die Menschen ereilt (13–20), klingen ernst. Sie sind freilich nur Überleitung zum Hauptthema: Horaz malt sich aus, was er, wäre er in die Unterwelt gekommen, in den Gefilden der Frommen erblickt hätte (24–32):

auf der äolischen Lyra klagend

Sappho über die Mädchen in ihrer Heimat
und dich, singend noch klangreicher mit dem goldenen
Plektrum, Alkaios, die Härten zu Schiff,
die elenden Härten der Verbannung, die Härten des Krieges.

Wie beide singen, was wert ist heiligen
Schweigens, bewundern die Schatten, doch lieber
Kämpfe und Vertreibung von Tyrannen
saugt auf, dicht Schulter an Schulter gedrängt, mit dem Ohr die Menge.

Erstmals im Horazischen Œuvre taucht der Gedanke auf, daß Dichter nach dem Tode «weitersingen», ihre Verse also ihr Erdendasein überleben. Man darf aus dem zitierten Passus erschließen, daß der Römer das auch seinem eigenen Œuvre wünscht und sich insofern mit den beiden

Griechen identifiziert. Vorbild für 2.13.24 ff. ist der Mythos von Orpheus in der Unterwelt, denn in den beiden letzten Strophen des Gedichts stellt Horaz sich vor, wie der Sappho und dem Alkaios die Schreckensgestalten und Büßer lauschen (33–40). Doch während Eurydikes Mann sein Lied nur erklingen läßt, um die Gattin zurückzugewinnen, bieten die beiden aus Lesbos stammenden Poeten offenbar eine Dauervorführung. Allerdings erfreuen sich ihre Themen – Privat-Intimes aus Sapphos, Politisches aus Alkaios' Mund – beim Unterweltspublikum nicht derselben Beliebtheit: Die Menge bevorzugt Lyrik über staatliche Angelegenheiten. Für ein solches Publikum schreibt der Kallimacheer Horaz eigentlich nicht gerne (S. 80), und in Buch 2 befindet er sich ja auch stofflich überwiegend in der Nähe Sapphos als einer Verfasserin unpolitischer Gedichte. Aber wer in der Odensammlung weiterliest, bemerkt spätestens dann, wenn er die «Römeroden» erreicht hat (3.1–6), daß Horaz bereit ist, auch dem Alkaios, den er in 2.13 präsentiert, nachzueifern, und daß er uns auf die Rückkehr zu Texten über Augustus mit seiner Hadesvision vorbereitet hat.

Mag, wie 2.13 wieder einmal zu entnehmen ist, die Kunst lang sein – unser Leben ist es nicht. Daran erinnert Horaz in eineinhalb berühmt gewordenen Versen, deren düstere Aussage durch Häufung des Vokals «u» unterstrichen wird, zu Anfang von Ode 2.14:

Eheu fugaces, Postume, Postume,
labuntur anni ...
(Wehe, flüchtig, Postumus, Postumus,
entgleiten die Jahre ...).

Wie in 2.3 ist das Thema von 2.14 der Gleichmacher Tod, den die Menschen vergeblich zu meiden suchen. Am Ende des Gedichts legt Horaz den Schwerpunkt darauf, daß der Adressat (den wir nicht näher kennen) alles auf Erden zurücklassen muß, so daß sein Erbe mit teurem Caecuberwein den Fußboden bespritzen kann. Wer so etwas tut, lebt in Saus und Braus, und man weiß, daß Horaz das gar nicht mag. Wir dürfen daher vermuten, daß er die Ode 2.15, in der es um übertriebenen Luxus bei der Anlage von Gärten geht und die wie 2.13 und 2.14 in alkäischen Strophen geschrieben ist, als Fortsetzung zu den beiden Gedichten verstanden wissen will. Zeitgenössischer Verschwendungssucht hält er in 2.15, ohne ein Du zu apostrophieren, die Bescheidenheit der römischen Vorzeit vor Augen, um dann in seiner Ode an den Freund Grosphus (2.16) dessen Wohlhabenheit die Schlichtheit der eigenen Lebensweise entgegenzusetzen; dieses Gedicht haben wir bereits in anderem Zusammenhang ausführlich betrachtet (S. 56 ff.).

Begütert ist außer Grosphus auch Maecenas, und diesen spricht Horaz in Ode 2.17 erneut an, weil der Freund, der offenbar lebensgefährlich erkrankt war – nach der Genesung begrüßte ihn das Volk im Theater durch dreimaligen Zuruf (25 f.) –, den Dichter mit seiner Angst vor dem Sterben quält. Dieser reagiert nun darauf mit dem Gelöbnis, er werde Maecenas am Tag von dessen Lebensende in den Tod folgen. Außerdem gibt er eine astrologische Begründung dafür, daß beiden ein gemeinsames Schicksal vorbestimmt sei: Sowohl Maecenas als auch er, den beinahe ein Baum erschlagen hätte, seien dem Tod entronnen; ihn habe Faunus errettet. Deshalb sollten beide den Göttern ein Dankopfer darbringen; Maecenas möge sich des von ihm gelobten Tempels entsinnen, und er, Horaz, werde ein kleines Lamm schlachten. Wieder also konfrontiert der Dichter seinen betonten Verzicht auf Reichtümer mit dem Status eines Mannes, der über sie verfügt, und das führt er in 2.18 fort: Er nennt zunächst Luxusgüter, die er nicht besitze, und sagt dann, statt dessen seien ihm Zuverlässigkeit und geistige Begabung zu eigen, Reiche würden ihn trotz seiner Armut aufsuchen, und er bitte seinen mächtigen Freund nicht um größere Zuwendungen, da er glücklich sei mit seinem Sabinum (1–14). In diesem Textabschnitt redet Horaz niemanden an, um dann plötzlich einem namentlich nicht genannten Adressaten vorzuhalten, dieser sei maßlos bei der Errichtung von Häusern und der Erweiterung seines Grund und Bodens; dabei denke er nicht an das Grab, das Arme und Reiche gleichermaßen erwarte. Manche Erklärer haben erwogen, Horaz meine hier mit dem Du Maecenas, aber angesichts der in 2.17 zu lesenden Bekundung seiner über den Tod hinausgehenden Treue gegenüber dem Freund kann man sich schwer vorstellen, daß dieser nun von dem Dichter dazu auserkoren wird, sich eine Predigt gegen Verschwendungssucht und Habgier anzuhören.

Nicht ganz frei von Wiederholungen einiger schon vorher im Buch behandelter Motive, hat Ode 2.18 immerhin ein Versmaß zu bieten, das Horaz nur hier benutzt: das hipponakteische System, bei dem ein kurzer trochäischer mit einem langen jambischen Vers abwechselt; hier die beiden ersten Zeilen in einer metrischen Übertragung:

Nícht von Élfenbeín und Góld
  erglänzt in meínem Haús die Zímmerdécke …

Die letzten beiden Gedichte des zweiten Odenbuches, 2.19 und 20, schrieb Horaz in alkäischen Strophen. Mit ihnen leitet er auf ähnliche Art, wie er bereits durch die alkäische Ode 1.37 und die sapphische Ode 1.38 das Alternieren der beiden Gedichttypen in 2.1–11 vorbereitet hatte, zu

Buch 3 über. Denn dort weisen die am Anfang stehenden sechs «Römeroden» wie 2.19 und 20 das alkäische System auf. Auch inhaltlich vernetzt Horaz diese zwei Gedichte mit 3.1–6. In 2.19 erzählt der Dichter zunächst, er habe Bacchus erblickt, sei nun ganz vom Geist des Gottes erfüllt und dürfe über dessen Kult und dessen Mythos singen (1–16); das geschieht dann in einem Hymnus (17–32). Hier V. 1–4 der Ode:

Bacchus, wie er auf fernen Felsen Lieder (*carmina*)
lehrte, sah ich – glaubt es, Nachgeborene –
und die Nymphen, wie sie lernten, und die gespitzten
Ohren der bocksfüßigen Satyrn.

Man darf aus den Worten des Horaz schließen, daß die Lieder, die der Gott sein Gefolge lehrte, kein Mensch vernahm, aber doch wohl der Dichter. Also wird man in der ersten Strophe von Ode 3.1 einen Rückbezug auf 2.19.1–4 erkennen (1–4):

Zuwider ist mir das uneingeweihte Volk, und ich halte es fern.
Hütet eure Zungen: Lieder (*carmina*), die nie zuvor
gehört wurden, will ich als Musenpriester
für Mädchen und Jungen singen.

Wenn Horaz tatsächlich andeuten will, er habe die «Römeroden» von Bacchus «gelernt» – und ich wüßte nicht, was dagegen einzuwenden wäre –, dann will er vermutlich dies zum Ausdruck bringen: Zur Abfassung der sechs Gedichte, mit denen er sich auf das hohe Niveau poetischer Reflexion über den römischen Staat und seinen Neubegründer Augustus begibt, habe er besonderer göttlicher Inspiration bedurft: einer rauschhaften inneren Ergriffenheit, die ihm nur Bacchus verleihen konnte. Schon jetzt spielt er auf eines der herausragenden Themen von 3.1–6 an, den in 3.1.7 kurz erwähnten und in 3.4.42–80 erzählten Kampf der olympischen Götter mit den Giganten, den man in augusteischer Zeit als Allegorie der kriegerischen Auseinandersetzung Octavians mit Antonius las: In seinem Hymnus auf Bacchus rekapituliert Horaz, daß dieser Gott an der Gigantomachie teilnahm (21–24). Wichtig für das Verständnis der auf 2.19 folgenden Oden ist auch, was der Dichter in 2.19.25–28 zu Bacchus sagt:

Zwar hat man gesagt, für Tänze und Scherze geeigneter
seist du und Spiel, und es hieß immer, nicht genügend fähig
zum Kampf seist du. Aber derselbe
warst du im Frieden und mitten im Krieg.

Der Gott hat also ein doppeltes Wesen: Einerseits gehört er der friedlichen Welt von Wein, Weib und Gesang an, andererseits steht er, wie er bei der Gigantomachie bewies, im Krieg seinen Mann. Jetzt sieht man noch deutlicher, warum Horaz sich von ihm «belehren» läßt: Ein wesentliches Element seiner Lyrik sind Scherz und Eros – in 2.1.37–40 hatte er sich programmatisch dazu bekannt –, aber jetzt wird er dazu übergehen, sich thematisch wieder auf einem Gebiet zu bewegen, in dem militärische Aktionen von besonderem Interesse sind. Auch der Autor der Oden hat mithin ein doppeltes Wesen, und genau das verkündet er Maecenas feierlich im Epilog zu Buch 2, der so beginnt (2.20.1–3a):

Nicht auf gewöhnlichen noch schwachen Schwingen werde ich
in zweifacher Gestalt getragen werden durch den klaren Äther,
ich, der Sänger.

Als fliegend hatte sich in Rom erstmals Q. Ennius in seinem eigenen Grabepigramm dargestellt (Vahlen [2]1903, 215):

Niemand soll mich mit Tränen ehren noch mein Begräbnis mit Weinen begehen.
Warum? Ich fliege als Lebender bei den Menschen von Mund zu Mund.

Darauf nimmt Horaz zweifellos Bezug, aber er macht aus der Metapher des Prätextes mythische Wirklichkeit (9–12):

Schon, ja schon setzt sich auf meine Beine rauhe
Haut, und ich verwandle mich in einen weißen Vogel
oben, und es wachsen glatte
Federn über Finger und Schultern.

Horaz wird zum Schwan, dem (nach antiker Auffassung) schön singenden Vogel Apollos. In der Metamorphose des Dichters sollen wir offenbar eine Folge der Inspiration durch Bacchus sehen. Dazu rät vor allem das Motiv «doppeltes Wesen». Was nämlich geschieht hier? Ein Sterblicher erhebt sich zum Himmel, er gleitet über das gesamte römische Reich hin, so daß man ihn überall kennen wird (V. 13–20), und er verbittet sich wie Ennius Trauer an seinem Grab (21–24). Aber bei allem Anteil am «Oben» bleibt er dem «Unten» verhaftet: Er ist gleichzeitig Dichter und Mensch, hat an Fingern und Schultern glatte Federn, aber an den Schenkeln rauhe Haut; er schwebt hoch in der Luft, während man auf Erden seine Poesie liest, und er lebt als Lyriker fort, wenngleich auch er beerdigt werden wird. Berücksichtigt man ferner, daß der Gott, dem der Schwan heilig ist,

Octavian in der Schlacht bei Actium geholfen haben soll, dann zeigt sich: Innerhalb der Lyrik des Horaz sind «oben» die Dichtung über das augusteische Rom, «unten» Witz und Venus angesiedelt. Gleich zu Beginn von Buch 3, das wir im nächsten Abschnitt in den Blick nehmen, hat Horaz beide Bereiche direkt nebeneinander plaziert: Auf die sechs «Römeroden» folgen sechs Gedichte, in denen es überwiegend um Erotik geht.

«Süß und ehrenvoll ist es ...»

Wer den Begriff «Römeroden» geprägt hat – er existiert seit der Mitte des 19. Jahrhunderts und wird heute international verwendet –, kann man nicht mehr eindeutig feststellen. Es ist freilich kein glücklicher Terminus. Denn er weckt Assoziationen von Chauvinismus und Führerstaat, die auf modernen Voraussetzungen beruhen und die historische Bedingtheit der antiken Texte ignorieren. So hat es denn auch in der ersten Hälfte des 20. Jahrhunderts Erklärer gegeben, welche ihre jeweilige nationalistische Ideologie durch die sechs Gedichte bestätigt sahen. Das wiederum trug wesentlich dazu bei, daß Vertreter der konträren politischen Richtung 3.1–6 entweder als von Augustus in Auftrag gegebene Hofdichtung ablehnten oder zwischen den Zeilen Ironiesignale aufspürten, die ihnen Horaz als pazifistischen Systemkritiker erscheinen ließen. All diese Interpretationen kamen meist deshalb zustande, weil der Odenzyklus isoliert vom Gesamtwerk betrachtet wurde. Liest man die umstrittenen Gedichte jedoch im Kontext der «Geschichte», die Horaz von Satire 1.1 an erzählt, wird man entdecken, daß seine *persona* hier konsequent an bisher Gesagtes anknüpft, also nicht plötzlich mit einer anderen Stimme spricht, etwa der eines Propagandisten oder eines verkappten Augustus-Gegners. Nein, zu uns redet der Horaz, der nach Philippi von der Partei der Caesarmörder zu Octavian überging, ihn in seinem Ringen mit Antonius um die höchste Macht in Rom unterstützte und der festen Überzeugung war, daß der Sieger von Actium sich bestens eigne für die Aufgabe, den durch die Bürgerkriege zerrütteten römischen Staat zu restaurieren. Dazu bedurfte es nach Meinung des Dichters einerseits der Wiederbelebung sittlicher Grundwerte, andererseits der Bereitschaft zu militärischen Aktionen gegen Feinde außerhalb des Reiches. Denn eines war zu befürchten – so glaubte zumindest Horaz, und derselben Ansicht waren vermutlich viele seiner Zeitgenossen: daß fremde Völker, allen voran die Parther, die moralische Schwächung der Römer durch deren militärische Selbstzerfleischung nutzen und das Imperium erneut in Gefahr bringen würden.

Appell zur Rückbesinnung auf vernachlässigte Tugenden sowie zur Bereitschaft, weiterzukämpfen, aber jetzt gegen «Barbaren» – das sind schon in den ersten beiden Odenbüchern zwei wichtige Themen, die aus Gedanken der zuvor veröffentlichten Gedichtsammlungen entwickelt wurden, und in den Oden 3.1–6 kommen sie nun besonders pointiert zur Geltung. Außerdem spielt wie bisher eine bedeutende Rolle die *persona* des Horaz in ihrem Verhältnis zu Staat und Gesellschaft. Es wurde mehrfach darauf hingewiesen, daß der Dichter in Satiren, Epoden und den Oden der Bücher 1 und 2 Wert darauf legte, sich als Kallimacheer und Epikureer zu präsentieren, also als Autor von «kleiner» Poesie am «kleinen Tisch». In dieser Position klammert er Politik eigentlich aus seiner Dichtung aus. Aber er kann ebenso in der Funktion des *vates* wie des Verfechters moralphilosophischer Lehren durchaus zur sittlichen Erneuerung Roms beitragen. Deshalb schließt er nun einen Kompromiß, der es ihm ermöglicht, die immer wieder beanspruchte Identität des abseits vom Weltgetriebe stehenden Dichters zu wahren und gleichzeitig als Römer zu seinen Mitbürgern zu reden. Die Basis dafür schafft er sich in 3.1. Dort fingiert er zunächst in der (S. 147 zitierten) ersten Strophe, er richte als Priester der Musen, also einer schon vorher für ihn zuständigen göttlichen Instanz, das Wort an die Jugend des Reiches. Dann integriert er seine «kleine» epikureische Existenz in die höhere Ordnung von Kosmos und Staat, indem er vor die nochmalige Bekundung einiger von ihm oft verfochtener moralischer Prinzipien folgendes Bekenntnis setzt (5–8):

Könige, die zu fürchten sind, haben die Herrschaft über die eigenen Herden,
über die Könige selbst hat sie Jupiter,
  der berühmt ist durch den Triumph über die Giganten
    und das All mit seiner Augenbraue bewegt.

Der oberste Gott als Lenker des Universums – das klingt stoisch, entspricht aber auch einem zur Zeit des Horaz gängigen Weltbild, aus dem der augusteische Prinzipat – er wird hier etwas pathetisch durch die Herrschaft der «Könige» symbolisiert – seine Rechtfertigung ableiten konnte: Wie Jupiter im Himmel die Giganten, so hat der Prinzeps auf Erden die inneren Gegner des Reiches niedergerungen und muß nun auch den feindlichen Nationen die Stirn bieten. Das ist für den Dichter der von ihm nicht hinterfragte Rahmen für die Individualethik, die er in der übrigen Ode entfaltet. Im Zentrum finden wir hier wieder das Eintreten für Genügsamkeit als das Gegenteil von Habgier, die sich von Angst, Drohungen und Sorgen bedrängt sieht, und für Bescheidenheit, die im Falle des Horaz nicht mehr verlangt als das schlichte Gut im Sabinertal. Eng verwandt mit einer solchen Einstellung ist die Bereitschaft zur Armut, die zu erlernen der Dichter zu Beginn von 3.2 vom jungen römischen Soldaten ebenso erwartet wie heldenhaftes Agieren im Kampf mit den Parthern. Wichtig ist ihm freilich auch dies (13):

dulce et decorum est pro patria mori.
(Süß und ehrenvoll ist es, für das Vaterland zu sterben)

Der Vers wurde immer wieder gerne aus dem Kontext gerissen und entweder von Demagogen als Durchhalteparole mißbraucht oder von Pazifisten als Urwort eines grenzenlosen Militarismus verteufelt. Doch beides hat mit der Intention des Horaz nichts zu tun. Der Dichter verschmilzt hier die Lehre Epikurs mit einer sich aus der aktuellen politischen Situation ergebenden Forderung der Staatsethik: Nach Meinung des Philosophen ist ein glückliches Leben, für ihn das höchste Ziel des Menschen, nur dann möglich, wenn dieser keinerlei Furcht vor dem Sterben hat, und im Wertesystem der Nobilität Roms war es fest verankert, daß jeder den Mut haben mußte, im Dienst für die Heimat den Tod zu verachten.

Daß Horaz in 3.2 seine Maximen für junge Soldaten speziell im Hinblick auf Kriege formuliert, die gegen die Parther zu führen sind, bildet in gewisser Hinsicht die Wiederaufnahme eines Motivs, das schon in Epode 9 und Ode 1.37 erscheint. In beiden Gedichten wird am Beispiel Kleopatras orientalische Lebensart beziehungsweise das, was man aus westlicher Perspektive darunter verstand, negativ dargestellt. Das patriarchalische Herrschaftssystem Roms fühlte sich durch die Völker des Morgenlandes in seinen Grundlagen bedroht, da man glaubte, bei ihnen dominiere weichliche Weiblichkeit über männliche Härte und Tapferkeit, die man für eine wesentliche Voraussetzung der Größe des Imperiums hielt. Eines freilich mußte man aufgrund mythisch-historischer Überlieferung als Faktum akzeptieren: daß Aeneas, der Stammvater der Römer, ein Orientale war, weil er aus Troja kam. Der Sage nach hatte die Göttermutter Juno, die in dem Krieg um jene Stadt die griechische Seite favorisierte, den Helden lange Zeit mit ihrem Haß verfolgt, sich aber von Jupiter dazu bewegen lassen, Aeneas und seine Nachfahren als Herren des künftigen Weltreiches anzuerkennen. Darüber hinaus hatte sie sogar zugestimmt, als Mars für seinen Sohn Romulus, den Gründer Roms, im Rat der Unsterblichen die Apotheose verlangte. Laut Ode 3.3 soll sie allerdings eines zur Bedingung gemacht haben: Das von den Hellenen zerstörte orientalische Troja dürfe nie wiederaufgebaut werden. Man kann das als einen verschlüsselten Aufruf an die Römer lesen, sie sollten für immer mit der Epoche in ihrer Vergangenheit brechen, in der Antonius mit Hilfe der Königin eines morgenländischen Reiches gegen die eigenen Mitbürger kämpfte, und künftig in allen Völkern des Ostens ihre Feinde sehen. Horaz legt Juno als der impliziten Vertreterin dieses Appells eine Rede von 51 Versen in den Mund (18–68), mit der er durch Verwendung epischer Stilelemente der «großen» Poesie sehr nahe kommt. Gleich danach ruft er in einer Strophe, die an 2.1.37–40 erinnert (S. 136), seine Inspirationsgottheit gewissermaßen zur Ordnung (3.3.69–72):

Nicht wird dies passen zur neckischen Lyra.
Wohin, Muse, strebst du? Hör auf, hartnäckig
zu berichten von den Reden der Götter und
Großes klein zu machen durch wenig anspruchsvolle Weisen.

Unmittelbar anschließend eröffnet der Dichter Ode 3.4 mit der Bitte an Kalliope, vom Himmel herabzusteigen, um ein langes Lied darzubieten. Wenn er dann sagt, er meine es beim Durchstreifen eines heiligen Hains zu vernehmen, darf man erwarten: Das ist die Muse, die er am Ende von 3.3 aufgefordert hat, keine «großen» Themen zu behandeln, und sie wähle nun solche, die «kleiner» Poesie angemessen sind. Danach klingt auch wirklich, was wir in V. 9–36 finden. Horaz liefert hier einen Lebensabriß seiner lyrischen *persona*, die zum Teil an bereits in den Oden Erzähltes anknüpft. Leitmotiv ist der göttliche Schutz, unter dem er als Dichter zu stehen glaubt: Als er noch ein Kind war und auf dem Berg Voltur in Apulien (dort kam er her), vom Spielen ermüdet, eingeschlafen war, hätten ihn Tauben vor Schlangen und Bären bewahrt, indem sie ihn mit Lorbeer und Myrte zudeckten. Jetzt gehöre er den Musen – egal, ob er sich auf dem Sabinum, in Praeneste, Tibur oder Baiae aufhalte. Ihnen verdanke er, daß er Philippi, den Baumsturz und einen Sturm vor der sizilischen Küste überlebte; wann immer sie bei ihm sind, werde er unverletzt die fernsten Gegenden des Reiches aufsuchen können. Wer das gelesen hat, mag sich fragen, ob die in 3.1.1–4 angekündigten «Lieder, die nie zuvor vernommen wurden», also die staatsethischen Oden 3.1–3, mit dem letzten Vers von 3.3 zu Ende waren. Doch in V. 37–42a stellt Horaz die Verbindung mit der augusteischen Thematik her, indem er zu den Musen sagt:

Ihr erquickt den erhabenen Caesar, sobald er die vom Kriegsdienst
erschöpften Kohorten untergebracht hat in den Landstädten
und zu beenden sucht die Mühen,
in der pierischen Grotte;

ihr gebt milden Rat, und wenn ihr ihn gegeben habt,
freut ihr euch, segenspendende Göttinnen.

Nach diesen Worten erzählt der Dichter, ohne eine gedankliche Brücke zu bauen, in V. 42b–80 vom Kampf der Götter mit den Giganten und macht so die Ode in der Tat zu einem langen Lied, wie er es sich von Kalliope gewünscht hat. Aber wie hängen nun die drei Teile – Autobiographie, der Prinzeps in der Musengrotte und Gigantomachie – miteinander zusammen? Eines darf man voraussetzen: Horaz spielt in V. 37f. auf die Rückkehr Octavians nach Italien im Anschluß an die Beendigung des Bürgerkrieges mit Antonius an. Also dürfte er zu verstehen geben, daß er den Sieg des Imperators über dessen Gegner in demjenigen Jupiters über die Giganten präfiguriert sieht. Die Person des Gottes liefert auch die Verbindung zu den Musen, da sie seine Töchter sind. Durch sie wird einem *vates* wie Horaz die Gabe verliehen, zwischen den Unsterblichen und den Menschen zu vermitteln, und nun erfahren wir, daß ihn das in die Nähe des Herrschers rückt: Diesem spenden die neun Schwestern Rat, und so werden sie ihm wohl im Auftrag Jupiters empfohlen haben, wie der Gott in den Krieg mit höchst gefährlichen Gegnern zu ziehen. Poet und Prinzeps als gemeinsame Empfänger musischer Inspiration – das ist im Werk des Horaz ein neuer Gedanke. Dazu angeregt wurde er vermutlich durch eine Passage in der um 700 v. Chr. entstandenen *Theogonie* Hesiods: Dort gießen «die Töchter des großen Zeus» dem König, den sie «bei seiner Geburt ansehen», süßen Tau auf die Zunge, und von seinem Mund «fließen milde Worte» (V. 80–84). Als Autor «kleiner» Poesie benutzt Horaz das Motiv dazu, einen denkbar engen Zusammenhang zwischen seiner Welt und derjenigen der «Könige und Schlachten» (S. 35), die zu besingen er ja eigentlich ablehnt, zu schaffen.

Mit Ode 3.5 greift Horaz das Thema «Parther» wieder auf. Sie hatten 53 v. Chr. ein von M. Licinius Crassus (ca. 115–53 v. Chr.) geführtes Heer bei Carrhae geschlagen, und der Dichter behauptet, damals in Gefangenschaft geratene Römer würden jetzt, mit parthischen Frauen verheiratet, bei dem feindlichen Volk leben. Um zu demonstrieren, welch große Schande das sei, referiert er die Geschichte von M. Atilius Regulus, der im Ersten Punischen Krieg (264–241 v. Chr.) in die Hände der Karthager fiel und, von ihnen wegen eines Gefangenenaustausches nach Rom geschickt, diesen ablehnte, nach Karthago zurückkehrte und zu Tode gefoltert wurde. Die Rede des tapferen Recken, welche 23 Verse umfaßt (18–40), bildet das Pendant zu derjenigen Junos in 3.3, und wieder fühlt man sich bei der Lektüre an ein Epos erinnert. In 3.6 dagegen äußert sich nur Horaz, und er schließt hier einen Kreis, weil er wie in 3.1 Sittenkritik übt. Zu Anfang verkündet er, «der Römer» – er apostrophiert ihn höchst pathetisch (2) – werde die Vergehen der Vorfahren, mit denen Horaz die Duldung des Verfalls von Tempeln meint, nur durch deren Restaurierung sühnen. Denn Gehorsam gegenüber den Göttern habe Rom zur Macht verholfen, Vernachlässigung der Religion jedoch in jüngerer Zeit in Gefahr gebracht. Frevelhaft, so heißt es weiter, sei auch die Mißachtung der Institution Ehe gewesen; das wird in V. 21–32 am Beispiel einer Frau belegt, die, schon als Mädchen nur auf Sex bedacht, später ihren Gatten (nicht ohne dessen Mitwissen) wahllos betrügt, ob der Galan nun ein Hausierer ist oder ein spanischer Kapitän. Mit der Feststellung, eine solche Jugend könne nicht von den Römern der glorreichen Vergangenheit abstammen, und einem pessimistischen Ausblick auf die nächste Generation beendet Horaz das Gedicht zusammen mit dem Zyklus der ersten sechs Oden. Gut, mit ihnen hat er seinen Zeitgenossen schwer ins Gewissen geredet. Aber er läßt sie sich von seinen patriotischen Predigten erholen, indem er in den nächsten sechs Oden über Erotik wieder wie in Buch 1 und 2 spricht – ohne erhobenen Zeigefinger.

Liebe und Wein zum Dessert

Die Gedichte 3.7 und 9–12 handeln von der Liebe, während in Nr. 8 ein Junggeselle (1: *caelebs*) seinen Freund zum Weintrinken einlädt. Man darf vermuten, daß Horaz die Texte als Zyklus gelesen wissen möchte, und weil darin einiges an Überraschungen steckt, werden diejenigen, die von der schweren Kost der «Römeroden» ein wenig mitgenommen sind, durch einen sehr bekömmlichen Nachtisch entschädigt. Gleich mit 3.7 bietet uns der Dichter etwas ganz Neues: Die Situation, die er uns in der an eine Frau namens Asterie gerichteten Ode vor Augen führt, könnte aus einem erotischen Roman stammen. Horaz fragt Asterie zu Beginn, warum sie weine, wo ihr doch im Frühling die Winde ihren Gyges, der sich zur Zeit in Orikum an der Westküste Griechenlands aufhalte, wiederschenken würden. Dieser verbringe jetzt kalte Nächte schlaflos und in Tränen, ja er sei ihr treu geblieben, obwohl ein Bote ihm von seiner Gastgeberin Chloë ausgerichtet habe, sie glühe vor Verlangen nach Gyges. Aber das nütze nichts, da er gegenüber den Worten des Werbers taub sei. Wir wiederum fragen: Glaubt Asterie das? Baut sie auf die Standfestigkeit des Geliebten in der Ferne? Nun, da ist noch etwas: Auch Mademoiselle ist in Versuchung geraten! Um sie bemüht sich der fesche Nachbar Enipeus, der so gut sein Pferd lenken und schwimmen kann und nachts vor Asteries Haus die klagende Flöte bläst. Doch vor dem möge Asterie sich in acht nehmen und nicht einmal auf die Straße herabschauen zu ihm, auch wenn Enipeus sie oft als hartherzig bezeichne. Übt also Horaz, der die Frau dazu dringend ermahnt, weiterhin die Funktion des Sittenwächters aus, die er in 3.6 übernahm? Aber warum erzählt er dann gar so ausführlich von der bedrohten Treue des Gyges (9–22a), warum schildert er in einer ganzen Strophe (25–28) zwei Fähigkeiten des Enipeus – speziell die Reitkunst, die ja als Metapher für eine andere Kunst stehen kann? Man muß einfach den Verdacht hegen, daß der hehre Musenpriester, der gerade noch den Ehebruch verdammte, jetzt wie der Bote der Chloë den Part eines Werbers übernommen hat.

Auch in 3.8 sehen wir die *persona* des Horaz im Vergleich mit derjenigen in 3.1–6 verändert: War er dort dafür eingetreten, daß die Römer tapfer gegen den bösen Feind marschieren, so erklärt er jetzt Maecenas, nachdem er ihn zum Trinken von 100 Bechern Wein aufgefordert hat, dieser möge sich nicht um Rom und seine Bürger sorgen. Denn Kotisons Dakerheer ist vernichtet, bei den Parthern herrscht Bürgerkrieg, die Kantabrer sind bezwungen, und die Skythen planen, vom Schlachtfeld zu weichen (17–24). Nicht unähnlich hatte es der Dichter in 2.11 dem Quinctius begründet, daß die beiden zusammen zechen sollten. Heute ist aber noch dazu ein besonderer Tag: Wir schreiben den 1. März, und da jährt sich der Baumsturz, der Horaz fast das Leben gekostet hätte. Man erinnere sich: Der Unfall war zuletzt in 3.4 erwähnt (V. 27), und da ging es um den Dichter als Schützling der Musen – derselben Musen, die dem Prinzeps Rat spenden. Der Kontext war also ein augusteischer; Horaz schrieb alkäische Strophen in der Nachfolge des Alkaios als des Sängers von politischen Angelegenheiten, wie er ihn beinahe im Hades erblickt hätte, wenn das «Unglücksholz» ihm auf den Kopf gefallen wäre (vgl. 2.13.26 ff.). Jetzt dagegen liefert der Baum den Anlaß für eine Feier zweier Freunde, bei der eine Amphore entkorkt werden soll. Davon lesen wir in sapphischen Strophen, und diese könnte Horaz hier gewählt haben, weil er der Dichterin in 2.13 die privaten Themen zugewiesen hat. Aber auch wenn das nicht zutreffen sollte, scheint mir ein Kontrast von 3.8 zu den «Römeroden» erkennbar.

Die größte Überraschung in dem Zyklus 3.7–12 bietet Nr. 9. Hier vernehmen wir nicht die Stimme des lyrischen Ich Horaz, sondern hören ihm bei einem Dialog mit Lydia zu. Er redet sie in der ersten Strophe an, worauf sie in der zweiten erwidert, und in dieser Form wiederholt sich das noch zweimal. Die Ode klingt wie ein inszenierter Wechselgesang, da Lydia in den ihr zugeteilten Strophen 2 und 4 jeweils dem, was Horaz gerade über sich gesagt hat, etwas Entsprechendes über ihre Person entgegensetzt und dabei einige seiner Worte aufgreift; in Strophe 6 beantwortet sie dann eine von ihm gestellte Frage. Diese und die fünfte Strophe beziehen sich auf die Zukunft der beiden, während im ersten Strophenpaar die Vergangenheit rekapituliert wird – da waren die beiden, wie sie einander versichern, noch überglücklich in der Liebe zueinander – und in V. 9–16 die Gegenwart das Thema ist: Horaz wird von Chloë «beherrscht», und Lydia glüht für Kalaïs. Deshalb möchte der Dichter nun erfahren, was geschehen werde, wenn er sich von Chloë trenne und die Tür der verstoßenen Lydia sich wieder auftue. Das würde bedeuten, daß sie das Verhältnis mit Kalaïs beendet, und dazu ist sie bereit (21–24):

‹Obwohl schöner als ein Stern
  jener ist, du aber leichter bist als Kork und zorniger
als die ruchlose Adria:
  Mit dir will ich leben, mit dir sterben vor Lust.›

Das Happy-End erinnert wieder an einen erotischen Roman, zumal Lydias letzte Worte (*tecum obeam lubens*) wohl ihren Wunsch nach einer «petite mort» zum Ausdruck bringen (vgl. Poiss 2001, 262 f.). Die Frau war ja bereits im ersten Odenbuch aufgetreten (1.8; 13; 25). Wir dürfen also davon ausgehen, daß sie den Dichter schon länger kennt. Das könnte erklären, warum sie mit einer bestimmten Charaktereigenschaft des Horaz vertraut ist: Wie Damasipp und der Dichter selbst weiß auch sie, daß ihr Gesprächspartner zu heftigem Aufbrausen neigt (*Sat.* 2.3.323; *Od.* 1.16.22–25; *Epi.* 1.20.25). Horaz macht, indem er sie das erwähnen läßt, implizit wieder eine «autobiographische» Angabe. In den Lebensabriß innerhalb der «Römeroden» (3.4.9–28) hätte diese hier nicht gepaßt (Jähzornige sind schwerlich Schützlinge der Musen), hier dagegen fügt sie sich gut in den Kontext. Denn laut *Od.* 1.8 und 13 trieb Lydia es früher mit jungen Burschen, von denen einer ein Sportler war. Nun kehrt sie zurück zu einem Mann, der mittlerweile 42 Jahre alt geworden ist, und da wird es ihr nicht unrecht sein, wenn er die Adria an Ungestüm übertrifft – zumindest im Bett.

Die durch 1.8 eröffnete Reihe der Lydia-Oden erreicht mit 3.9 ihren Abschluß, während mit 3.10 eine neue, allerdings nur in zwei «Kapiteln» präsentierte «love story» beginnt: die von der Beziehung des Dichters zu Lyke, welche durch 4.13 fortgesetzt werden wird. In 3.10 spricht Horaz als vor der Tür der Angebeteten liegender Liebhaber. Laut Epode 11 war er mindestens schon einmal in einer solchen Situation (V. 21 f.; S. 106 f.), und da hatte er sich anscheinend anders verhalten als die *personae* der Elegiker Properz, Tibull und Ovid, die ihr Paraklausithyron darbieten und in der Regel bis zum Morgengrauen ausharren. Der Horaz der Ode 3.10 erweckt in den ersten 18 von insgesamt 20 Versen des Gedichts den Anschein, als sei er bereit, die vorgegebene Rolle gleichfalls so zu spielen, «wie sie im Buche steht». Denn er klagt und bittet mit äußerstem Pathos, ja singt ein wirklich formschönes Lied, wie sich etwa an der Lautmalerei der folgenden Verse zeigt (5–7a):

audis, quo strepitu ianua, quo nemus
inter pulcra satum tecta remugiat
uentis?
(Hörst du, mit welchem Getöse die Tür, mit welchem der Hain, der im Innenhof deines schönen Hauses gepflanzt ist, heult im Winde?)

Die Häufung der «u» im Originaltext ahmt deutlich nach, was Horaz hört. Doch anders als seine elegischen Kollegen ist er offenbar nicht gewillt, sich das noch allzu lange zuzumuten, denn nachdem er Lyke in einem sich über sechs Verse erstreckenden Satz regelrecht um Gnade angefleht hat, beendet er das Gedicht mit den Worten (19 f.):

Nicht für immer wird die Schwelle und das Wasser
des Himmels ertragen meine Seite.

Good bye Lyke, wir kommen zu Lyde; sie war schon einmal kurz in 2.11.22 erwähnt, und in 3.28 wird Horaz sie zum Weintrinken und einem Wechselgesang auffordern. In 3.11 redet er sie nicht direkt an, sondern zunächst Merkur als den Erfinder der Lyra, und dann wendet sich Horaz an das Instrument: Es soll Weisen erklingen lassen, denen Lyde, die noch die Berührung eines Mannes scheut, ihr «sprödes Ohr neigen» möge (7 f.). Nachdem Horaz die Lyra daran erinnert hat, daß sie Tiger und Wälder als ihre Begleiter mit sich führen, Flüsse hemmen sowie die Ungeheuer und die Büßer im Hades bezaubern konnte – wie in 2.13.33 ff. evoziert er den Orpheus-Mythos –, bittet er sie um ein Lied, aus dem Lyde vom Frevel und der Bestrafung der Töchter des Danaus erfahren könne. Diese, 50 an der Zahl, hatten im Auftrag ihres Vaters in der Brautnacht die ihnen vermählten 50 Söhne des Aegyptus ermorden sollen und das dann auch fertiggebracht – außer einer: Hypermestra; die Worte, mit denen sie ihren Mann zur Flucht ermahnt, lesen wir bei Horaz in V. 37–52. Für Lyde soll die Moral von der Geschicht' wohl sein: «Sei du ebenso nett zu Horaz, Lyde!» Freilich bestehen ansonsten keinerlei Übereinstimmungen zwischen der Situation des Dichters und derjenigen des Bräutigams der Hypermestra, so daß die Analogie etwas erzwungen wirkt.

Warum also gerade dieser Mythos? Vielleicht hatte Horaz einen speziellen Grund, ihn in sein Liebesgedicht einzubauen. Der Dichter und seine

Zeitgenossen konnten, wenn ihnen danach war, neben dem Apollo-Tempel auf dem Palatin in einer Säulenhalle spazierengehen, in der Statuen der Danaïden und ihres Vaters aufgestellt waren. Es sieht alles danach aus, daß Augustus mit dem Kunstwerk zum Ausdruck bringen wollte, die Tötung der Söhne des Aegyptus präfiguriere das Ende der Kleopatra (und sei deshalb auch keineswegs zu verurteilen). Nun verwendet Horaz die ihnen zugrunde liegende Sage aber nicht im Rahmen der «Römeroden», in den er sie wohl gut hätte einfügen können, sondern als Teil des überwiegend erotischen Odenzyklus, der darauf folgt. Es könnte also sein, daß er sich dafür entschied, weil die Säulenhalle mit den Danaïden, wie bei Ovid zu erfahren ist, ein Ort war, an dem junge Männer versuchten, eine hübsche Freigelassene kennenzulernen (*Liebesgedichte* 2.2.3 f.; *Liebeskunst* 1.73 f.). Falls Horaz damit rechnete, daß seine Leser daran dachten, dann würde er wohl zwischen den Zeilen von 3.11.25 ff. scherzhaft sagen wollen, der Mythos von den Töchtern des Danaus, den der Prinzeps gewissermaßen politisch interpretierte, beinhalte denn doch auch eine Liebesgeschichte, und darum eigne sich die Statuengruppe bestens als Hintergrund für amouröse Kontakte.

Neobule heißt die Frau, die in 3.12 angeredet wird – von sich selbst, wie manche Erklärer annehmen, aber doch wohl eher von Horaz. Das letzte Gedicht des Zyklus ist besonders exponiert, weil der Dichter hier nochmals ein im gesamten Lyrikkorpus einzigartiges Versmaß wählte: den Joniker mit der Silbensequenz |*kurz*|*kurz*|*lang*|*lang*|, der im Deutschen |*unbetont*|*unbetont*|*betont*|*unbetont*| entspricht; in 3.12 haben wir das System vierzigmal. Eine auch nur annähernd wörtliche metrische Übersetzung des Originaltextes ist nicht möglich, aber der erste Vers des Alkaios-Gedichts, das Horaz als Vorbild diente (10 Voigt), läßt sich relativ genau nachahmen (hier hören wir ganz sicher die Stimme des Mädchens):

Ach, ich Árme, bin doch gǎnzlich in das Élend ich geráten!

Die Misere, in der sich Neobule bei Horaz befindet, ist diese: Sie träumt bei der Wollarbeit von dem schönen Hebros, aber wagt nicht, sich mit ihm zu treffen oder wenigstens ihren Kummer mit Wein zu vertreiben, weil sie Sterbensangst vor den Scheltworten ihres Onkels hat. Dabei ist Hebros sogar noch attraktiver als Enipeus in 3.7, denn er kann nicht nur hervorragend schwimmen und reiten, sondern ist auch ein unbezwingbarer Boxer und Sprinter, ja weiß auch auf der Jagd Hirsche und Eber zu erlegen. Wie sich zeigt, schafft der Dichter einen deutlichen Bezug zur ersten Ode des Zyklus. Aber jetzt braucht er nicht für den Jüngling zu werben, da Neobule diesen längst heftig begehrt. Da sitzt sie nun und schaut im Geist ihren Schwarm, muß aber das Arbeitspensum erledigen, und der eintönig und scheinbar ohne Ende dahinklappernde Rhythmus, der die Vergegenwärtigung der Szene begleitet, vermittelt die Vorstellung, daß Neobule so wohl immer wird dasitzen und Wolle spinnen müssen.

Für jeden etwas

Im dritten Odenbuch folgen auf die beiden Zyklen 3.1–6 und 7–12 elf Gedichte, die inhaltlich keine Einheit bilden (13–23); dann mündet das Buch in eine Gruppe von sechs Oden, die alle auf den Schluß vorausdeuten (24–29), und den Epilog (30). An der Gedichtreihe 3.13–23 fällt auf, daß sie stofflich besonders variabel ist: Wir lesen hier Oden zu den Themen «poetische Selbstreflexion» (13), «Augustus» (14), «Erotik» (15; 20), «Lebenswahl» (16; 23) und «Wein» (17; 19; 21) sowie zwei Götterhymnen (18; 22). Es sieht so aus, als wolle Horaz vor dem Finale noch einmal die gesamte Spannweite seines lyrischen Diskurses vor Augen führen. Im laufenden Abschnitt betrachte ich zunächst die Oden 3.13–16, die bis auf das sapphische Gedicht 3.14 in asklepiadeischen Metren verfaßt sind; wir haben hier die Systeme III (13), IV (15) und II (16). System IV erscheint innerhalb der Sequenz 3.17–23, der ich mich danach zuwende, noch einmal in Nr. 19, während Horaz die übrigen Oden teils in alkäischen, teils in sapphischen Strophen geschrieben hat (17; 21; 23 bzw. 18; 20; 22).

Poetik – Augustus – Erotik – Lebenswahl

In der ersten Hälfte der Ode 3.13 redet Horaz die Quelle Bandusia an, die sich vermutlich auf seinem Sabinum befindet, und verspricht, ihr am nächsten Tag einen jungen Bock zu opfern (1–8). Man fühlt sich an ein Weihepigramm erinnert und glaubt, die Intention des Dichters sei lediglich, der Quellnymphe seine Reverenz zu erweisen. Das mag man auch noch bei Lektüre der dritten Strophe denken, wo er in den Du-Stil eines Hymnus übergeht und hervorhebt, daß Bandusia selbst bei glühender Hitze dem Vieh kaltes Wasser spendet. Doch die vierte Strophe eröffnet den Blick für eine zweite Sinnebene (13–16):

Werden wirst auch du eine der berühmten Quellen,
weil ich besinge die Steineiche, die da steht auf den hohlen
  Felsen, von denen deine geschwätzigen
    Wasser herabspringen.

Hatte der Dichter in Ode 1.1.35 Maecenas gebeten, ihn unter die griechischen Lyriker einzureihen, so ordnet er jetzt «eigenmächtig» seine Bandusia Quellen wie Kastalia, Hippokrene und Arethusa zu, aus denen andere Dichter ihre Ideen schöpften. Während die Kollegen durch die Quellen berühmt wurden, ist Horaz es bereits und überträgt das nun auf das Wässerchen in seiner Nähe – man sieht, sein poetisches Selbstbewußtsein ist gegenüber 1.1 beträchtlich gestiegen. Freilich macht die Bildersprache des Gedichts deutlich, daß Bandusia speziell für die Inspiration zum Verfassen von «kleiner» Poesie geschaffen ist, und das bewirkt einen Ausgleich zu der großartigen Pose, die Horaz in V. 13–16 einnimmt.

Es ist wohl kein Zufall, daß der Dichter im nächsten Gedicht (3.14) anhand einer erneuten Aussage über sein Verhältnis zu Augustus demonstriert, wie er das Pathos einer Huldigung an den Herrscher durch humorvolle Schilderung einer Szene, die ihn als den Untertan in seiner eigenen Welt zeigt, zu kompensieren versteht. Denn wie in 3.13 haben wir hier das Nebeneinander von gewaltiger Geste und Bekenntnis zur kallimacheischen Form. Der Text beginnt in dem Stil, den wir von den bisherigen Augustus-Gedichten und besonders den Römeroden gewohnt sind (1–4):

Er, der nach Art des Herkules, wie es eben noch hieß, o Volk,
um den Preis seines Lebens nach dem Lorbeerkranz gestrebt habe,
Caesar, strebt zurück zum heimischen Herd von der spanischen
  Küste als Sieger.

Es folgt der Wunsch des Dichters, die Gattin des Prinzeps (gemeint ist Livia) möge, froh über ihren einzigartigen Mann, eine Prozession von Frauen zu den Heiligtümern anführen, in der außer ihr und der Schwester des Augustus (Octavia) die Mütter der Jungfrauen und jungen Männer, die nun errettet sind, mitgehen sollen. Anschließend vernehmen wir, wie Horaz zum ersten Mal die positiven Ergebnisse der Kriege mit Feinden des Reiches und der dabei errungenen Siege preist (13–16):

Dieser für mich wahrhaft festliche Tag wird die schwarzen
Sorgen vertreiben: Ich werde nicht Aufruhr
und nicht gewaltsam zu sterben fürchten, solange Caesar
  die Länder regiert.

In dieser Strophe vollzieht Horaz, indem er vor allem von sich selbst redet, den Übergang von «offiziellem» zu «privatem» Sprechen und schafft sich so die Voraussetzung, uns zu erzählen, wie er persönlich den für ihn festlichen Tag zu feiern gedenkt. Er befiehlt einem Knaben, Salböl, Kränze und einen Weinkrug aus der Zeit des Bundesgenossenkrieges (91–87 v. Chr.) zu holen, falls ein Tongefäß sich vor Spartakus verstecken konnte. Außerdem erteilt der Dichter diesen Auftrag (21–24a):

Sag auch der hellsingenden Neaera, sie soll eilen,
ihr mit Myrrhe parfümiertes Haar im Knoten zu binden.
Wenn es aber durch den verhaßten Türhüter eine Verzögerung
gibt – ...

Ja, was dann? Soll der Knabe dem Pförtner eins auf die Rübe geben? Weil Horaz den nicht mag, erwarten wir eigentlich das oder etwas Ähnliches. Nein, dann soll der Knabe wieder fortgehen. Wie bitte? Aber dann kommt auch kein musikalisches Mädchen wie in 2.11.21–24! Warum der freiwillige Verzicht? Der Dichter verrät es uns in der letzten Strophe:

Es beschwichtigt weiß werdendes Haar den Mutwillen,
der nach Streit und verwegenen Raufereien begierig ist.
Nicht hätte ich dies ertragen, hitzig wie ich war in meiner Jugend,
als Plancus Konsul war.

Horaz meint 42 v. Chr., das Jahr der Doppelschlacht bei Philippi. Da ist sie auf einmal wieder, die Erinnerung an damals, als der 22jährige Militärtribun im Kampf gegen Octavian nur knapp dem Tod entging – wie hoffentlich der Weinkrug dem Spartakus! Es hat sich – das dürfen wir an der Schlußpointe ablesen – eindeutig gelohnt, auf die Seite des späteren Augustus überzuwechseln. Auch und gerade diese Entscheidung ist nach der Rückkehr des Prinzeps aus Spanien ein Grund zum Feiern.

Der Gedanke, daß man sich alterskonform verhalten soll, verbindet 3.14 mit dem nächsten Gedicht (3.15). Horaz wendet sich darin an eine verheiratete Frau namens Chloris, die er, weil sie dem Tod bereits nahe sei, dazu auffordert, nicht mehr mitten zwischen jungen Mädchen «herumzutollen» (V. 5: *ludere;* das Wort hat hier wie auch sonst oft eine erotische Konnotation), sondern es ihrer Tochter Pholoë zu überlassen, Liebesabenteuer zu erleben. Für Chloris gehöre sich jetzt die Wollarbeit; die Lyra, die Rose und der bis zur Neige ausgetrunkene Krug schickten sich nicht mehr für sie – aus, vorbei! Spielt der Dichter darauf an, daß auch er wieder einmal ein Ende erreicht hat, nämlich das der ersten Hälfte von Buch 3? Vielleicht. Auf jeden Fall markiert er den Anfang der zweiten Hälfte dadurch, daß er in 3.16.20 erneut – wie schon in *Sat.* 1.6.1, *Epo.* 9.4, *Od.* 1.20.5 und 2.12.11 – in der Buchmitte Maecenas anredet; außerdem bilden 3.16 und das ebenso dem Freund gewidmete Gedicht 3.29 (auf das nur noch der Epilog folgt) die beiden Eckpfeiler der zweiten Buchhälfte. Da Horaz den Schluß der jeweils ersten, wie wir bereits feststellen konnten, öfters als solchen erkennbar macht (*Sat.* 1.5.104; S. 72; *Od.* 1.19.13–16; S. 125; 2.11.18 ff.; S. 135; *Epi.* 1.10.49 f.; S. 55 f.), möchte ich eigentlich vermuten, daß er zeitgenössische Rezitatoren damit implizit zu einer Lesepause aufforderte. Doch mehr nicht zu dem damit angesprochenen Thema «Gedichtbuchlektüre in augusteischer Zeit»! Denn hier kann man nicht viel mehr tun, als immer wieder beklagen, daß darüber so gut wie nichts bekannt ist.

Noch etwas war schon zu beobachten: Horaz kritisiert am Anfang von Gedichtreihen mehrfach das Streben nach Reichtum (*Sat.* 1.1.41 ff., *Epo.* 1.33; *Od.* 2.2; 3.1.9 ff.; ferner *Epi.* 1.1.33–35). So nun auch in Ode 3.16. Hier beginnt der Dichter damit, durch Beispiele zu belegen, daß dem Gold sich alle Türen öffnen (1–16). Doch er weiß nur zu gut – und viele andere dürften es ebenfalls wissen, weil der Vers laut Büchmann zu den «geflügelten Worten» zu zählen ist (17):

crescentem sequitur cura pecuniam
(Wắchst dìe Géldmenge, fólgt Sórge ihr aúf dem Fúß)

Damit hat Horaz sein Stichwort für neue Ausführungen zu den alten Themen «*láthe biósas*» und «Zufriedenheit mit relativ bescheidenem Besitz». Er hält es wohl für wichtig zu betonen, daß ihm klar ist: Maecenas würde, wenn der Dichter mehr wollte, als er hat, sich nicht weigern, es ihm zu geben (38). Aber er will nun einmal nicht und bekräftigt das in den letzten Versen mit zwei Sentenzen: «Denen, die viel erstreben, fehlt viel.» – «Gut hat es, wem ein Gott gab mit sparsamer Hand, was genug ist» (42b–44). Geflügelt wurden beide Worte nicht, aber man sieht dennoch wieder einmal deutlich, wie es kommen konnte, daß man sich bei Horaz im Laufe der Jahrhunderte immer wieder Bonmots für alle Lebenslagen holte und er schließlich zum «zerstückelten Dichter» wurde (S. 14 f.).

Wein – Götter – Erotik – Lebenswahl

Innerhalb der Gedichtsequenz 3.17–23 lassen sich mit Hilfe inhaltlicher Kriterien zwei Triaden unterscheiden, die zusammen eine Ode in die Mitte nehmen: 17–19 setzen für die Sprechsituation als Jahreszeit den Winter voraus, 21–23 weisen eine religiöse Färbung auf, und dazwischen skizziert uns Horaz eine erotische Szene (20). Wer will, kann in der Wahl der kalten Jahreszeit als Hintergrund für 3.17–19 ein Schlußsignal sehen, zumal eines der ersten Gedichte der Lyriksammlung, die Horaz ursprünglich als ein dreiteiliges Korpus konzipiert haben dürfte, mit einer Beschreibung des Frühlings beginnt (1.4). Während es dort heißt, der Bauer finde keine Freude mehr am Herdfeuer (V. 3), empfiehlt Horaz in 3.17 dem Gedichtadressaten Aelius Lamia im Hinblick darauf, daß für den nächsten Tag mit Regen und Sturm zu rechnen sei, trockenes Holz zu stapeln, solange das noch möglich sei. Also kann die Freude am Herdfeuer sich wieder einstellen: Lamia wird morgen im Kreis seiner Sklaven zu Ehren seines Genius, einer Art Schutzengel, mit Wein und einem zwei Monate alten Ferkel eine kleine Party veranstalten. Einen Feiertag hatte Horaz auch in 1.4 erwähnt: den 13. Februar, an dem man dem Faunus zu opfern pflegte (V. 11 f.). Zu diesem Gott spricht der Dichter in 3.18 ein Gebet, in dem er den 5. Dezember nennt: Das sei das Datum eines Festes für den «Liebhaber der flüchtigen Nymphen» (1), welches das Dorf begehe; damit meint Horaz vermutlich einen Ort in der Nähe seines Landgutes, auf das er den Gott am Anfang der Ode zu kommen bittet. Auch den Faunus erwartet Wein, und das Trinken spielt dann in 3.19 eine wichtige Rolle. Die ersten drei Strophen der Ode lauten (1–12):

Wieviel später als Inachus
  Kodrus lebte, der nicht zu feige war, für seine Heimat zu sterben,
erzählst du, und vom Geschlecht des Äakus
  und wie geführt wurde der Krieg unter dem heiligen Troja.

Aber für welchen Preis wir einen Krug Chierwein
  kaufen können, wer uns Wasser wärmt mit Feuer,
durch wen, der sein Haus zur Verfügung stellt, und zu welcher Stunde
  ich frei sein kann von der pälignischen Kälte, verschweigst du!

Schenk rasch ein für den Mond, den neuen,
  schenk ein für die Nacht in ihrer Mitte, schenk ein, Knabe, für den Auguren
Murena: drei oder neun Schöpfkellen
  werden gemischt in die Becher, und zwar tüchtige.

Dies sagt Horaz zu Teilnehmern eines Gelages als der Symposiarch, der das Mischverhältnis von Wasser und Wein sowie die Menge der zu trinkenden Becher bestimmt. Gezecht wird offenbar auf Einladung Murenas – das ist zweifellos L. Licinius Murena, der Schwager des Maecenas –, weil er zum Auguren ernannt worden ist, und angefangen hat alles damit, daß jemand (der Gastgeber?) eine langweilige Rede über Fragen der Mythologie hielt. Der Dichter erklärt nun, wichtiger seien die mit der Vorbereitung eines Symposiums zusammenhängenden Probleme – vermutlich meint er das nächste Gelage – und waltet dann seines Amtes. Er ordnet an, mit wie vielen Schöpfkellen (neun ergaben etwa einen halben Liter) die einzelnen Becher gefüllt und auf wen oder was sie getrunken werden sollen; dabei verrät die Zahl der Buchstaben im jeweils von ihm gewählten Wort diejenige der Schöpfkellen: fünf für den Mond (*l-u-n-a-e*), sechs für die Nacht (*n-o-c-t-i-s*) und sieben für Murena (*M-u-r-e-n-a-e*). Jörg Rüpke, der das herausfand, schließt sicherlich mit Recht aus der Tatsache, daß Horaz sich selbst als *a-t-t-o-n-i-t-u-s* (angedonnert) bezeichnet (V. 14), dieses Adjektiv aber sonst nie verwendet, der Dichter bekräftige damit implizit seinen Anspruch auf neun Schöpfkellen (1996, 226). Horaz verkündet dann auch, es mache ihm Spaß, verrückt zu sein, und fragt, warum Flöte und Lyra stumm seien. Er wünscht sich, der alte Nachbar Lykus, zu dem seine (junge?) Frau nicht passe, möge sich über den Partylärm ärgern, und endigt mit einigen Erotika: Den Telephus begehre Rhode, ihn verbrenne seine Liebe zu Glykera. Der Text, der den bewegten Wechsel von Asklepiadeen und Glykoneen aufweist, ist wie 1.27 ein mimetisches Gedicht (S. 129), da man sich anhand der Worte des Dichters eine Szenensequenz vorstellen kann: gelehrter Vortrag – Einschenken des Weins – allgemeine Ausgelassenheit – Gespräche über «Thema Nr. 1».

Das vorletzte Wort in 3.19, *amor*, liefert die gedankliche Verbindung zu 3.20. Hier warnt Horaz einen Pyrrhus vor der Gefahr, die diesem drohe, wenn er den Knaben Nearchus dessen (namentlich nicht genannter) Partnerin wegnehme, und prophezeit Pyrrhus eine Rauferei mit ihr. Der besondere Reiz des Gedichtes liegt darin, daß Horaz wieder einmal mit ganz wenigen Strichen ein eindrucksvolles Bild malt, indem er beschreibt, wie Nearchus sich (laut dem Ondit) verhält, während die beiden Rivalen sich zum Kampf rüsten (11–14):

Der Schiedsrichter des Kampfes hat unter seinen nackten
  Fuß die Siegespalme gelegt,

sagt man, und erfrischt durch eine leichte Brise
seine Schulter, die übergossen ist von duftenden Locken.

Solche Anmut, die den Dichter an diejenige der mythischen Beaus Nireus und Ganymed erinnert, muß die zwei Konkurrenten natürlich kräftig anspornen. Dazu schreibt Horaz aber nichts, sondern er führt uns über die Motive «Liebe» und «Streit» zu Ode 3.21, die wie folgt beginnt (1–8):

O du, geboren mit mir, als Konsul war Manlius,
ob du Klagen oder Scherze herbeiführst
  oder Streit oder rasende Liebe
    oder, du treues Gefäß, leichten Schlaf,

zu welchem Zweck auch immer du den erlesenen Massikerwein
aufbewahrst, du, wert, herbeigeschafft zu werden an einem glücklichen Tag,
  steige herab, weil Corvinus gebietet,
    hervorzuholen mildere Weine.

Das Gedicht ist besonders deswegen bekannt, weil Horaz darin einen Weinkrug statt eines Gottes im Du-Stil des Gebetshymnus zu sich herabzusteigen bittet (nämlich aus der Vorratskammer oben im Haus – nicht vom Himmel) und, entsprechend den Gesetzen der Gattung, die Fähigkeiten des Angeflehten aufzählt (13–20), hier zum Beispiel diejenige, ängstlichen Seelen Hoffnung zurückzugeben. Wichtig ist freilich auch, daß der Dichter in zwei Strophen von einem mächtigen und reichen Freund redet: M. Valerius Messalla Corvinus, der wie Maecenas zeitgenössische Poeten förderte. Er wurde wahrscheinlich im selben Jahr wie der Weinkrug geboren und damit auch im selben Jahr wie Horaz (65 v. Chr.), und es könnte sein Geburtstag sein, zu dem der Dichter die Ode verfaßt hat. Die beiden sind nicht nur etwa gleichaltrig, sondern haben zusammen in Athen studiert, unter Brutus bei Philippi gekämpft und gingen zu Octavian über. Man darf daher annehmen, der Text weise wie 3.14 versteckt darauf hin, daß für Horaz auch sein einstiger Entschluß, zur Partei des (späteren) Prinzeps überzuwechseln, stets ein Grund zum Feiern ist.

Auf die Gebetsparodie läßt der Dichter mit 3.22 die Anrufung einer richtigen Gottheit folgen. Er wendet sich in einem nur aus zwei sapphischen Strophen bestehenden Gedicht an Diana als Hüterin der Berge und Haine und als Geburtshelferin und weiht ihr eine Pinie, die seine Villa (vermutlich auf dem Sabinum) überragt: Diese wolle er nun jährlich mit dem Blut eines Frischlings beschenken. Auf engstem Raum verknüpft er die Diktion des Hymnus (Strophe 1) mit derjenigen des Weihepigramms (Strophe 2) und schafft so eines seiner Meisterwerke der extrem «kleinen» Form – kurz bevor er mit 3.24 die augusteische Thematik wieder aufgreift und uns so etwas wie eine siebte «Römerode» vorlegt. Man kann ja über der Lektüre der Gedichte 17–22 schier vergessen, daß Buch 3 mit den sechs umfangreichen, fast zur «großen» Dichtung gehörigen Texten eröffnet wurde. Die letzte in der Reihe dieser Oden, 3.6, hatte mit einem Appell zur Besinnung auf die einst allgemein empfundene, in den Bürgerkriegen aber vernachlässigte Ehrfurcht vor den Göttern begonnen und am Ende Sittenlosigkeit am Beispiel einer stets auf außerehelichen Sex bedachten Frau angeprangert. Jetzt präsentiert das Gedicht 3.23 mit der darin apostrophierten Bäuerin Phidyle eine Kontrastfigur: das einzige weibliche Wesen im Lyrikkorpus, das nichts mit der Welt des Eros zu tun hat und zudem der Vorstellung von Frömmigkeit, wie sie ein kallimacheischer Poet gutheißen dürfte, auf ideale Art entspricht. Sie bringt nämlich stets sehr bescheidene Opfer dar, und Horaz, der sich ja selbst immer wieder zu einer möglichst schlichten Lebensform bekennt, versichert Phidyle, daß sie dasselbe erreicht wie andere mit aufwendigen Gaben an die Unsterblichen. Der Dichter hat diesen Text wie 3.6 in alkäischen Strophen verfaßt und so auch durch die äußere Form eine Brücke zu dem großen Gedicht geschlagen, in dem er seinen Zeitgenossen die Rückkehr zu altrömischer Religiosität rät.

Finale mit Ausblick

Bevor Horaz Buch 3 und zugleich seine Lyriktrilogie mit dem Epilog beschließt (3.30), rundet er die Sammlung durch sechs Gedichte ab, die den Leser auf das Ende einstimmen. Als erstes ergänzt er die Buch 3 eröffnenden sechs «Römeroden» durch zwei Gedichte, in denen er dort schon geäußerte Gedanken rekapituliert beziehungsweise modifiziert (3.24) und auf eine neue Art des Herrscherpreises vorausblickt (3.25); da er für beide Texte dasselbe Versmaß gewählt hat – Asklepiadeen und Glykoneen in bewegtem Wechsel –, sind sie nicht nur inhaltlich, sondern auch formal eng verbunden. Auf Augustus folgt die Liebe: Sie ist der Stoff der Oden 3.26–28, mit denen Horaz sich von der erotischen Poesie verabschiedet. Hier erscheint jeweils in den letzten Versen Venus, was man als Indiz dafür sehen mag, daß 3.26–28 als Triade begriffen sein wollen. Ode 3.29, aus 16 alkäischen Strophen bestehend und damit eine der längsten in Buch 1–3, ist an Maecenas gerichtet und konfrontiert mit der Existenz, die dieser als Politiker führt, die Auffassung des Dichters von einem glücklichen Dasein. Da Horaz in Ode 1.1, die mit dem Namen Maecenas einsetzt, seine Tätigkeit als Lyriker anderen Berufen gegenübergestellt hatte, sind das erste und das vorletzte Gedicht der Sammlung durch die Themen «Dichtungswahl» und «Lebenswahl» aufeinander bezogen und bilden so einen Rahmen. Formal ist dieser auf den Epilog ausgedehnt, weil 3.30 mit 1.1 ein sonst nur noch in 4.8 benutztes metrisches System gemeinsam hat, die Aneinanderreihung asklepiadeischer Verse.

Horaz beginnt Ode 3.24, in der er sich an ein anonymes Du wendet (ist es vielleicht wie in 3.6 «der Römer»?), mit der Wiederaufnahme des Motivs «Reichtum schützt nicht vor Todesangst», entfaltet aber dann eines, das man sonst nur aus ethnographischen Schriften wie der *Germania* des Tacitus kennt: Barbarenvölker wie die Skythen und Geten leben glücklich, denn sie beackern ein allen gehörendes Land und erfreuen sich familiären Friedens, da zum Beispiel die Frauen ihre Männer nicht betrügen (V. 9–24). Hier erinnern wir uns an 3.6 und denken an die Bemühungen des Prinzeps, das Sexlife der Römer durch Gesetze zu reglementieren (S. 25). Der Dichter kommt auch gleich auf Augustus zu sprechen – er nennt ihn «Vater der Städte» (27) – und legt in V. 33 ff. dar, daß jetzt gegen die depravierte Moral seines Volkes vorgegangen werden solle. Zuvor jedoch weist er noch einmal auf die wichtigste Vorbedingung für die Regeneration des Staates hin: Das Morden und Rasen unter den Bürgern müsse beendet werden (25 f.). Ist es das nicht längst? Nun, wir befinden uns im Jahr 23 v. Chr., in dem es ja eine prinzipatsfeindliche Verschwörung gab, Augustus also seine Gegner noch nicht endgültig bezwungen hatte, und für Horaz kann von einem Bruderkampf innerhalb seiner Nation wohl erst dann nicht mehr die Rede sein, wenn die neue Staatsordnung uneingeschränkt anerkannt wird. Mit seiner Sittenkritik in den restlichen Strophen des Gedichtes zielt Horaz dann auch auf Erscheinungen des öffentlichen Lebens, an denen der Prinzeps Anstoß nahm: Der Dichter mißbilligt, daß man allgemein nach Luxus strebe und daß die Jugend verweichliche, und beides wurde von Augustus bekämpft. Er erließ *leges sumptuariae* (Gesetze über den Aufwand) und sorgte für die Disziplinierung junger Männer in Körperschaften, die *collegia iuvenum* hießen. Runzeln wir jetzt die Stirn, weil wir unselige Analogien in einer gewissen Epoche der deutschen Geschichte assoziieren? Wir dürfen das, sollten uns aber vielleicht dennoch davor hüten, die römische Gesellschaft des 1. Jahrhunderts v. Chr. aus moderner Sicht zu beurteilen.

Für uns heute nicht ganz leicht nachzuvollziehen ist auch, was Horaz in 3.25.1–8a schreibt:

Wohin, Bacchus, reißt du mich, den von dir
  Erfüllten? In welche Haine und welche Höhlen werde ich getrieben,
beschwingt von einer neuartigen Eingebung? In welchen
  Grotten wird man hören, wie ich darauf sinne, des erhabenen

Caesar ewigen Glanz
  den Sternen einzufügen und dem Rat Jupiters?
Ich werde Einzigartiges, Neues, bis jetzt von anderem Munde
  Ungesagtes sagen.

Gut, wir wissen schon: Wie in 2.19 symbolisiert hier die Ekstase, in welche die Anhänger des Bacchus sich in der Antike durch ihn versetzen ließen, das von Horaz empfundene Hochgefühl des Verlangens nach adäquater poetischer Würdigung der Taten des Augustus. Also begreifen wir auch, daß er sich als einen zur Herrscherpanegyrik Inspirierten in 8bff. sogar mit einer Mänade vergleicht – selbst wenn man in unserer Zeit einige Probleme damit hat, sich vorzustellen, daß ein Dichter, um dem obersten Landesherrn seine Verehrung bekunden zu können, in eine Art Rausch geraten muß. Aber nun hatte Horaz schon nach der ersten Erleuchtung durch die göttliche Eingebung «Lieder, die nie gehört wurden» (3.1.2 f.) zur Demonstration seiner Loyalität gegenüber dem Prinzeps gesungen, die «Römeroden». Bereits dort hatte er prophezeit, Augustus werde einst unter den Göttern weilen (3.3.11 f.), und so darf man fragen: Was soll nun noch «Einzigartiges, Neues, bis jetzt von anderem Munde Ungesagtes» kommen? Ganz ratlos ist man dann, wenn man die in Buch 3 hinter Nr. 25 plazierten Gedichte betrachtet und bemerkt, daß sich darin nichts von dem in der Ode Verheißenen findet. Sind es etwa die Augustus-Gedichte des vierten Odenbuches, auf die uns der Dichter vorbereitet? Das ist schwer denkbar, da dieses Buch erst rund 13 Jahre nach dem dritten erschien und vom Dichter wohl nur deswegen geschrieben wurde, weil er sich durch den Auftrag, das *Carmen saeculare* zu komponieren, zur Wiederaufnahme der Tätigkeit als lyrischer Dichter angeregt sah. Freilich besteht die Möglichkeit, daß er schon im Jahre 23 v. Chr. plante, irgendwann einmal wieder Oden zu verfassen. Doch das muß offen bleiben, und so können wir nur eines konstatieren: Mit Buch 4 seines Lyrikkorpus dürfte Horaz ausgeführt haben, was er in 3.25 angekündigt hatte, und er stellte deswegen, wie noch gezeigt werden soll, Rückbezüge zu dem Gedicht her.

In 3.26–28 nimmt er Abschied von der erotischen Lyrik und damit von der Lyrik überhaupt, da er als ihr Hauptthema mehrfach «Scherz und/oder Venus» genannt hat (S. 42, 136, 152). 3.26 ähnelt wie Strophe 2 von 3.22 einem Weihepigramm. Horaz verwendet hier eine in antiken Liebesgedichten beliebte Metapher: Er vergleicht sich als einen Mann, der für die Mädchen «gelebt» hat, mit einem Soldaten, und weil sein – nicht ruhmloser! – Dienst nun beendet ist, wie er sagt, deponiert er in einem Venus-Tempel seine «Waffen»: die Lyra zusammen mit den Fackeln (die er beim Gang zu nächtlichen Stelldicheins benötigte), und die Werkzeuge, mit denen er, falls ihm das Liegen auf der Schwelle nicht mehr gefiel, die Tür aufbrechen konnte. An ein Epigramm erinnert der Text auch insofern, als er kurz ist und in eine Überraschungspointe ausläuft (V. 9–12):

O Göttin, die du das glückliche Cypern beherrschst und
Memphis, das frei ist von thrakischem Schnee,
Königin: Mit hoch erhobener Geißel
triff einmal nur die hochmütige Chloë.

Wir können uns hier allerdings nicht an einem unerwarteten Witz erfreuen, sondern müssen rätseln, was Horaz mit dem letzten Satz meint. Wünscht er sich ein sozusagen offizielles «letztes Mal» und möchte es mit Chloë genießen, die sich ihm ja wohl bisher verweigert hat? Möglich wäre auch, daß er lediglich erleben will, wie die spröde Dame wenigstens einmal selbst spürt, welche Schmerzen unerwiderte Liebe bereiten kann.

Vor mehrere Schwierigkeiten stellt die Interpreten das 19 sapphische Strophen umfassende Gedicht 3.27. Horaz spricht hier zu einer Frau namens Galatea, die eine Seereise plant. Da er erst von schlechten Omina redet, dann zwar um gutes Wetter für die Fahrt zu beten verheißt und der Frau Glück wünscht, aber auch von Anzeichen für einen Sturm wissen will, darf man wohl folgern: Er ist mit Galateas Vorhaben nicht einverstanden, weil er sie liebt und deshalb möchte, daß sie bei ihm bleibt. Doch das artikuliert er nicht explizit. Es wird auch nicht recht klar, warum er von den Gefahren der Unwetter auf dem Meer zu den im Wasser hausenden Ungeheuern überleitet, die Europa im Mythos zu fürchten hat, als sie auf dem Rücken des in einen Stier verwandelten Gottes Jupiter über die Wogen gleitet. Denn Horaz begnügt sich nicht mit der Analogie, sondern erzählt nun die ganze Geschichte in 52 Versen (25–76), von denen er 33 Europa in den Mund legt. Sollen wir etwa denken, Galatea wolle zu einem Mann fahren, der Taurus (Stier) heißt (einen solchen Beinamen gab es in augusteischer Zeit), und Horaz warne sie durch das Beispiel der Europa-Sage vor den «Verwandlungskünsten», also der Unzuverlässigkeit dieses Mannes? Das kann man während der Lektüre des Monologs der Europa mutmaßen; hier klagt sie sich nämlich selbst an, weil sie dem Stier zuliebe die Heimat verlassen hat. Aber Horaz schildert dann noch, wie plötzlich Venus auftaucht und Europa verkündet, sie sei jetzt Jupiters Gattin und ein Teil des Erdkreises werde ihren Namen tragen. Warum ein solches Happy-End, wenn die Geschichte abschrecken soll? Bekommen wir Einblick in die Seele eines enttäuschten Liebhabers, der einerseits seinem Ärger über die Untreue der Angebeteten, andererseits seiner durchaus nicht beeinträchtigten Zuneigung Ausdruck verleiht und diese am Ende siegen läßt? Eine solche Interpretation könnte sich darauf berufen, daß Horaz sich schon in 3.26 vom Eros befreit hat. Denn das würde er durch seine versöhnliche Haltung beim Abschied von Galatea bestätigen. Vielleicht wird man sich also mit dieser Deutung zufriedengeben.

Wer dazu nicht bereit ist, mag eine allegorische Interpretation probieren. Die Basis dafür soll sein, daß es in 3.27, dem drittletzten Gedicht der Sammlung, wie in dem dritten um eine geplante Seereise geht. Nun spricht, wie wir sahen, einiges dafür, daß die von Vergil in 1.3 angetretene Fahrt für seine Arbeit an der *Aeneis* und somit für diese das Schiff steht (S. 117). Könnte dasjenige der Galatea nicht die Lyriktrilogie des Horaz symbolisieren, die zu den Lesern «segeln» wird, wenn er 3.28–30 geschrieben und dann Buch 3 abgeschlossen hat? Eine Bestätigung liegt vielleicht darin, daß den Anlaß für 3.28 ein Neptun-Fest liefert (am Geburtstag des Dichters? Vgl. S. 15 f.) und Horaz sich am Ende von 3.29 als Insasse eines Bootes präsentiert. Letzteres ist wohl nicht nur – wie gleich zu zeigen sein wird – sein «Lebensschiff», sondern auch Metapher für seine «kleine» Poesie. Der Tag des Meergottes wiederum eignet sich sehr gut für den definitiven Abschied von Liebe und Liebesdichtung, weil Horaz in 1.5, seiner ersten erotischen Ode, erzählt hat, daß er die von seinem Schiffbruch in der «sea of love» nassen Kleider in einem Neptun-Tempel aufgehängt habe. Jetzt, in 3.28, möchte der Dichter mit Lyde, wenn sie den Caecuberwein hervorgeholt hat, im Wechsel den Meergott und die Nereïden besingen. Als nächstes wünscht er sich von Lyde ein Lied über Latona und Diana. Im letzten Gesang soll Venus gefeiert werden, aber dann noch einer über die personifizierte Nacht folgen, und zwar als «Klagelied, das sie verdient» (16). Warum dies? Umgibt Nacht nicht Liebende, ist ihnen also willkommen? Gewiß, aber sie läßt auch an das Sterben denken, wie zum Beispiel Catulls Gedicht Nr. 5 belegt; darin erklärt er Lesbia, er wolle mit ihr leben und lieben, ohne sich um das Gezeter strenger Greise zu scheren, und fährt dann so fort (4–6):

Sonnen können sinken und wiederkehren,
doch ist einmal erloschen unser kurzes Lebenslicht,
müssen wir eine einzige Nacht fortwährend schlafen.

Sollte tatsächlich mit der Nacht in 3.28 der Tod gemeint sein, dann hat Horaz uns durch die letzte der drei erotischen Oden in Buch 3 schon ein wenig auf die in 3.29 thematisierte Lebensphilosophie vorbereitet. Wie 1.20 und 3.8 beinhaltet das Gedicht eine Einladung an Maecenas zum Weintrinken, vermutlich auf dem Sabinum. Anlaß ist, wie der Dichter sagt, daß gerade die heißeste Zeit des Jahres sei und der Freund sich dennoch mit sorgenschweren Gedanken darüber, was dem Reich von den auswärtigen Feinden drohe, in Rom aufhalte. Aber – und nun variiert er wieder bereits geäußerte Gedanken – ein weiser Gott bedecke die Zukunft mit dunkler Nacht (da ist sie wieder!), und deshalb möge der Freund das, was gegenwärtig ist, gleichmütig regeln; dies ist das bequem durch die Chiffre *carpe diem* zu bezeichnende Motiv, welches Horaz nun noch einmal in vier Strophen behandelt (32b–48). Dann kommt er von der Launenhaftigkeit Fortunas, der er Ode 1.36 gewidmet hatte, zu sich selbst als einem Menschen, der das Schicksal zu nehmen wisse, wie es sich fügt, und «die brave Armut ohne Mitgift» wähle, um so zu schließen (57–64):

Nicht ist es meine Sache, falls in afrikanischen Stürmen
der Mast stöhnen sollte, zu elenden Bitten
mich eilends zu erniedrigen und mit Gelübden zu erhandeln,
daß meine cyprischen und tyrischen Waren nicht

hinzufügen Reichtum dem gierigen Meer.
Dann werden mich im Schutz eines zweirudrigen Bootes
sicher durch den Aufruhr der Ägäis
eine Brise tragen und die Zwillinge Kastor und Pollux.

Jetzt sitzt Horaz mit seiner «kleinen» Poesie nicht am kleinen Tisch, sondern im kleinen Kahn. Damit stimmt eigentlich nicht überein, was er in 3.30 sagen wird: Er habe mit seiner Lyriktrilogie ein Monument errichtet, welches dauerhafter sei als Erz, wobei er mit dem lateinischen Wort für «dauerhafter», *per-ennius*, auf den Verfasser eines umfangreichen Epos anspielt. Doch wir kennen die *persona* des Horaz nun gut genug, um zu wissen, daß dabei Selbstironie im Spiel ist. Denn der Dichter hat uns bisher mehrmals verkündet, im Bereich seines täglichen Lebens und seiner Poesie liebe er alles, was groß und erhaben ist, ganz und gar nicht.

Von Venus zu Augustus

Das erste Gedicht von Buch 4 der Oden eröffnet Horaz wie folgt (1–8):

Venus, lange unterbrochene
Kriege setzt du wieder in Bewegung? Schone mich, bitte, bitte!
Ich bin nicht mehr, wie ich war unter der Herrschaft
der lieben Cinara. Hör auf, süßer
Begierden grausame Mutter,
um das zehnte Lustrum mit zärtlichen Befehlen
mich, den schon Verhärteten, zu beugen. Geh fort,
wohin dich schmeichelnde Gebete junger Männer rufen.

Geradezu überdeutlich knüpft der Dichter an *Oden* 1–3 an. Hatte er der Liebesgöttin in 3.26 den «Militärdienst» aufgekündigt, so fordert sie ihren Soldaten nun zurück, obwohl er, der sich in 2.4.23 f. noch als 40jähriger vorstellte, jetzt um die 50 ist. Deshalb bezeichnet er sie, indem er 1.19.1 wörtlich zitiert, in V. 5 als *mater saeva Cupidinum*. Mit 1.19 hat 4.1 das vierte asklepiadeische Metrum gemeinsam, aber auch mit Ode 3.25, in der Horaz das Verfassen von Augustus-Panegyrik verheißen hatte. Zwar geht es in 4.1 nicht um den Prinzeps, sondern erst in 4.2.33 ff., aber Venus ist laut mythischer Überlieferung die Stammutter des julischen Kaiserhauses, und im letzten Vers des Buches wird sie als solche genannt werden (4.15.32). Außerdem schickt der Dichter die Göttin, nachdem er sie um Verschonung seiner Person gebeten hat, in das Haus eines jungen Mannes, der, wie wir wissen, in die Familie des Augustus einheiratete. Es ist Paullus Fabius Maximus, geboren um 44 v. Chr., Konsul 11 v. Chr. und vermählt mit Marcia, einer Kusine des Prinzeps. Wenn Horaz Venus erklärt, im Hause des Paullus erwarte sie Weihrauchduft, Musik und Tanz, spricht er vermutlich von der Hochzeit des jungen Mannes mit Marcia. Somit huldigt er dem Herrscher schon in 4.1 implizit. Er spricht dann von ihm in der dritten Person in 4.2 und 4, um ihn in 4.5 endlich direkt anzureden. Was Horaz selbst betrifft, erfreuen ihn nun, wie er in 4.1.29–32 behauptet, nicht mehr Frauen, Knaben und Symposien. Also scheint er über beste Voraussetzungen zu verfügen, sich gänzlich auf Oden zum Preis des Augustus und seiner Angehörigen zu konzentrieren. Doch plötzlich verkündet er in den letzten acht Versen von 4.1 (33–40):

Aber ach, warum, Ligurinus, warum
  rinnt immer wieder eine Träne über meine Wangen?
Warum stockt meine sonst beredte Zunge
  mitten im Wort in wenig geziemendem Schweigen?
In nächtlichen Träumen
  halte ich dich schon gefangen, schon folge ich dem Davonfliegenden,
dir, über die Wiesen des Mars-
  feldes, über Wasser, du Spröder, die dahinrollen.

Also doch noch Liebe neben Augustus – und Reflexion über das eigene Dichten, hier versteckt in der subtilen Paradoxie, daß das Verstummen des von neuer Liebe Ergriffenen ihn zur Wiederaufnahme des lyrischen Sprechens treibt. Eigentlich sind wir heutigen Leser ganz froh zu erfahren, daß die *persona* des vierten Odenbuches offenbar nicht nur Hochrufe von sich geben, sondern auch andere Themen behandeln wird. Horaz präsentiert wieder das Nebeneinander der politischen und der kleinen

Welt, wobei die zwei Bereiche noch näher in Berührung gebracht sind als in *Oden* 1–3. Otto Seel formuliert es besonders prägnant: «Am meisten bezeichnend für Horazens Spätlyrik ist die eigentümliche Engführung von privater Intimität und hochoffizieller Prinzipatsapologetik» (1972, 141 f.).

In den ersten sechs von insgesamt 15 Strophen der Ode 4.2 bietet Horaz uns ein Porträt Pindars als eines Vertreters «großer» Poesie innerhalb der Lyrik, und dem korrespondiert der große Atem einer sich über V. 5–24 erstreckenden Periode. Hier und in V. 25–32 geht es dem römischen Dichter darum, sich als Kallimacheer von Pindar abzusetzen: Wer diesem gleichkommen wolle, müsse sich auf Flügeln, wie Dädalus sie anfertigte, in die Lüfte erheben, doch er, Horaz, verfasse seine Gedichte nach Art der Biene, die, klein, wie sie ist, mit sehr viel Mühe Thymian sammle. Das erneute Bekenntnis zur «kleinen» Form hat einen konkreten Anlaß: Rom erwartet die Rückkehr des Augustus von einer Expedition gegen die Sugambrer (zu der er 16 v. Chr. aufbrach). Natürlich ist mit Sieg und Triumph zu rechnen, und wer darüber singen möchte, muß das nach Meinung des Horaz mit einem «größeren Plektrum» (V. 33) tun. Er ist dafür, wie sich aus seiner Selbstcharakteristik ergibt, ungeeignet. Übernehmen werde es Iullus Antonius, der Adressat von 4.2; er war der von Augustus' Schwester Octavia aufgezogene, um 44/43 v. Chr. geborene Sohn des Marcus Antonius. Während Iullus in seinem Lied (einer Ode nach Art Pindars?) von den Festtagen nach der Rückkehr des Herrschers kündet, wolle Horaz in seiner Freude über dieses Ereignis «O schöne Sonne, o rühmenswerte!» ertönen lassen (46 f.). Auch werde er zusammen mit den anderen Bürgern den Triumphgott anrufen und ein Opfer darbringen, freilich nur ein zartes Kälbchen, während von Iullus auf dem Altar zehn Stiere und zehn Kühe geschlachtet würden. Das klingt alles sehr bescheiden, enthält aber gleichwohl so viel indirekte Herrscherpanegyrik, daß Augustus auch mit dem Beitrag der «Biene» zur Verewigung seines militärischen Erfolges zufrieden sein kann. Im übrigen ist die Distanzierung des Horaz von Pindar nicht ganz ernst gemeint. Denn er wird das lyrische Sprechen des griechischen Dichters in 4.4 und 4.14 nachahmen.

Mit Ode 4.3, für die er wie in 4.1 das vierte asklepiadeische System verwendet, «aktualisiert» Horaz die in 3.30 gegebene Selbstdarstellung als Dichter, der weiß, daß seine Lyrik fortleben wird. Wenn er hier sagt, Roms Jugend rechne ihn «zu den liebenswerten Chören der Sänger» (13 ff.), spielt er vermutlich darauf an, daß er durch das *Carmen saeculare* in der ganzen Stadt bekannt wurde. Es ist die Muse Melpomene, welcher der Dichter laut Ode 4.3 seinen Ruhm verdankt; er beendet das Gedicht mit den Worten (21–24):

Ganz ist dieses dein Geschenk,
  daß auf mich gezeigt wird mit dem Finger der Vorbeigehenden
als den Meister der römischen Lyra.
  Daß ich atme und daß ich gefalle, wenn ich gefalle, ist dein.

Da wir wissen, daß Augustus dem Dichter den Auftrag zur Komposition des Jahrhundertliedes erteilte, bemerken wir auch in dieser Ode zwischen den Zeilen eine Verneigung vor dem Prinzeps. Eine solche verbindet Horaz dann um so deutlicher mit 4.4. Zwar verherrlicht er darin den Sieg des Drusus Claudius Nero, eines der beiden Söhne von Augustus' Frau Livia aus ihrer ersten Ehe, über die Vindeliker im Jahre 15 v. Chr., aber er gibt klar zu verstehen, daß der (damals erst 23jährige) Feldherr seine militärische Leistung letztlich der Erziehung durch Augustus zu verdanken habe. Wir entnehmen das dem Ende eines die Verse 1–28 umfassenden Satzgefüges, welches an dasjenige über Pindar in 4.2 erinnert und allein schon dadurch erkennen läßt, daß Horaz sich in 4.4 bewußt an den Chorlyriker anlehnt. Nachdem er gesagt hat, den Krieg führenden Drusus hätten seine Feinde wie einen erstmals nach Beute jagenden jungen Adler und wie einen jungen Löwen erblickt, fügt er hinzu, was ihm sichtlich besonders wichtig ist: Die Vindeliker hätten zu spüren bekommen, was Verstand, angeborene Begabung und die väterliche Liebe des Augustus zu den Claudiern bei diesen zu bewirken vermocht hätten. Kraft und Stärke, so fährt er fort, werde von den Vätern ererbt,

aber Unterweisung bringt angeborene Kraft zur Entfaltung
und die richtige Ausbildung stärkt den Mut (33 f.).

Drusus bedurfte also der Hilfe durch einen Julier, um seine Heldentaten vollbringen zu können. Vermutlich legte Horaz großen Wert darauf, das zu betonen, und zwar im Hinblick auf die dynastische Politik des Prinzeps. In der Zeit, als das vierte Odenbuch erschien, hoffte dieser noch, einer der beiden Söhne seiner Tochter Julia und Agrippas, Gaius oder Lucius Caesar, also ein Angehöriger der eigenen Familie, werde seine Nachfolge antreten; Tiberius, den Bruder des 9 v. Chr. verstorbenen Drusus, adoptierte er erst 4 n. Chr., nachdem kurz zuvor auch seine beiden Enkel ihr Leben verloren hatten. Immerhin würdigt Horaz im zweiten Teil der Ode 4.4 die militärische Leistung eines Vorfahren des Drusus und Tiberius, des Claudius Nero, der 207 v. Chr. zusammen mit Livius Salinator am Metaurus das Heer von Hannibals Bruder Hasdrubal vernichtete. Aber sogar hier gelingt es Horaz, zumindest auf einer versteckten Sinnebene des Textes die Julier hervorzuheben. Er «zitiert» eine Rede Hannibals, in der dieser feststellt, die Römer brächten es immer wieder fertig, sich nach Niederlagen zu regenerieren, um dann desto glorreicher den endgültigen Sieg zu erringen. Dabei bezeichnet er seine Feinde als (53–56)

das Volk, welches tapfer aus dem niedergebrannten Troja,
umhergeworfen in den tyrrhenischen Fluten, seine Heiligtümer,
  Kinder und betagte Väter
    hintrug zu den italischen Städten.

Dieser Text evoziert unverkennbar den Anfang von Vergils *Aeneis* und ruft so in Erinnerung, daß die Urahnen der Julier die Voraussetzungen für die Gründung Roms schufen. Vielleicht sollten die Zeitgenossen bei der «These» Hannibals, die Römer seien durch nichts zu bezwingen, auch an die nach den Bürgerkriegen gelungene Erneuerung des Staates denken, und die verdankten sie ja dem Julier Augustus (Glei 1995).

In Ode 4.4 klingt außer der *Aeneis* in einigen Versen die sechste «Römerode» an, die wie das jüngere Gedicht in alkäischen Strophen verfaßt ist. Auf 3.6 folgte ein Zyklus überwiegend erotischer und somit die Privatsphäre betreffender Oden. Eine entfernte Verwandtschaft weist die Sequenz 4.4–5 auf. Zwar ist 4.5 an Augustus gerichtet, also alles andere als ein Gedicht über die Liebe, aber Horaz rückt die Ode in die Nähe eines solchen, indem er im ersten Teil von Gefühlen spricht, welche die Untertanen des Prinzeps für diesen empfänden: Da Augustus schon allzu lange von Rom abwesend sei – er befindet sich immer noch auf dem Feldzug gegen die Sugambrer –, sehne sich die *patria* (Vaterland) voller Treue nach ihm. Der Dichter geht sogar so weit, die personifizierte Heimat in ihrem Verlangen nach dem Prinzeps mit einer Mutter zu vergleichen, die, weil der Südwind ihren Sohn schon länger als ein Jahr von zu Hause fernhält, diesen mit Gelübden, Zeichen und Gebeten ruft und ihren Blick nicht vom Meerufer abwendet (9–14). Anschließend nennt Horaz zur Begründung dafür, daß das Vaterland dem Prinzeps so zugetan ist, in einer längeren Aufzählung Errungenschaften der Augusteischen Restaurationspolitik, die den einzelnen Bürgern zugute kommen (17–24):

Sicher nämlich streift das Rind über die Fluren,
es nährt die Fluren Ceres und die segenspendende Faustitas,
über das befriedete Meer fliegen die Seeleute,
  Anlaß zu Beschuldigung zu geben scheut sich die Treue,

durch keinerlei Unzucht wird befleckt das keusche Haus,
Sitte und Gesetz haben entehrenden Frevel bezähmt,

gelobt werden die Mütter, weil ihre Kinder dem Vater ähnlich sehen,
der Schuld folgt die Strafe als Begleiterin.

Die im Original eher schlicht formulierten Sätze, deren Schluß stets mit demjenigen der Verszeile übereinstimmt, erinnern ein wenig an moderne Nachrichtentexte, so daß man dazu neigt, sich vorzustellen, wie ein braver Römer das, was hier steht, morgens in der Zeitung liest und sich über das wohlgeordnete Leben in seinem Staat freut. Nachdem Horaz dann auch noch darauf verwiesen hat, daß von Parthern, Skythen, Germanen und Spaniern nichts mehr zu fürchten sei, rundet er das Gedicht mit einer Szene häuslichen Friedens ab: Der Dichter malt sich aus, wie «ein jeder» zu dem Prinzeps betet (37–40):

‹O wenn doch du, guter Führer, lange Friedenstage
gewähren wolltest dem Abendland!›, sagen wir nüchtern,
wenn früh noch der ganze Tag vor uns liegt, sagen wir betrunken,
wenn die Sonne im Ozean untergegangen ist.

Zucken wir ein wenig zusammen bei der Anrede, die im Original *dux bone* lautet? Das sollten wir wohl, aber wir sind uns gleichzeitig bewußt, daß wir hier ein künstlerisch vollendetes, in schönstem Latein geschriebenes Gedicht lesen und daß der Adressat Alleinherrscher eines antiken Staates war, dessen Kultur von der unsrigen denkbar weit entfernt ist.

Vergänglichkeit und Nachruhm

Wenn Horaz die Römer in 4.5.37–40 zu Augustus beten läßt, präsentiert er den Herrscher nicht gemäß seiner Verheißung in 3.25.4–6 als einen der Unsterblichen in Jupiters Rat, sondern als eine Art «guten Geist», der bei den Untertanen omnipräsent ist; diese hatten, wie der Dichter in 4.5.34 f. auch erwähnt, zu Hause neben ihren Laren (Hausgöttern) ein Bildnis des Prinzeps stehen. Kommt Horaz auf die Apotheose, die Augustus unter die Olympier versetzen wird und die in 3.25.4–6 gemeint ist, in den verbleibenden Oden noch zu sprechen? Direkt nicht, aber seine im Zentrum von Buch 4 zu lesenden Ausführungen darüber, daß große Männer dank der Poesie im Gedächtnis der Menschen ewig fortleben, implizieren, wie wir sehen werden, die Vergöttlichung des Augustus; sie dürften somit das in 3.25.8 angekündigte «Ungesagte» sein. Es sind die Oden 4.8 und 9, in welchen Horaz sich über Nachruhm heroischer Taten auf eine Weise äußert, die gegenüber bisherigen Gedichten zu diesem Thema neu ist. 4.8

und 9 werden von zwei Oden gerahmt, in denen der Dichter kontrastiv das Phänomen der Vergänglichkeit erörtert (4.7 und 10). Alle vier Texte bilden zusammen mit Nr. 6, in deren letztem Vers Horaz als Autor des *Carmen saeculare* stolz seinen Namen nennt (S. 27), eine Gruppe, die man als zweite Pentade von Nr. 1–5 abgrenzen kann; jene Oden schließen sich dadurch zu einem Fünferblock zusammen, daß dort, wie gezeigt, die in Nr. 1–4 ohne Anrede des Prinzeps artikulierte Verehrung seiner Person in die panegyrische Apostrophe der Nr. 5 mündet. Daß Horaz auch 4.11–15 als Pentade konzipiert hat, ist noch darzulegen.

4.5 beginnt mit den an Augustus gerichteten Worten *divis orte bonis* (von gnädigen Göttern Abstammender) und endet mit dem Gebet an ihn. Da nun am Anfang von 4.6 der Vokativ *dive* (Göttlicher) steht, mag man vermuten, Horaz wende sich wieder an den Herrscher. Sein Adressat ist jedoch Apollo, den er in der ersten Hälfte der Ode als Gott des Bogens und in der anderen als Lyra spielenden Lehrer der Musen anspricht. In dieser zweiten Funktion hat Apollo aus Horaz, wie in V. 29 ff. ausgeführt wird, einen Poeten gemacht und ihn zum *Carmen saeculare* inspiriert. Die Darbietung des Liedes vergegenwärtigt der Dichter sich hier sehr lebendig, indem er den Chor dazu auffordert, das sapphische Metrum und «den Taktschlag seines Daumens» (35 f.) einzuhalten. Aber wo bleibt der Auftraggeber Augustus, wo ihm doch die vorausgehende Ode gewidmet ist? Er wird in dem Gedicht offenkundig durch Apollo repräsentiert, weshalb Horaz es wohl darauf anlegt, daß der Leser das erste Wort von 4.6 erst einmal auf den Prinzeps bezieht. Wie dieser in der Schlacht bei Actium, in der, wie er annahm, der Gott ihm zum Sieg verhalf, seine Gegner dafür bestrafte, daß sie sich in einem neuen Bürgerkrieg gegen ihn erhoben hatten – so jedenfalls sahen es er und seine Anhänger –, trat Apollo dem Mythos zufolge einst als «Rächer stolzer Worte» (1 f.) auf und tötete dabei sogar den Helden Achill (1–24). Man kann also sagen, daß in der Person des Gottes Herrscher und Dichter, die beide von ihm besonders begünstigt werden, einander gegenüberstehen. Das erinnert an Ode 3.4, wo Horaz sich mit Augustus gewissermaßen auf dieselbe Stufe stellt, indem er schreibt, der Prinzeps und er bekämen ihre Eingebungen von den Musen. Warum Horaz das Motiv in variierter Form jetzt noch einmal behandelt, wird dem Leser spätestens dann klar, wenn er das Gedicht 4.8 erreicht hat. Denn dort erfährt er, wie wichtig Poeten als Garanten für die Verewigung des Ruhmes großer Taten sind. Doch vorher muß er sich in 4.7 darüber belehren lassen, daß auch den bedeutendsten Männern der Weg in den Hades nicht erspart bleibt.

Die ersten acht Verse dieser und der Ode 1.4 ähneln einander, weil hier wie dort der Frühlingsanfang geschildert wird; beide Texte sind außerdem in einem Epodenmetrum des Archilochos verfaßt. In 4.7 liegt jedoch von Beginn an der Akzent stärker als in 1.4 auf dem Gedanken des Wandels, dem die Natur unterworfen ist. Von hier gelangt Horaz in der jüngeren Ode nach kurzen Bemerkungen über das Kommen und Gehen der Jahreszeiten und die regelmäßige Erneuerung des Mondes zu uns Sterblichen, für die es nach dem Tod keine Wiederkehr gibt (14–16):

> Sobald wir hinabgesunken sind,
> wohin Vater Aeneas, wohin der reiche Tullus und Ancus hinabsanken,
> sind wir Staub und Schatten.

Speziell dem Adressaten des Gedichts, Torquatus (S. 190f.), schärft Horaz ein, diesen werde, wenn er gestorben ist, seine vornehme Herkunft, seine Beredsamkeit und seine ehrfürchtige Haltung gegenüber Göttern und Menschen nicht ins Leben zurückführen – nicht einmal Hippolytus sei, obwohl er ein Schützling Dianas war, aus der Unterwelt befreit worden, und ebensowenig Pirithous, dem Theseus jenseits des Letheflusses nicht die Ketten zu sprengen vermochte. Wir haben hier also das von Horaz schon mehrfach verwendete Motiv «Gleichmacher Tod», aber jetzt betont der Dichter sehr eindringlich, daß auch Männer mit herausragenden Fähigkeiten und Verdiensten dem Gesetz der Vergänglichkeit zu gehorchen haben. Dadurch schafft er sich eine Kontrastfolie für das nächste Gedicht, das als Ausgleich das Fortleben bedeutender Persönlichkeiten in den Werken der Dichter nennt.

Die Ode Nr. 8 ist sowohl in Buch 4 besonders exponiert – hier nimmt sie genau die Mitte ein – als auch im gesamten Lyrikkorpus. Wie 1.1 und 3.30, die Ein- und Ausgang des 26–23 v. Chr. publizierten «Monuments» bilden, besteht das zentrale Gedicht des «Erweiterungsbaus» nur aus asklepiadeischen Versen; es sind insgesamt 34, von denen einige immer wieder für unecht erklärt wurden, aber ohne zwingende Begründung. Horaz sagt am Anfang zu einem Censorinus – gemeint ist wohl derjenige, der 8 v. Chr. Konsul wurde (C. Marcius C.) –, es fehle ihm an Mitteln dafür, dem Freund kostbare Schalen, Erzgefäße, Dreifüße, Statuen und Gemälde zu schenken; dieser besitze ja auch dergleichen und habe an Gedichten seine Freude. Im übrigen Text erfahren wir, inwiefern Poesie als Gabe einen besonderen Wert hat: Sie zeige Ruhm klarer an als Marmorinschriften, und wenn die Papyrusblätter, auf denen sie festgehalten wird – es ist also ausdrücklich von Lesedichtung die Rede! –, verschwiegen, was einer Eminentes geleistet hat, trage er keinen Lohn für seine Taten davon. Das ist nun ein Gedanke, den man in den ersten drei Odenbüchern vergeblich suchen wird, also «Ungesagtes», wie Horaz es in 3.25.4–8 formuliert. Man muß auch genau diese Stelle, ja die ganze Ode 3.25 im Hinterkopf haben, wenn man folgende Verse liest (22b–34):

Was wäre der Ilia
und des Mars Sohn, wenn mißgünstige
Schweigsamkeit entgegenstünde den Verdiensten des Romulus?
Den aus stygischen Fluten entrissenen Äakus
haben die Wirkkraft, die Gunst und die Zunge fähiger
Dichter unsterblich gemacht auf den Inseln der Seligen.
Daß ein des Ruhmes würdiger Mann stirbt, verbietet die Muse,
die Muse beglückt ihn mit dem Himmel. So nimmt teil an Jupiters
ersehnten Mählern der rastlose Herkules;
die Dioskuren, das glänzende Gestirn, entreißen
tiefsten Wassern zerschmetterte Schiffe;
geschmückt mit grünem Weinlaub die Schläfen,
führt Bacchus Gebete zu einem guten Ende.

Vergöttlichte Heroen wie Romulus, Äakus, Herkules, die Dioskuren Kastor und Pollux sowie Bacchus, so lesen wir hier, verdanken ihre Unsterblichkeit den Dichtern, die von ihnen singen. Nun fehlt der Name eines Mannes, der zwar noch lebt, aber mit der Apotheose rechnen darf. Wer es ist, erhellt aus Ode 3.3, wo Horaz zunächst erklärt, ein gerechter und beharrlich seinem Vorsatz treu bleibender Mann vermöge allen Bedrohungen zu trotzen, und dann fortfährt (9–16):

Aufgrund dieser Fähigkeit haben Pollux und der umherstreifende
Herkules die Burgen im Äther erreicht,
unter denen Augustus am Tisch liegen
und mit purpurnem Mund Nektar trinken wird,

aufgrund dieser Fähigkeit haben dich, Vater Bacchus, der du es verdienst,
deine Tiger hinaufgeführt, das Joch mit ungelehrigem
Hals schleppend, aufgrund von ihr ist Quirinus [= Romulus]
auf den Pferden des Mars dem Acheron entflohen.

Warum ist Augustus, der doch hier erscheint, in der Liste der Ode 4.8 nicht genannt? Die Frage stellt sich auch deshalb, weil Horaz nicht nur in 3.25.4–6 verkündet hatte, er sinne darauf, «des erhabenen Caesar ewigen Glanz den Sternen einzufügen und dem Rat Jupiters», sondern auch noch mit dem vorletzten Vers von 4.8 fast wörtlich den letzten von 3.25 zitiert, also unverkennbar eine Brücke von dem jüngeren Gedicht zurück zu dem älteren schlägt. Wenn er den Prinzeps nun dennoch nicht als künftigen Olympier nennt, erklärt sich das vielleicht so: Jetzt, wo Horaz erstmals sagt, es seien die Poeten, welche bedeutenden Männern einen Sitz unter den Göttern verschaffen – davon steht in 3.3.9–16 nichts –, ist er zu scheu, Augustus unter diese Helden zu zählen. Aber gerade dadurch, daß er ihn in seinem neuen Katalog ausspart, hebt er den Prinzeps vor den Lesern, die ihn dort einfach vermissen müssen, um so sichtbarer hervor.

Horaz hat das Thema von 4.8 in der alkäischen Ode 4.9 nochmals aufgegriffen und leicht variiert, indem er jetzt darlegt, nicht das Singuläre einer Tat sei der Grund dafür, daß sie berühmt wird, sondern die Preisung des Geleisteten durch einen Poeten. Leider ist der historische Hintergrund der Ode, den zu kennen eine wichtige Voraussetzung für das volle Textverständnis wäre, nicht mehr zweifelsfrei rekonstruierbar. Daher muß jeder Versuch einer Interpretation von Teil 2, in dem der Dichter das von ihm in der ersten Hälfte Ausgeführte auf die Person seines Adressaten Lollius anwendet (V. 30–52), unbefriedigend bleiben. Der Inhalt des gesamten Textes ist dieser: Horaz verkündet zu Beginn, seine Lyrik werde ebensowenig untergehen wie diejenige von Pindar, Simonides, Alkaios, Stesichoros, Anakreon und Sappho. Danach behauptet er, es habe schon vor den Gestalten des Trojamythos Menschen gegeben, die Ähnliches wie diese vollbrachten, aber von ihnen wisse man nichts, weil ihnen «der heilige *vates*» (28) gefehlt habe. Erst dann redet er Lollius direkt an, versichert ihm, er wolle nicht zulassen, daß dessen Mühen in Vergessenheit geraten, und verweist auf Leistungen des Mannes, darunter auch militärische; die Ode schließt mit Sentenzen über Bedingungen dafür, daß man jemanden glückselig nennen kann: kluger Gebrauch von Geschenken der Götter, Fähigkeit zum Ertragen von Armut, Bereitschaft, für Freunde oder das Vaterland zu sterben. Das Problem ist nun: Der Gedichtadressat, Konsul des Jahres 21 v. Chr., hatte 16 v. Chr. in Gallien von den Sugambrern eine Niederlage erlitten. Die Quellen äußern sich nicht klar darüber, wie auf den militärischen Mißerfolg des Lollius in Rom reagiert wurde. Sah man darin eine ähnliche Katastrophe wie später in der Varusschlacht (9 n. Chr.) und verurteilte den Feldherrn, könnte 4.8 einen ironischen Unterton haben, doch es muß nicht so sein. Falls man aber Verständnis für Lollius aufbrachte, ist die positive Charakterisierung dieses Mannes durch Horaz wohl ernst gemeint, vielleicht aber auch dann nicht. Wie gesagt: Jede Deutung stößt hier an ihre Grenzen.

Um so einfacher erscheint Ode 4.10, mit der Horaz zum Thema «Vergänglichkeit» zurückkehrt (sie ist in größeren Asklepiadeen verfaßt; S. 120 f.):

O du jetzt noch Grausamer und durch die Gaben der Venus Mächtiger,
wenn unverhofft für deinen Hochmut kommen wird der Bartflaum
und die Haare, die jetzt auf deine Schultern herabfliegen, gefallen sind
und die Farbe, die jetzt noch schöner ist als die Blüte der purpurnen Rose,
verändert ist, Ligurinus, und dein Gesicht sich in ein stoppliges verwandelt hat,
wirst du sagen: ‹Ach!›, sooft du dich im Spiegel als einen anderen siehst,
‹meine heutigen Gedanken, warum hatte ich sie nicht auch als Knabe,
oder warum kehren zu diesem Empfinden nicht die glatten Wangen
zurück?›

Was wir hier lesen, gehört an sich zur Topik päderastischer Poesie. Der von einem Knaben verschmähte Liebhaber – und man darf aus dem Vergleich mit 4.1 erschließen, daß Horaz mit Ligurinus bisher kein Glück gehabt hat – warnt in seiner Verzweiflung den Angebeteten, bald werde der Zeitpunkt kommen, zu dem er für einen Mann nicht mehr attraktiv sei; man dachte hier in der Antike an den Tag der ersten Bartschur, wie auch V. 5 andeutet. So weit, so gut. Doch Horaz hatte schon in 4.1.3–7 verkündet, er fühle sich zu alt für Amouren. Außerdem wird sich aus der Lektüre der letzten fünf Oden von Buch 4 implizit ergeben, daß er nun endgültig Abschied von der Lyrik und zugleich von Bekundungen seiner erotischen Leidenschaft für Frauen und Knaben nimmt. Es liegt daher nahe zu vermuten, daß der Dichter, der Ligurinus prophezeit, dieser werde sich «als einen anderen» sehen, schon selbst eine solche Erfahrung gemacht hat und sich folglich mit dem Angeredeten im Grunde selbst meint.

Endgültiges Finale

Ein erster Blick auf 4.11–15 lehrt, daß vier von den Oden denselben Personen zugeeignet sind wie 1.1–3 – Maecenas (11), Vergil (12) und Augustus (14/15). So wird das gesamte Lyrikkorpus durch Würdigungen der drei Männer gerahmt, die für Horaz sicherlich die wichtigsten in seinem Leben waren. Alle fünf Texte enthalten außerdem Hinweise darauf, daß er nun definitiv am Schluß seiner Odendichtung angelangt ist. In 4.11 geht ein solches Signal davon aus, daß der Dichter die Adressatin Phyllis *meorum finis amorum* (31 f.: «letzte meiner Geliebten») nennt. Er spricht sie an, weil er den Geburtstag des Maecenas mit ihr feiern möchte: Ein mehr als neun Jahre alter Krug voll Albanerwein stehe bereit (1 f.). Ist es Zufall, daß die Zahl der (sapphischen) Strophen von 4.11 neun beträgt? Man unterscheidet auch neun Musen, und von den frühgriechischen Lyrikern – Horaz hatte Maecenas in 1.1.35 gebeten, ihn diesen einzureihen –

galten neun in der Antike als kanonisch. Überdies wird in der *Ars poetica* dem älteren der beiden jungen Pisonen empfohlen, etwas von ihm Verfaßtes bis ins neunte Jahr im Pult zu verwahren (388 f.) – man möchte fast glauben, Horaz wolle uns in 4.11.1 f. zwischen den Zeilen verraten, er habe Buch 4 vor der Publikation so lange ruhen lassen wie den Weinkrug. Jedenfalls könnte es sein, daß er am Schluß der Ode direkt von dem Buch redet. Er sagt dort zu Phyllis (31b–36):

Auf denn, letzte
meiner Geliebten –

denn nicht werde ich von nun an glühen für eine andere
Frau –, lerne meine Weisen, die du mit lieblicher
Stimme erklingen lassen sollst: Geringer werden die finsteren
Sorgen durch Lieder.

Die Verse klingen bis in den Wortlaut hinein an diejenigen an, mit denen Horaz in 4.6.41–44 einer der Sängerinnen seines Chorliedes zur Jahrhundertfeier prophezeit, sie werde sich noch als Vermählte der Mitwirkung bei der Aufführung des *Carmen saeculare* erinnern (S. 27). Denkt er jetzt an einen privaten, durch Phyllis vorzutragenden «Jubiläumsgesang» als Beitrag zur Feier von Maecenas' Geburtstag? (Oliensis 2007, 232 f.). Das wäre gut möglich, aber ich nehme eher an, daß «meine Weisen» die Oden des vierten Buches bezeichnet: Des Dichters letzte Geliebte soll seine letzten lyrischen Gedichte singen.

Wie 4.11 ist auch die darauffolgende Ode ein Einladungspoem. Es wird Frühling, die Nachtigall baut ihr Nest, im zarten Gras spielen die Hirten auf ihrer Flöte, und das ist für Horaz der Anlaß, seinem Adressaten zu verkünden (13–16):

Die Jahreszeit hat den Durst gebracht, Vergil.
Aber wenn du in Cales gekelterten Wein zu schlürfen
begehrst, vornehmer junger Männer Klient,
mußt du mit Narde den Wein dir verdienen.

Vergil? Aber der war doch im Jahr der Publikation von *Oden* 4 längst tot! Besonders gewissenhafte Philologen wollen den in 4.12 Angesprochenen mit einem sonst nicht bekannten Kaufmann gleichen Namens identifizieren; nur einen solchen könne Horaz ja auch auffordern, vom «Bemühen um Gewinn» abzulassen (V. 25). Doch diejenigen, die in dem Vergil der vorliegenden Ode den Dichter erblicken, haben die besseren Argumente.

Ganz davon abgesehen, daß die Vorstellung, Horaz könne ein strukturell so exponiertes Gedicht wie 4.12 einem Anonymus gewidmet haben, absurd erscheint, enthält der Text auffallend viele Anspielungen auf Vergilverse, etwa die Apostrophe des Freundes als «vornehmer junger Männer Klient» (15): Das dürfte darauf zielen, daß der Autor der *Bucolica* im ersten Hirtengedicht den «jungen Mann», bei dem es sich zweifellos um Octavian handelt, implizit als seinen Gönner rühmt. Doch wie soll der verstorbene Vergil nun zu Horaz kommen? Er muß eben aus dem Hades aufsteigen – was sein Aeneas gekonnt hat, sollte für ihn doch erst recht machbar sein! Wenigstens für einen Tag wird er sich wohl aus dem Reich unter der Erde, dessen Herrscher «Reichtum» (Plutus) heißt, entfernen dürfen; das könnte Horaz mit der Mahnung zum (vorübergehenden) Verzicht auf «Gewinn» meinen, zumal dann, wenn er von dem in Cales gekelterten Wein schon selbst kräftig «geschlürft» hat (14). Die Narde, die er als Gegengabe verlangt, soll Vergil in einem *onyx* (Fläschchen) mitbringen, und das kann man von einem Dahingeschiedenen erwarten, da ein *onyx* das Öl zu enthalten pflegte (so auch Narde), mit dem man Leichen vor der Bestattung salbte. Es ist natürlich eine verrückte Idee, einen Verstorbenen zum Saufen herbeizurufen, aber dem entspricht genau, was Horaz am Ende der Ode zu Vergil sagt (27 f.):

Mische für kurze Zeit Dummheiten mit deinen Gedanken:
  es ist schön, am rechten Ort herumzublödeln.

Nun weiß man, daß Tote, die Lebende besuchen, diese oft mit sich an den Ort führen, wo sie jetzt wohnen. Wer das bedenkt, mag eine gewisse Sehnsucht des Horaz danach, daß Vergil ihn zu sich in seine Welt holt, in 4.12 spüren und auch das als Schlußsignal auffassen.

4.13 ist das letzte erotische Gedicht im Odenkorpus, und als Abschied von dem Genre eignet es sich sehr gut, da manchem bei der Lektüre die Lust an Erotik ein wenig getrübt werden dürfte. Die Dame, die Horaz hier anredet, hat ihm zwar einst mit ihrem Liebreiz die Sinne geraubt, doch jetzt ist sie eine alte Frau, die von Amor, wie der Dichter ihr erklärt, aus folgendem Grunde gemieden werde (10b–12):

          weil gelb sind
deine Zähne, weil dich Runzeln
  entstellen und der Schnee deines Kopfes.

Inhaltlich bildet 4.13 das Gegenstück zu 1.5, dem ersten Liebesgedicht der Lyriksammlung – dort geht es um die für Männer gefährliche blonde

Pyrrha, hier um eine häßliche Vettel –, aber formal korrespondiert es mit ihm: Beide Texte weisen das dritte asklepiadeische System auf, und darin könnte die Aufforderung stecken, sie aufeinander zu beziehen. Während Pyrrha Verehrer nicht anzulocken braucht, versucht Lyke – so heißt die Adressatin von 4.13, dürfte also mit derjenigen von 3.10 zu identifizieren sein – dadurch reizvoll zu wirken, daß sie koïsche Purpurgewänder trägt und sich mit Edelsteinen schmückt; außerdem «tollt sie herum» (V. 4) wie Chloris in 3.15 (S. 161), betrinkt sich und singt mit wackliger Stimme. All das wirft Horaz ihr vor, da es sich für sie nicht mehr gehöre. Aber wie in 4.10 läßt er uns argwöhnen, daß er in dem von ihm gezeichneten Bild eines in die Jahre gekommenen Menschen sich selbst spiegelt. Denn er sagt in V. 13–16, das Bemühen, durch äußeren Schein von der Realität eines gealterten Körpers abzulenken, bringe nicht die Zeiten zurück, die unwiderruflich dahin sind. Und damit rekapituliert er das Gesetz der Vergänglichkeit, dem auch er unterliegt.

Nachdem Horaz am Schluß von 4.13 festgestellt hat, daß die «Fackel», mit der Lyke einst junge Männer entflammte, zu Asche zerfallen ist, schafft er zu Beginn von 4.14 einen betonten Kontrast, indem er fragt (1–5a):

Welches Bemühen der Senatoren oder welches der Bürger
könnte mit angemessenen Ehrengaben deine
  Leistungen, Augustus, für alle Zeiten
    durch Inschriften und Annalen

verewigen ...?

Mit den Taten des Prinzeps, durch die er sich unsterblich gemacht habe, sind in der Ode diejenigen gemeint, die unter seiner Herrschaft auf militärischem Gebiet vollbracht wurden. Zunächst widmet Horaz sieben der insgesamt 13 alkäischen Strophen diversen Schlachten, die im Norden des Reiches geschlagen wurden, indem er erneut die Niederwerfung der Vindeliker durch Drusus in pindarischem Stil verherrlicht und dabei nun auch den Beitrag des Tiberius zu den Kämpfen würdigt (5–32). Danach hebt der Dichter wieder hervor, daß der errungene Erfolg primär Augustus zu danken sei. Ihm habe nun Fortuna 15 Jahre nach seinem Einmarsch in Alexandria (1.8.30 v. Chr.) einen glücklichen Kriegsausgang geschenkt, und ihn würden Kantabrer, Parther, Inder und Skythen bewundern sowie auf ihn der Nil, die Donau, der Tigris, der Britannien umgebende Ozean, Gallien, Spanien und die Sugambrer hören. Damit ist in den Augen des Horaz erreicht, was er in *Oden* 1–3 mehrfach herbeigewünscht hat: daß der Prinzeps nach Beendigung der Bürgerkriege das

Reich vor der durch auswärtige Feinde drohenden Gefahr bewahren würde. Indem der Dichter die Eroberung der ägyptischen Hauptstadt und Fortunas Geschenk an Augustus erwähnt, knüpft er eine Verbindung von den letzten Oden des vierten zu den letzten des ersten Buches: Dort hatte er in 1.35.29 f. die Göttin gebeten, den Prinzeps bei einem Feldzug gegen die Britannier zu schützen, und in 1.37 zur Feier des Sieges über Kleopatra aufgerufen. Das Finale des Lyrikkorpus fällt also zusammen mit dem Abschluß der außenpolitischen Aktivitäten des Augustus, die Horaz im Laufe der von ihm im Odenkorpus erzählten «Geschichte» mehrfach unterstützt hat. Wie er in 4.14 zuallerletzt erwähnt, hat Augustus nun auch die jüngste militärische Aufgabe, die Expedition gegen die Sugambrer, optimal gelöst. So ist der Herrscher denn offensichtlich nach Rom zurückgekehrt, nachdem er während der «Handlungsabschnitte» in Buch 4, für welche die Oden 4.2 und 4.5 stehen, weit von dort entfernt gewesen war.

Wie dem Tatenbericht des Prinzeps zu entnehmen ist (*Res gestae* 12), empfingen die Römer ihn im Jahre 13 v. Chr. in der Hauptstadt und beschlossen, ihm zu Ehren die *Ara Pacis* (Altar der Friedensgöttin) zu errichten; sie wurde 9 v. Chr. eingeweiht. Horaz dürfte das heute noch in Rom zu bewundernde Monument nicht lange vor der Fertigstellung gesehen haben, als er die Ode 4.15 dichtete, in der er zum Ausgang seiner Lyriksammlung die *pax Augusta* (Augusteischer Frieden) preist. Das wie 4.14 in alkäischen Strophen geschriebene Gedicht wird mit einer poetologischen Metapher eröffnet (1–4a):

Phöbus hat, als ich von Schlachten künden wollte
und besiegten Städten, die Lyra laut ertönen lassen,
  auf daß ich nicht aufs tyrrhenische Meer hinaus meine kleinen
    Segel setzte.

Horaz bietet hier nach *Sat.* 1.10.31–35 eine zweite Variante der Szene zu Beginn von Kallimachos' *Aitia*, in der Apollo zum Verfassen von «kleiner» Dichtung statt «großer» über Könige und Schlachten mahnt (S. 35). Er fingiert, daß er nach dem Ende der lyrischen «Fahrt» eine epische habe antreten wollen, wobei er das schon von *Oden* 1–3 her vertraute Bild als ein weiteres Schlußsignal verwendet. Was seine Abwandlung der Kallimacheischen Szene betrifft, weicht sie von den Versionen, die sich bei zwei anderen augusteischen Dichtern finden, in einem wesentlichen Punkt ab: Während Vergil (*Buc.* 6.3–5) und Properz (3.3.1 ff.) durchaus «von Gefechten künden» könnten, weil es solche zu besingen gäbe, wählt Horaz ostentativ eine Sprechsituation, in der ihm ein solcher Stoff überhaupt nicht zu Gebote steht: die aktuelle Lage des Staates, die der Prinzeps nach Meinung des Dichters dadurch geschaffen hat, daß er den Römern die *pax Augusta* schenkte. So zählt Horaz denn in drei Strophen die Maßnahmen auf, die dem Prinzeps dies ermöglicht haben (5–16) – hier verweist er auch auf die 11 v. Chr. beschlossene Schließung des Janus-Tempels (S. 28) –, und danach verkündet er in zwei weiteren Strophen, es würde, solange Augustus «Wächter der Dinge» sei, weder Bürgerkrieg ausbrechen noch irgendein Heer fremder Völker das Reich bedrohen (17–24). Na denn: Friede, Freude, Eierkuchen! Doch was genau machen nun die Nutznießer eines solchen Happy-End? Horaz verrät es (25–32):

Wir werden, wenn wir an gewöhnlichen und an heiligen Tagen
mitten unter den Gaben des scherzenden Bacchus
mit unseren Kindern und Frauen
nach dem Brauch zu den Göttern gebetet haben,

von den Führern, die nach Art der Väter mannhaft handelten,
in einem Lied, das zusammen mit lydischen Flöten erklingt,
werden von Troja und Anchises und dem Nachkommen der
segenspendenden Venus singen.

Ja, so ist es recht: im Familienkreise Wein trinken, den Unsterblichen danken und patriotische Lieder singen – diese offenbar in lyrischen Metren, da Musik dazu ertönt. Vielleicht sogar Lieder, wie sie das Lyrikkorpus des Horaz enthält? Da kann man in der Tat einige mit nationalstolzen Texten finden, zum Beispiel die «Römeroden». Der Dichter hat sicherlich ganz bewußt als letztes Wort seiner Odensammlung *canemus* (wir werden singen) gewählt. Denn dadurch dürfen wir uns aufgefordert fühlen, die Lektüre der vier Gedichtbücher erneut zu beginnen, dabei laut zu lesen und uns vorzustellen, wir würden von lydischen Flöten begleitet. Also, auf geht's: *Maecenas atavis edite regibus …*

Vom richtigen Leben und richtigen Schreiben: *Episteln* in zwei Büchern

Horaz schrieb insgesamt 23 Versbriefe. Die Mehrzahl der ersten 20, die in Buch 1 vereint sind, besteht aus Darlegungen darüber, was man tun sollte, um «richtig leben» (*recte vivere*) zu können. Der Dichter meint damit in erster Linie das Bemühen des Einzelnen, wirklich glücklich zu sein; das hat der Mensch erreicht, wenn sich seine Seele im Zustand der Ataraxie befindet (S. 58). Ein spezielles Problem des *recte vivere* innerhalb der römischen Gesellschaft ist kluges Agieren gegenüber einflußreichen Persönlichkeiten; auch dazu äußert Horaz sich einige Male. Bei linearer Lektüre des ersten Epistelbuches bemerkt man, daß in den Briefen 1–6 nur das erste Thema behandelt wird, der Dichter also als «Psychiater» auftritt. Mit dem zweiten Thema befaßt Horaz sich erstmals in der siebten Epistel, wo er ausführlich über sein Verhältnis zu Maecenas spricht. In Nr. 8–16 ist dann überwiegend davon die Rede, wie man spirituell Fortschritte machen kann, während der Dichter in Nr. 17 und 18 nur noch Klienten in ihrem Umgang mit Patronen in den Blick nimmt und gleichzeitig seine Erörterung des *recte vivere* abschließt. Nr. 19 und 20 bilden eine Art Anhang zu dem Buch, da es hier um das Selbstverständnis des Horaz als Dichter geht. Darüber lesen wir dann sehr viel im zweiten, aus drei langen Texten zusammengefügten Epistelbuch, und dort ist der Schwerpunkt denn auch auf das *recte scribere* (richtig schreiben) verlagert. Freilich muß, wer es beherrschen will, nach Ansicht des Horaz auch mit der Kunst des *recte vivere* vertraut sein. So sind ethische Gedanken gleichfalls in die drei Literaturbriefe eingebracht; den zweiten Teil von Epistel 2 widmet der Dichter sogar ausschließlich der moralphilosophischen Belehrung des Adressaten. Als Triptychon weist Buch 2 eine höchst einfache Struktur auf, aber auch Buch 1 ist überschaubar gegliedert. Man kann hier, wie sich im folgenden zeigen wird, vier Pentaden unterscheiden; sie werden in je einem Abschnitt besprochen.

Auch den Weisen plagt der Schnupfen

Horaz eröffnet Buch 1 durch zwei längere Episteln, in denen er ausgiebig philosophiert; danach präsentiert er uns drei Texte, die, als kurze, aus einem gerade aktuellen Anlaß entstandene Briefe stilisiert, die ethische

Thematik zwar ansprechen, aber nicht ins Zentrum stellen. Da Epistel 1.6 wieder zur Gänze aus sittlicher Unterweisung des Adressaten besteht, also gewissermaßen neu ansetzt, bietet es sich an, 1.1–5 als Gedichtgruppe zu betrachten. Dazu mag überdies der Schluß von 1.5 ermuntern, weil Horaz seinem Adressaten hier einen «Weg nach draußen» empfiehlt (*exitus* ist das letzte Wort der Epoden!); er schreibt dort nämlich an Torquatus, den er zu einem Gelage einlädt (30 f.):

Schreibe du, mit wieviel Leuten du hier sein willst, laß die Geschäfte liegen
und entschlüpfe dem Klienten, der dein Atrium belauert, durch die Hintertür!

Epistel 1.1, wie Satire 1.1, Epode 1 und Ode 1.1 an Maecenas gerichtet, beginnt mit einer Absage an den Patron (wodurch implizit schon jetzt das Thema «Umgang mit einflußreichen Leuten» anklingt). Dieser hat Horaz gebeten, weiterhin lyrische Gedichte zu verfassen, aber der Dichter weigert sich. Statt dessen – so erklärt er Maecenas – widme er sich dem, was «wahr und geziemend» sei (11), also der Beschäftigung mit Moralphilosophie, wobei er sich nicht auf ein bestimmtes System festlegen wolle (S. 53). Es dränge ihn jetzt nach solcher Tätigkeit, die für jedermann sinnvoll sei, da es gar nicht schwerfalle, sich von den einzelnen Lastern – er zählt sie auf und nennt die Habgier wieder zuerst – zu befreien.

Das alles verkündet Horaz in einer Vorrede, die sowohl das gesamte Buch als auch den laufenden Text einleitet (1–40). Danach lesen wir sein erstes «Referat» über das, was er bei seinen Studien gelernt hat. Dabei gelangt er von dem Lehrsatz (41 f.)

Tugend bedeutet, vor dem Laster zu fliehen, und Anfang der Weisheit ist,
von Dummheit frei zu sein,

rasch zu der These, Tugend gelte in Rom weniger als Geld, und schon ist er mitten in einer Tirade gegen das Streben nach Reichtümern, wobei es ihm diesmal besonders wichtig ist zu zeigen, daß die, welche über sie verfügen, nicht damit zufrieden und deshalb wankelmütig seien. Über die Feststellung, daß die Armen die Wechselhaftigkeit mit den Wohlhabenden gemeinsam hätten, lenkt er dann den Blick wieder auf die eigene Person zurück: Seelisch ausgeglichen sei auch er nicht. Wenn Maecenas das wahrnehme, halte dieser ihn für ganz gewöhnlich verrückt und für keiner ärztlichen oder sozialen Hilfe bedürftig, ärgere sich aber gleichwohl über einen schlecht geschnittenen Fingernagel des Freundes – er, der Patron, von dem Horaz doch abhängig sei und auf den dieser schaue. «Kurz und gut» (106a) – ganz plötzlich kommt der Dichter zum Resümee, das, einfach formuliert, lauten würde: «Ich jedenfalls glaube, daß mir geholfen werden muß, und deshalb beschäftige ich mich nun mit Philosophie», aber er schreibt (106b–108):

> Der Weise ist einzig geringer als Jupiter; er ist reich,
> frei, geehrt, schön – mit einem Wort: König über Könige,
> ausnehmend gesund, außer wenn ihn der Schnupfen plagt.

Das ist unverkennbar Selbstironie, welche die Oberlehrerpose kompensiert, und sie ist zum Glück ein wesentliches Element des ersten Epistelbuches. Hier steckt sie nicht nur in der Bezugnahme auf den am Ende von Satire 1.3 verspotteten stoischen Lehrsatz, der Weise allein sei ein König (S. 67 f.), sondern vor allem in der Schlußpointe, die besagt: Ein Katarrh kann sogar einen Philosophen aus dem Konzept bringen.

Mit dem zweiten Brief wendet Horaz sich erstmals an einen zur aufstrebenden Jugend Roms gehörigen Mann: Lollius Maximus, der vermutlich Sohn des gleichnamigen Konsuls von 21 v. Chr. war (S. 180). Im ersten Teil des Textes wandelt der Dichter in den Bahnen der zeitgenössischen Homer-Interpretation, indem er darlegt, die *Ilias* führe menschliche Affekte und deren negative Folgen vor Augen, während man in dem Protagonisten der *Odyssee* ein Musterbeispiel für Tugend und Klugheit sehen könne. Die Phäaken wiederum seien so verweichlicht, daß sie in den hellen Tag hinein schliefen, und aus diesem Exempel leitet Horaz die Forderung an seinen Adressaten ab, möglichst früh «aufzustehen», um sich sittlich selbst zu erziehen; hier spricht er unter anderem die «geflügelten» Worte *sapere aude* (40), die Immanuel Kant (1724–1804) in seinem berühmten Essay *Beantwortung der Frage: Was ist Aufklärung?* mit «Habe Mut, dich deines eigenen Verstandes zu bedienen» übersetzte. Wie Lollius das zu praktizieren habe, predigt ihm der Dichter in Teil 2 der Epistel, wobei er – wer hätte es anders erwartet? – mit der Verurteilung der Gewinnsucht anfängt. Wenn die ethische Vorlesung im Mittelabschnitt in eine Aneinanderreihung von Sentenzen übergeht, mag das daran liegen, daß ein Älterer einen Jüngeren belehrt und deshalb ein ganzes Paket voller Weisheiten aufmacht. Diese Konstellation verhindert offenbar, daß Horaz sein doch recht betuliches Dozieren wie in Epistel 1 am Ende ein wenig ins Komische umschlagen läßt. Von sich persönlich redet er ohnehin nur ganz kurz in den beiden letzten Versen; dort sagt er, nachdem er Lollius ermahnt hat, jetzt gleich zur Selbstbesserung zu schreiten (70b–71):

> Ob du aber säumst oder wacker an der Spitze marschierst –
> ich warte nicht auf den Langsamen und eile nicht denen nach, die vorausgehen.

Gewiß, auch Horaz arbeitet zielstrebig an sich, aber er lehnt es ab, eine Leitfigur zu sein. Will er damit so etwas wie selbstironische Einschränkung der eigenen Autorität signalisieren? Aber der Dichter ist Lollius während des ganzen Briefes als Vaterfigur gegenübergetreten.

Die Position dessen, der die größere Erfahrung hat, nimmt Horaz ebenfalls bei den anderen jungen Leuten ein, an die er seine Episteln richtet. So gleich in Brief Nr. 3 an Iulius Florus, der sich im Moment der Abfassung des Schreibens im Gefolge des mit einem Heer nach Armenien marschierenden Prinzen Tiberius befindet. Außer Florus, der wohl gerade an irgendeinem dichterischen Werk arbeitet, haben sich dem Stiefsohn des Augustus zwei weitere junge Verseschmiede, Titius und Celsus, angeschlossen. Horaz, der sich nach den poetischen Bemühungen der drei erkundigt, läßt dabei Mahnung und Belehrung einfließen. Florus erklärt er, dieser würde, wenn er seine Sorgen hinter sich lassen könnte, dorthin gehen, wohin die «himmlische Weisheit» (27), also die Philosophie, ihn führe. Horaz fände das, wie er zu verstehen gibt, sehr gut, denn (28 f.)

Dieses Werk, diese Beschäftigung laß uns, hoch und niedrig, unverzüglich in Angriff nehmen,
wenn wir wollen, daß dem Vaterland und uns selbst unser Leben wert ist.

Das ist die einzige Passage im ersten Epistelbuch, in der Philosophieren als Form von Patriotismus bezeichnet wird. Vielleicht wollte Horaz einen Kontrast zu Epistel 1.4 an Tibull herstellen. Denn dort nennt er sich am Ende ein «Schwein aus der Herde Epikurs» (S. 53 f.), der ja seinen Jüngern auftrug, sich von der Politik fernzuhalten. Davon ist allerdings in dem Brief nicht die Rede. Horaz fragt hier nach der derzeitigen Tätigkeit des Freundes, macht ihm Komplimente und beschränkt sein Philosophieren darauf, in drei Hexametern wieder einmal *carpe diem* mit neuen Worten zu formulieren (12–14):

Zwischen Hoffnung und Sorge, zwischen Angst und Zorn
glaube, jeder Tag, der dir leuchtet, sei dein letzter.
Willkommen wird dir dann die nicht erhoffte Stunde zusätzlich kommen.

Während der Dichter am Ende von 1.4 zu Tibull ganz unverbindlich sagt, dieser möge ihn besuchen, wenn er einmal lachen wolle, lädt er in 1.5 Torquatus (dem auch Ode 4.7 dediziert ist) explizit zum Gelage ein. Der Adressat, ein Jurist und Angehöriger des altadligen Geschlechts der *Manlii Torquati*, wird in Teil 1 und 3 des symmetrisch in 11 + 9 + 11 Verse gegliederten Briefes direkt angesprochen; dabei kommt auch kurz die Ethik zu ihrem Recht: Horaz verknüpft mit seiner Einladung die Aufforderung an Torquatus, nichtige Hoffnungen, das Ringen um Reichtum und den gerade von ihm geführten Prozeß ruhen zu lassen. Im Mittelstück des Briefes reflektiert er über die positiven Wirkungen der Trunkenheit, zu denen er zum Beispiel die Eloquenz rechnet. Über eine besondere Gewandtheit im Formulieren verfügt Horaz freilich schon in dieser Epistel, die er ja wohl noch in nüchternem Zustand verfaßt hat. Denn er spielt darin mehrfach sehr subtil auf die Person des Torquatus und dessen Familiengeschichte an. Das kann nicht im einzelnen aufgezeigt werden, zumal das *double entendre* hier zum Teil darauf beruht, daß der Dichter seinen Brief an den Rechtsgelehrten mit juristischen Fachtermini durchsetzt. Doch auf zweierlei sei hingewiesen. Da ist zum einen der Wein, den der Dichter dem Gast anbietet: Er sei abgefüllt zwischen Minturnae und Petrinum bei Sinuessa (4 f.); in dieser Region hatte ein berühmter Vorfahre des Adressaten 340 v. Chr. die Latiner geschlagen. Zum anderen sagt Horaz zu Torquatus, der Freund möge, sollte er besseren Wein haben als er, seine Sorte herbeischaffen oder dem Befehl (6: *imperium*) seines Gastgebers gehorchen. Das evoziert die *imperia Manliana*: Die Römer verwendeten den Ausdruck im Hinblick darauf, daß der eben genannte ältere Torquatus nach seinem Sieg angeordnet haben soll, den eigenen Sohn hinzurichten, weil dieser einen militärischen Erfolg unter Mißachtung eines Befehls errang. Wie man sieht, macht Horaz in den Episteln durchaus noch seine Scherze, obwohl er zum Auftakt des Buches nicht nur der Lyrik, sondern auch den *ludicra* (Tändeleien) abgeschworen hatte (1.1.10).

Seelenruhe und ihr Gegenteil

Zu Anfang von Brief 1.6 faßt Horaz in epigrammatischer Kürze zusammen, daß die Fähigkeit, sich auf keinen Fall aus der inneren Ruhe bringen zu lassen, die entscheidende Bedingung für das *recte vivere* sei (1 f.):

Nichts anzustaunen – das ist so ziemlich das Eine und Einzige, Numicius,
was einem Menschen das Glück verschaffen und erhalten kann.

Die durch diesen Satz ausgedrückte Forderung nach dem Bemühen um Ataraxie kann man, wie im folgenden zu zeigen ist, als eine Art Motto für die Episteln der zweiten Pentade betrachten.

1.6 beginnt mit einer Vorrede, in der Horaz zunächst erläutert, inwiefern das «Anstaunen» von Reichtum und Ehren den Seelenfrieden raube:

Es äußere sich ebenso in der heftigen Begierde nach dem Besitz dieser vermeintlichen Güter wie in der Angst vor ihrem Verlust, was beides Körper und Geist lähme (3–27). Wenn nun der Briefadressat (über den wir nichts wissen) sich das *recte vivere* zum Ziel setze, müsse er zugunsten der Tugend (*virtus*) auf alle Vergnügungen verzichten (28–31a). Halte er dagegen *virtus* für ein leeres Wort (31b–32a), gut, dann solle er statt dessen seinen Sinn auf viel Geld (32b–48) oder politischen Erfolg (49–55) oder körperliche Freuden (56–66) richten. Auf welche Art das geschehen kann, demonstriert Horaz für alle drei Formen des Strebens nach Glück mit Hilfe von Beispielen, und an ihnen kann man deutlich erkennen, daß er die jeweils genannte Alternative nicht ernsthaft vorgeschlagen hat. Denn wieder einmal verspottet er Habsucht, Ehrgeiz und Genußsucht, wobei seine Diktion an die der Satiren anklingt. Also ist wohl auch das Schlußwort an Numicius ironisch gefärbt (67 f.):

> Lebe, bleib gesund. Wenn du etwas weißt, das richtiger ist als dies hier,
> teile es mir aufrichtig mit; wenn nicht, dann folge meinen Lehren mit mir.

Wir verstehen schon: Nichts kann «richtiger» sein als das, was Horaz in V. 1–27 dargelegt hat, und deshalb wird Numicius gut daran tun, sich allein um Ataraxie und um sonst nichts zu bemühen.

Vermag die Abhängigkeit von einem Patron die Seelenruhe und somit das *recte vivere* des Klienten zu bedrohen? Das hängt davon ab, auf welcher Basis die zwischen beiden existierende Beziehung errichtet ist. Diejenige des Horaz zu Maecenas ist Thema von Epistel 1.7. Den Anlaß für das Schreiben liefert, daß der Dichter sich entgegen seinem Versprechen nicht nur für fünf Tage aufs Land begeben hat, sondern sich dort schon den ganzen August aufhält. Er begründet dies so: Aus Angst vor dem Klima in Rom, das während des Septembers ungesund sei, wolle er noch bleiben, wo er ist, ja anschließend den Winter am Meer verbringen und erst im Frühjahr zurückkehren; wenn Maecenas wünsche, dem Freund solle es gut gehen, werde er ihm seine eigenmächtige Entscheidung verzeihen (1–13). Dafür ist natürlich eines Voraussetzung: Horaz muß von dem Patron erwarten können, daß dieser nicht mit dem Argument, der Dichter habe ihm sehr viel zu verdanken, zur möglichst raschen Wiederaufnahme der Klientenpflichten drängt. Doch hätte Maecenas, falls er insistieren würde, überhaupt das Recht dazu, sich auf irgendwelche Gunsterweisungen zu berufen? Dazu äußert sich Horaz in V. 14–45, allerdings nicht direkt, sondern in einer Aneinanderreihung von kurzen Geschichten, durch die er Analogien zu seinen Erfahrungen mit dem Freund und Gönner herstellt; so macht er es den Lesern nicht ganz leicht, seinen Gedankengang nachzuvollziehen. Etwa folgendes dürfte er zum Ausdruck bringen wollen: Es sind nicht materielle Güter, durch die der Dichter von Maecenas als Klient und Freund gewonnen worden sei, sondern höhere Werte. Der Patron habe Horaz von dessen Charakter her seiner Gunst für würdig befunden und ihn deswegen vielfältig unterstützt. Hätte er ihn aber lediglich «gekauft» und würde er seine Geschenke nun zurückfordern, dann gäbe der Dichter sie ihm sofort wieder, denn (35 f.):

Ich lobe den Schlaf einfacher Leute nicht erst, wenn ich satt bin von Masthühnern,
und meine Ruhe in Freiheit tausche ich nicht gegen die Reichtümer Arabiens ein.

Für «Ruhe» steht im Original *otia*, der (vermutlich) aus metrischen Gründen für *otium* eingesetzte Plural, der dasselbe bedeutet wie der Singular. In Ode 2.16 wird damit, wie gezeigt, die Ataraxie bezeichnet (S. 58), und so muß es auch hier sein. Also verkündet Horaz dem Patron in V. 1–45, er vertraue darauf, daß dieser eines im Gedächtnis behalte: Nicht als einen von seinen Zuwendungen Abhängigen habe er den Dichter in seinen Kreis geholt, sondern als einen Freund, dessen Lebensauffassung er schätze; deshalb hoffe Horaz, daß sein Bemühen um das *recte vivere* durch Maecenas auch jetzt, wo er länger als ein halbes Jahr von Rom abwesend zu sein gedenke, akzeptiert werde. Wie gesagt, wörtlich so schreibt der Dichter das nicht, aber eine Bestätigung dafür, daß er es in etwa so meint, darf man in der langen Beispielerzählung sehen, mit der er die zweite Hälfte der Epistel ausfüllt. Denn sie ist offenkundig als Kontrastbild zu dem Freundschaftsbund zwischen Horaz und Maecenas zu interpretieren. In der Rolle des Patrons tritt hier der vornehme, wohlhabende Philippus auf; er liest seinen Klienten, den armen Auktionator Volteius Mena, förmlich von der Straße auf, um ihn nach einer gewissen «Probezeit» finanziell großzügig auszustatten. So wird aus dem Kleinbürger ein Gutsherr, der sich fast zu Tode arbeitet und vor lauter Besitzstreben frühzeitig altert. Das ist natürlich alles andere als *otium* und glückliches Dasein, und es kommt noch schlimmer für Mena (86–95):

Aber als die Schafe durch Diebstahl, durch Seuche die Ziegen verlorengingen,
die Saat seine Hoffnung trog, der Ochse beim Pflügen verendet war,
da greift er sich, außer sich über seinen Verlust, mitten in der Nacht seinen Gaul
und begibt sich in seinem Zorn zu des Philippus Haus.
Sobald ihn, schäbig und struppig wie er war, erblickt hatte Philippus,
sagte er: ‹Volteius, allzu hart gegen dich und übereifrig scheinst du
mir zu sein.› ‹Beim Pollux, Patron›, sagte er, ‹Unglücksvogel könntest du mich
nennen, wenn du mir meinen wahren Namen geben wolltest!

Darum, bei deinem Schutzgeist, deiner Rechten und deinen Hausgöttern
bitte und beschwöre ich dich: gib mich meinem früheren Leben zurück!›

Dazu kommentiert Horaz, man solle, wenn man erkenne, daß die frühere Existenz besser war als die begehrte, in den alten Zustand zurückkehren; denn jeder müsse sich nach seinem eigenen Maßstab messen. Da er das wohl nicht auf sich bezieht – denn er wurde in seiner bisherigen Dichtung nicht müde, uns zu erklären, wie bescheiden er sei –, sehen wir um so deutlicher: Volteius ist als Protegé eines Reichen in allem das Gegenteil von ihm. Horaz selbst bestätigt das gleich im nächsten Brief, den er über seine Muse an Celsus Albinovanus richtet, einen der Männer im Gefolge des Tiberius (1.8). Er schreibt dort nämlich, trotz vieler und schöner Pläne führe er weder ein richtiges noch ein behagliches Leben, doch das nicht etwa, weil seine Weinstöcke vom Hagel zerschmettert, seine Ölbäume von der Hitze versengt oder seine Tiere auf weit entfernten Triften von einer Seuche befallen worden wären. Horaz dürfte sagen wollen, daß er, wenn ihm dergleichen zustieße, sich dadurch nicht wie Volteius erschüttern lassen würde. Was seine Freude am Dasein zur Zeit der Entstehung von Epistel 1.8 beeinträchtigt, ist eine seiner Charaktereigenschaften, die er schon in 1.1 erwähnt hat: die Neigung dazu, mit sich selbst im Widerstreit zu liegen (97–100). Jetzt, verkündet er, sei ihm das *recte vivere* (V. 4) nicht möglich (7–12),

weil ich seelisch weniger gesund bin als am ganzen Körper
und nichts hören, nichts lernen möchte, was meine Krankheit lindern könnte,
mich über die verläßlichen Ärzte ärgere, auf die Freunde wütend bin,
da sie es so eilig haben, mich von der tödlichen Schlafsucht fernzuhalten,
und weil ich Dingen nachjage, die mir geschadet haben, und meide, was, wie ich glaube, mir nützen könnte,
und wetterwendisch in Rom Tibur liebe, in Tibur Rom.

Der um die eigene moralische Erziehung bemühte und dabei vor allem Ataraxie anstrebende Dichter steckt sichtlich in einer Krise. Er kann zum Beispiel wieder einmal nicht den Jähzorn zügeln, den ihm schon mehrere Personen vorgeworfen haben (S. 156), und er sehnt sich, wie er von Sklave Davus in Satire 2.7.28 f. zu hören bekommen hatte, in der Stadt nach dem Land und auf dem Land nach der Stadt. Ein Heilmittel für seine schlechte psychische Verfassung hat er im Moment anscheinend nicht zur Verfügung, und darum wundert man sich nicht, daß er nur noch wissen will, wie das Befinden des Celsus sei, und ihm für den Fall, daß es ihm gut gehe, eine nur auf einen Vers beschränkte Mahnung ausrichten läßt: Wie der Freund sein Glück trage, so werde man sich auch zu ihm stellen (17).

Auf die mit 17 Versen sehr kurze Epistel folgt eine noch kürzere, die sich nur aus 13 Versen zusammensetzt. Darin empfiehlt Horaz seinen Freund Septimius, dem vielleicht auch Ode 2.6 gewidmet ist, dem Prinzen Tiberius, in dessen Entourage Septimius aufgenommen zu werden wünscht. Briefe solcher Art waren in der Antike wichtig für junge Männer, die eine Karriere anstrebten, und man pflegte sie nach einem vorgegebenen Schema zu formulieren. Dieses berücksichtigt Horaz jedoch gar nicht, ja, er wirbt kaum für die Person des Septimius – erst im letzten Vers charakterisiert er ihn als tapfer und anständig –, sondern er ordnet die Epistel in die Thematik «Verhältnis eines Normalbürgers zu einem mächtigen Mann» ein, mit der sich schon 1.7 beschäftigt hatte. Er habe, schreibt er, den Eindruck, sein Renommee bei dem Prinzen werde von Septimius überschätzt, und deshalb habe er zunächst versucht, mit einer Entschuldigung loszukommen. Doch aus Furcht, es könne so aussehen, als verleugne er seinen Einfluß, weil er ihn für sich selber nutzen wolle, wende er sich nun doch an Tiberius in der Hoffnung, dieser finde es lobenswert, daß Horaz auf Drängen eines Freundes hin seine Zurückhaltung abgelegt habe. Ist es Zufall, daß wir den Brief als Hexametergedicht Nr. 9 in einem Buch 1 lesen wie die Schwätzersatire? Wohl nicht, denn die Übereinstimmung der Zahlen kann die Aufmerksamkeit darauf lenken, daß zwischen den beiden Texten ein Kontrast besteht: In *Sat.* 1.9 erklärt Horaz sich zur Fürsprache für jemanden, der in den Maecenaskreis eintreten möchte, nicht bereit, gibt aber zugleich zu erkennen, daß er zu den engen Freunden des reichen Patrons gehört; in *Epi.* 1.9 dagegen macht er deutlich, er sei kein Mitglied des Zirkels, zu dem er Septimius Zugang verschaffen soll, setzt sich aber für ihn ein. Einem Freund leistet er also einen Dienst, den er dem Schwätzer verweigerte, und das noch dazu unter schlechteren Bedingungen. But that's what friends are for.

In den letzten Versen von *Sat.* 1.9, an die *Epi.* 1.9 erinnert, erscheint ein anderer Freund des Horaz, Aristius Fuscus (60b ff.), und gleich nach dem Septimius-Brief begegnet er uns wieder: in 1.10. Hier ist er als ein Mann, der die Stadt liebt, Adressat eines Lobs des Landlebens. Horaz hat ein solches sicherlich ganz bewußt am Ende der ersten Hälfte von Buch 1 plaziert. Denn er äußert sich nun zum ersten Mal in den Briefen über den symbolischen Wert eines Aufenthaltes in rustikalem Ambiente und stimmt uns damit auf ein Motiv ein, das in der zweiten Buchhälfte mehrfach wieder aufgegriffen wird. In Nr. 10 geht es ihm, der sich gerade vor Tiberius verneigt hat, vor allem darum, das Land als einen Ort zu preisen, der lehren könne, daß man unter einem ärmlichen Dach ein glücklicheres Dasein verbringt als «Könige und die Freunde von Königen» (32 f.), und daß, wer mit seinem Los zufrieden ist, weise lebt (44). Horaz bittet Fuscus deshalb am Schluß der Epistel, ihn zu tadeln, wenn er mehr ansammle als genug ist, da das Geld den Menschen nicht beherrschen dürfe, sondern ihm dienen müsse (45–48). So rundet er die zweite Pentade mit einem Gedanken ab, der dem in 1.6.1 ff. ähnelt: Dort empfiehlt der Dichter dem Adressaten, nichts anzustaunen und warnt dann gleich vor dem Verlangen nach Reichtum, hier sagt er, daß dieser den Menschen unfrei machen könne. In beiden Fällen ist es seine Intention, von Habsucht abzuraten, weil sie seiner Ansicht nach der für das *recte vivere* erforderlichen Seelenruhe im Wege steht.

Von Chios nach Salernum

Wie bereits gesehen, markiert Horaz das Ende der ersten Buchhälfte in 1.10.49 f. durch die Angabe des Schreibortes (S. 55 f.). Die zweite Hälfte beginnt mit der Frage an den Adressaten, wie es ihm in Chios und an anderen Orten des griechischen Sprachraums gefallen habe (1.11.1–6). Auf den insgesamt nur 30 Verse umfassenden Brief folgen vier weitere, die ebenso von vergleichsweise geringem Umfang sind. Am Schluß der Reihe steht ein Text, der ähnlich einsetzt wie derjenige, der sie eröffnet: In 1.15.1 ff. erkundigt sich Horaz, wie der Winter in Velia und das Klima in Salernum sei. Die hinter dieser Epistel plazierte Nr. 16 gehört wie 1.1 am Anfang der ersten Pentade und 1.6 am Anfang der zweiten zu den längeren Gedichten des Buches und ist wie die beiden genannten überwiegend didaktischer Natur. Ich denke, aufgrund dieses Befundes darf man die kurzen Briefe 1.11–15 als eine Gruppe und somit als die dritte Pentade betrachten. Lineares Lesen eines Gedichtbuches, das einer Reise gleicht, erfordert nun einmal die Einteilung der Wegstrecke, und erst recht der analytische Nachvollzug einer solchen Art von Lektüre. Wenn der Autor, der die Anordnung der Texte im Buch vorgenommen hat, auch nur den leisesten Hinweis auf Gliederungseinschnitte gibt, sind wir berechtigt, sie als solche zu begreifen.

Warum interessiert Horaz sich in 1.11 für Inseln und Städte außerhalb Roms? Der an einen nicht weiter bekannten Bullatius gerichtete Brief erweckt zunächst den Eindruck, der Dichter wolle sich vor dem Antritt einer Reise in die Gegend des östlichen Mittelmeers touristisch beraten lassen. Doch spätestens in V. 7–10, wo er erklärt (nicht Bullatius, wie manche Erklärer glauben), er würde am liebsten in der kleinen Küstenstadt Lebedos leben und dort vom Land aus (*e terra*) dem Wüten des Meeres zuschauen (*spectare*), ahnt man, daß sein Anliegen auch jetzt ein philosophisches ist. Denn er spielt hier auf Lukrez an. Dieser verkündet zu Beginn des Abschnitts über die Ataraxie in *Von der Natur der Dinge* 2.1 ff., es sei angenehm, vom Land aus zuzuschauen (*e terra … spectare*), wie Winde die See aufwühlen (S. 58). Doch nicht allein um die Gemütsruhe geht es Horaz in Epistel 1.11 sondern um die Lehre, daß der Seelenzustand der Menschen nicht von dem Ort abhängt, an dem sie sich aufhalten, und so schließt der Dichter, nachdem er diesen Gedanken entwickelt hat, mit den Worten (28–30):

Geschäftige Tatenlosigkeit plagt uns: Mit Schiffen und
Viergespannen suchen wir nach dem glücklichen Leben. Was du suchst, ist hier,
ist in Ulubrae, wenn dir nicht der Gleichmut fehlt.

Von Ulubrae, einem Nest in den pontinischen Sümpfen, lenkt Horaz mit Epistel 1.12 den Blick nach Sizilien. Dort ist Iccius, der auch in Ode 1.29 angeredet wird, als Verwalter der Ländereien Agrippas beschäftigt. Hatte der Dichter sich in dem lyrischen Text mit unverkennbarer Ironie darüber gewundert, daß Iccius die Auseinandersetzung mit philosophischen Schriften zugunsten der Teilnahme an einer Expedition in das reiche Arabien aufgab, so dreht er jetzt den Spieß um: Er lobt den Freund, weil dieser «inmitten der so weitverbreiteten, ansteckenden Seuche der Gewinnsucht» (14) naturwissenschaftliche Studien treibt. Doch ist das jetzt ernst gemeint? Schwerlich, da Iccius, wie man aus den ersten Versen der Epistel folgern kann, offenbar mit seiner Tätigkeit in der Provinz unzufrieden ist, deshalb Autoren wie Empedokles wohl nur zur Ablenkung liest und so erneut den Spott des Horaz erntet. Dieser wechselt dann, nachdem er dem Iccius seinen (in Ode 2.16 angesprochenen) Freund Pompeius Grosphus empfohlen hat, dazu über, das Neuste von der römischen Außenpolitik zu vermelden; er will wohl Iccius damit aufziehen, daß dieser fern von der Metropole nicht über aktuelle politische Informationen verfügt. Mit einer der Nachrichten, die besagt, Phraates habe kniefällig Recht und Oberherrschaft des Augustus anerkannt (27 f.), schafft Horaz sich einen witzigen Übergang zu Epistel 1.13. Um das wahrnehmen zu können, muß man allerdings den Originaltext einsehen. Also bedarf es hier der kurzen Erklärung (die Witzen nicht immer guttut). Phraates ist der Partherkönig, welcher im Jahre 20 v. Chr. die 53 v. Chr. in der Schlacht bei Carrhae von seinem Volk erbeuteten römischen Feldzeichen an den Prinzeps zurückgeben ließ. Wenn nun die Zeitgenossen die Stichworte *signa* (Feldzeichen) und *reddere* (geben, zurückgeben), an die sie im Zusammenhang mit 1.12.27 f. gedacht haben dürften, zu Beginn von 1.13 noch im Kopf hatten, stießen sie in V. 2 auf ein Wortspiel. Horaz wendet sich dort an einen Boten namens Vinnius, der dem Augustus versiegelte Buchrollen geben soll; hier der lateinische Vers:

Augusto reddes signata volumina, Vinni
(dem Augustus wirst du geben die versiegelten Buchrollen, Vinnius).

Wenn man bei langsamem, lautem Lesen (das in der Antike die Regel war) bis *signa*l gekommen ist, versteht man zuerst «dem Augustus wirst du zurückgeben die Feldzeichen» (Oliensis 1998, 189f.). Wer jetzt nicht lacht, sollte wenigstens die Verknüpfung von zwei Gedichten als solche zur Kenntnis nehmen. Denn sie liefert ein weiteres Argument für die Notwendigkeit linearer Lektüre.

Was enthalten nun die *signata volumina*? Höchstwahrscheinlich die 23 v. Chr. publizierte Odensammlung. Natürlich ist Horaz sehr daran interessiert, daß Vinnius die Überreichung an Augustus korrekt und mit penibler Berücksichtigung der Etikette durchführt. So soll er sich vergewissern, daß der Prinzeps gerade gesund und gutgelaunt ist, warten, bis dieser nach den Papyrusrollen verlangt, und nicht durch Betulichkeit Mißfallen erregen, das dann die Bücher einbeziehen könnte. Bereits für den Transport dorthin, wo der Prinzeps sich befindet, gibt der Dichter genaue Instruktionen: Sollte dem Boten seine Last zu schwer werden, möge er sie lieber wegwerfen, als daß er nach der Ankunft den Packsattel an eine Mauer haut, so seinen Beinamen Asina (Eselin) zum Gespött macht und sich selbst ins Gerede bringt. Auch ermahnt Horaz ihn, die Rollen nicht wie ein Bauer ein Lamm, eine Säuferin namens Pirria ein gestohlenes Wollknäuel oder ein geladener Gast Sandalen und Filzmütze unterm Arm zu tragen; ebensowenig dürfe Vinnius jedem erzählen, er habe sich abgeschwitzt, um Gedichte zu befördern, die Augen und Ohren des Augustus zu fesseln vermöchten. Das ist zweifellos alles sehr amüsant, aber man sollte nicht übersehen, daß Horaz, indem er Vinnius zu untertäniger Haltung während der Audienz beim Herrscher instruiert, sie auch selbst einnimmt. Mit Recht hat Rolando Ferri den Boten als «personifizierten Brief» bezeichnet (1993, 70). Denn der Prinzeps kann die Szene, in der Vinnius ihm die Odensammlung aushändigt, als Ehrenbezeugung des Horaz «lesen». Eine römische Münze aus dem Jahr 19 v. Chr., in dem das erste Epistelbuch erschien, zeigt einen knienden Parther, der die *signa* darbietet (Zanker 1987, 191). Vermutlich soll Vinnius in derselben Pose die *signata volumina* überreichen – in Stellvertretung seines Herrn.

Von dem Bücherboten kommt Horaz zu dem Verwalter seines Sabinums, an den Epistel 1.14 gerichtet ist. Der Text ist eine Art Fortsetzung zu dem Lob des ländlichen Daseins gegenüber dem dezidierten Städter Fuscus in 1.10. Denn Horaz geht in 1.14 davon aus, daß der Adressat, der einst den Posten auf dem Gut unbedingt übernehmen wollte, sich jetzt nach Rom zurücksehnt, während der Dichter dort sein möchte, wo der Verwalter tätig ist. Zu dieser Situation bemerkt er in V. 11–13:

Wem das Los eines anderen gefällt, dem ist natürlich das eigene verhaßt.
Töricht beklagen sie sich beide zu Unrecht über den Ort, der das nicht verdient.
Schuldig ist der eigene Sinn, der sich nie entfliehen kann.

Es sieht so aus, als werde der Kerngedanke von 1.11 aufgegriffen und nun variiert. Doch Horaz läßt ihn gleich wieder fallen und bietet statt dessen etwas, das heutige Leser vielleicht mehr interessiert. Er zählt die Freuden des Lebens in Rom auf, die der Verwalter auf dem Sabinum vermissen muß: das Bordell, die fette Garküche, das Wirtshaus in der Nähe und die flötenspielende Prostituierte, die zum Tanze bläst. Damit ist ein Bereich des Stadtlebens angesprochen, der Horaz, wie er 31 ff. verrät, einst ebenfalls wichtig war: die Welt des Symposions und der damit verbundenen Erotik. Jetzt begnügt er sich gerne damit, eine kurze Mahlzeit zu genießen und an einem Bach im Gras zu schlafen. Hatte das Land in 1.10 für seine bescheidene Existenz am «kleinen Tisch» gestanden, so findet sich das hier wieder. Doch nunmehr symbolisiert das der Stadt Rom bevorzugte Ambiente zusätzlich den Verzicht auf die Sinnesfreuden der Vergangenheit, von denen in der rund fünf Jahre vor dem ersten Epistelbuch erschienenen Sammlung *Oden* 1–3 häufig die Rede ist. Was Horaz als Briefe schreibenden Philosophen offenbar überhaupt nicht mehr interessiert, ist Sex. Man möchte es eigentlich nicht glauben, aber es wird wohl so sein: In der Vorstellung des Horaz vom *recte vivere* haben Frauen und Knaben keinen Platz.

Immerhin erwähnt der Dichter im ersten Epistelbuch einmal folgendes: Wenn er sich ans Meer begeben habe, sei er nicht wie auf seinem Sabinum mit jeder Sorte Wein zufrieden, sondern verlange einen edlen und milden, der die Sorgen vertreibe, Hoffnungen wecke, beredt mache und ihn einer lukanischen Schönen so attraktiv wie einen jungen Mann erscheinen lasse. Aber die an einen Freund namens Vala gerichtete Epistel 1.15, in der wir das erfahren (V. 16b–21), gehört nicht zu den Briefen, in denen Horaz unter dem Einfluß der hellenistischen Moralphilosophien über das glückliche Leben reflektiert. Der Dichter zeichnet hier eine geradezu burleske Karikatur seiner Wechselhaftigkeit, über die er sich schon in 1.1.97–100 und 1.8.7–12 geäußert hat. Horaz bittet, wie gesagt, zu Beginn den Adressaten um Auskünfte über Velia und Salernum. Die Anfrage, die von zwei langen Parenthesen unterbrochen wird – die erste besteht aus einer kurzen Erzählung des Dichters über einen Aufenthalt im Heilbad Baiae und seinen Ritt zu einem anderen Kurort (2b–13), die zweite ist der gerade paraphrasierte Passus über die Trinkgewohnheiten des Dichters –, füllt die erste Hälfte des Briefes aus (1–25) und bezieht sich fast nur darauf, welcher der beiden Orte, über die Vala Bescheid weiß, eher die Voraussetzungen dafür schafft, daß Horaz als «fetter Phäake» (24) heimkehren kann. Von seiner schlichten Lebensform, auf die er sich doch sonst so viel zugute hält, redet er hier nicht, sondern gibt sich auf einmal als Freund guten Essens und Trinkens, so daß wir argwöhnen, das sei ein Resultat seines Wankelmutes. Horaz bestätigt das zunächst nicht, sondern stellt uns einen Mann vor, dem dieser Charakterzug zu eigen ist: den Possenreißer und Schmarotzer Maenius. Serviert man ihm nur minderwertige Kost, schimpft er auf die Schlemmer, aber dann preist er wieder Delikatessen, wenn er selbst sie zu essen kriegt. Dazu bemerkt nun der Dichter abschließend (42–46):

Natürlich bin ich so wie der. Denn sicheren und schmalen Besitz lobe ich,
wenn das Geld fehlt, hinreichend standhaft unter all dem billigen Zeug.
Doch wenn mir ein besserer und fetterer Bissen zuteil wird, sage
auch ich, daß ihr allein weise seid und glücklich lebt, deren
Vermögen, sicher angelegt in glänzenden Villen, sich aller Augen darbietet.

Hier erreicht die Selbstironie des philosophierenden Epistolographen ihren Höhepunkt, und das unmittelbar vor einem Brief, in dem er wieder ganz ernsthaft Überlegungen zum *recte vivere* vorträgt.

Sabinum, Sozialkunde und Selbstreflexion

Zu Anfang von Epistel 1.16 sagt Horaz, er wolle der Frage des Adressaten Quinctius, was auf dem Sabinum angebaut werde, zuvorkommen und beschreibe deshalb nun «geschwätzig» (4) Gestalt und Lage des Gutes. Dann hat er allerdings nicht mehr zu bieten als dies (5–16):

Wenn <du dir vorstellst, daß> eine zusammenhängende Bergkette geschieden ist
durch ein schattiges Tal, aber so, daß, wenn sie aufgeht, auf die rechte Seite
blickt die Sonne
und daß sie, wenn ihr Wagen enteilt, im Schwinden die linke Talseite wärmt,
wirst du die milde Temperatur loben. Was <sagst du erst dazu,> wenn <ich sage,
daß> Dornbüsche üppig

rötliche Kornelkirschen und Schlehen tragen? Daß Eiche und Steineiche
mit reichlicher Frucht das Vieh und mit viel Schatten den Herrn erfreuen?
Du dürftest wohl sagen, herbeigerückt grüne in deiner Nähe Tarent.
Dazu <ist hier> eine Quelle, einem Bach ihren Namen zu geben reich genug –
nicht kühler und reiner schlängelt durch Thrakien sich der Hebros.
Für einen kranken Kopf fließt sie nützlich, nützlich für einen kranken Bauch.
Dieser liebliche und, wenn du es mir nunmehr glaubst, schöne Winkel
erhält gesund mich dir während der Septembertage.

Geschwätzig? Bedenkt man, daß dies die einzige Schilderung ist, die Horaz uns von seinem Anwesen in den Sabinerbergen gibt, mag man bezweifeln, daß sie als Information für diejenigen ausreichend war, die das Anwesen einst entdeckt zu haben glaubten (S. 18 f.). Es geht dem Dichter hier auch offensichtlich gar nicht um ein die Realität abbildendes Porträt, sondern erneut um ein Symbol. Kornelkirschen, Schlehen, Eicheln und dazu Quellwasser – das ist als Ernährung das allerschlichteste, was man sich vorstellen kann, also bestens geeignet für eine entsprechende Lebensform. Wenn man dann gleich nach den zitierten Versen liest: *tu recte vivis, si* … (17a: du lebst richtig, wenn …), wird klar: Die Skizze des Sabinums liefert nichts weiter als den Aufhänger, ähnlich wie die «wahre» G'schicht des Herrn Pfarrer am Anfang des Wortes zum Sonntag. Thema von Epistel 1.16 sind also wieder einmal die für ein glückliches Dasein zu erfüllenden Bedingungen. Worin sie bestehen, legt Horaz im restlichen Text durch einen etwas schwierig nachzuvollziehenden Gedankengang dar, der im Rahmen der vorliegenden Monographie nicht detailliert paraphrasiert werden kann. Hier das Wichtigste: Nur der Weise und sittlich Vollkommene besitzt nach Auffassung des Horaz die Fähigkeit zum *recte vivere*. Daran anknüpfend untersucht der Dichter, wer ein *vir bonus* (40: braver Mann) ist. Er bemüht sich aber weniger darum, den von ihm gemeinten Typus zu charakterisieren, als aufzuzeigen, daß mancher ihn allein nach außen hin, aber nicht wirklich verkörpere – zum Beispiel jemand, der lediglich aus Furcht vor Strafe Verfehlungen meidet (V. 46–56). Daher ist in der Epistel viel vom Unterschied zwischen Schein und Sein die Rede, und genau das war durch den kurzen Blick auf das Landgut sinnbildlich vorgegeben: Das Sabinum wirft, wie Horaz den Adressaten wissen läßt, nur einen ärmlichen Ertrag ab, aber dieser schafft die Basis dafür, daß man dort gesund bleibt.

Mag es leicht sein, an einem Ort wie dem Sabinum zufrieden zu leben, so sind die sozialen Voraussetzungen in der Stadt Rom dafür eher ungünstig. Denn wer es zu etwas bringen will, muß sich mit einflußreichen Persönlichkeiten gut stellen, und wie das geschehen kann, lehren die

Briefe 1.17 und 18. Horaz wendet sich in dem ersten der beiden Texte an einen Adressaten, den er Scaeva nennt; vermutlich ist das einfach ein sprechender Name, den man mit «Herr Linkisch» wiedergeben könnte. Damit dieser Mann sich im Umgang mit den «Größeren» (V. 2) nicht so verhält, wie er heißt, erteilt der Dichter ihm eine Lektion. Sie beginnt mit einer Absage an die Anhänger der kynischen Philosophie, die, frei von allen Bedürfnissen, voller Verachtung auf diejenigen blicken, welche an den Tafeln der Vornehmen sitzen. Freilich verschmähen die Kyniker das Betteln nicht und erniedrigen sich dabei; daran erinnert Horaz sie durch den Mund des Aristipp von Kyrene (ca. 425–355 v. Chr.), der in Fragen der Ethik als Vorläufer Epikurs gilt. Dem Dichter erscheint es denn auch durchaus lobenswert, wenn man sich die Anerkennung durch führende Männer der Gesellschaft zu erwerben und materielle Unterstützung von ihnen zu bekommen versucht. Doch wenn er uns nun vor Augen stellt, was dabei falsch gemacht werden kann, klingt das wieder einmal satirisch, weshalb man bezweifeln darf, daß er seine «Sozialkunde» für Scaeva ganz und gar ernst meint. Man betrachte vor allem die folgende Passage (52–57):

Wer, als Begleiter nach Brundisium oder dem lieblichen Sorrent mitgenommen,
über die holprigen Straßen, die bittere Kälte und den Regen jammert
oder flennt, weil sein Koffer aufgebrochen und das Reisegeld gestohlen sei,
wiederholt die bekannten Tricks einer Hure, die oft heult, weil
ihr eine Halskette, oft, weil ihr eine Fußspange geraubt sei, so daß bald
ein wirklicher Verlust und echte Schmerzen keinen Glauben mehr finden.

Denkt der Dichter wirklich, über so etwas Banales müsse er jemanden, der in Rom eine Karriere anstrebt, belehren? Auf jeden Fall hat er Spaß daran, Szenen wie diese zu evozieren. Vielleicht ist auch wieder etwas Selbstironie des Klienten Horaz im Spiel, denn er hat uns in den Satiren sowohl von einer Reise nach Brundisium erzählt, an der er selbst teilnahm, als auch von seinen Erfahrungen bei Ausflügen im Wagen des Maecenas (1.5 bzw. 2.6.42–46).

Scaeva wird mehr vor Fehlern gewarnt als durch Lehren in die Kunst des richtigen Auftretens vor einem Patron eingeführt. Der junge Lollius Maximus dagegen, Adressat nicht nur der zweiten, sondern auch der zweitletzten Epistel vor dem Epilog (1.18), erhält einen ganzen Katalog von Anweisungen für den als Aufsteiger zu übernehmenden Part präsentiert. Was Horaz ihm als erstes empfiehlt, wirkt noch seriös: Lollius solle im Gespräch mit einem Gönner diesem weder ständig nach dem Mund reden noch rechthaberisch sein, sondern den Mittelweg wählen. Das hört sich nach einer philosophischen Maxime an. Aber die anschließenden Instruktionen zielen dann doch darauf ab, daß Lollius sich in allem, was er betreibt, nach dem Mann, dessen Protektion ihm wichtig ist, richten muß. So ermahnt Horaz seinen jungen Freund etwa dazu, dem Patron gegenüber weder die eigenen Liebhabereien hervorzuheben noch diejenigen anderer zu tadeln und nicht gerade dann, wenn dieser auf die Jagd gehen will, Verse zu schmieden, sondern ihn zu begleiten (45b–48):

Sooft er hinausführt aufs freie Feld
seine mit ätolischen Jagdnetzen beladenen Zugtiere und die Hunde,
steh auf und lege ab die Verdrossenheit deiner menschenscheuen Muse,
damit du zugleich mit ihm den durch Mühen erworbenen Braten speisen kannst.

Wohlgemerkt: Das schreibt der Verseschmied Horaz, der größten Wert auf die Freiheit legt, sein Leben nach eigenem Wunsch zu gestalten. Was er Lollius hier und in den meisten übrigen Passagen seines Vortrags zu tun lehrt, steht in krassem Gegensatz zu der Bekundung seiner Unabhängigkeit von Maecenas in Epistel 1.7; es dürfte deswegen nicht als Knigge für junge Leute, die etwas werden wollen, zu interpretieren sein, sondern als Satire auf Patrone, die mit ihren Klienten umspringen wie Despoten mit ihren Untertanen. Lollius soll das wahrscheinlich bemerken und entsprechend amüsiert sein. Falls er den Witz jedoch nicht gleich begreift, braucht er nur zu beherzigen, was Horaz ihm als letztes rät: Er möge die Philosophen lesen, sie zum Umgang mit den Affekten und darüber befragen, was ihn sich selbst zum Freund mache und ob Ehre oder finanzieller Gewinn oder ein Leben im Verborgenen Gemütsruhe verschaffe (96–103). Die Antwort, die Lollius durch Lektüre von Schriften zu diesen Themen oder einfach vom erstem Epistelbuch des Horaz erhalten kann, lautet sicherlich nicht, er solle die in 1.18 gegebenen Anweisungen befolgen. Daß der Dichter selbst dazu nicht bereit wäre, darf man aus seinem Schlußwort ableiten (104–112):

Sooft mich Digentia erfrischt, der kühle Bach,
aus dem Mandela trinkt, das vor Kälte verhutzelte Dorf –
was meinst du, fühle ich dann, was glaubst du, Freund, erbete ich?
‹Möge mir bleiben, was ich jetzt habe, sogar weniger; möge ich für mich selbst leben dürfen
in der Zeit, die mir übrig bleibt, falls die Götter wollen, daß etwas übrig bleibt;
Möge ich einen guten Vorrat an Büchern und an ausreichendem Brot für das Jahr haben und nicht hin und her schwanken, abhängig von der Hoffnung auf die nächste ungewisse Stunde!›

Aber es reicht, Jupiter um das zu bitten, was er gibt und nimmt:
Möge er mir Leben, möge er die Mittel dazu geben: Gleichmut will ich mir selbst schaffen.

Diese Verse und die ihnen vorausgehende Ermahnung des Lollius zum Studium der Philosophie bilden eine Art Resümee zu allem, was Horaz im ersten Epistelbuch über das *recte vivere* schreibt. Denn dazu äußert er sich in den beiden noch übrigen Gedichten nicht mehr; sie sind der dichtungstheoretischen Selbstreflexion gewidmet.

Im Zentrum des an Maecenas adressierten Briefes 1.19 steht das Problem der Nachahmung von Vorgängern in der Poesie. Horaz hatte, wie er eingangs erzählt, in Anlehnung an die von dem attischen Komödiendichter Kratinos (5. Jh. v. Chr.) aufgestellte These, Wassertrinker verfaßten keine guten Gedichte, in Rom per «Edikt» (10) kundgetan, Nüchternen weise er das Forum und das Tribunal des Prätors zu und verwehre strengen Leuten das Dichten. Daraufhin hätten nun die Poeten nichts eiliger zu tun gehabt, als nachts um die Wette Wein zu trinken und tagsüber danach zu duften (1–11). Horaz folgert daraus, daß die Herren, wenn er zufällig eine bleichere Gesichtsfarbe bekäme, zu bleich machendem Kümmeltee greifen würden (17 f.), und auf all das Imitieren reagiert er mit dem Ausruf (19 f.):

O ihr Nachahmer, ihr Sklavenhorde! Wie oft hat mir euer Getöse
die Galle, wie oft mir Heiterkeit erregt!

Er habe, fährt er fort, Archilochos kreativ rezipiert (S. 36), so wie schon vor ihm Sappho und Alkaios mit den Rhythmen des Jambikers verfahren seien, und Alkaios wiederum, den vorher kein Mund gesungen habe, sei durch ihn bekannt geworden; ihm bereite es Freude, Ungesagtes darzubringen, von edlen Augen gelesen und edlen Händen gehalten zu werden (21–34). Und nun wolle er Maecenas antworten, der gefragt hatte, warum undankbare Leute nach der Lektüre der Werke des Horaz diese zu Hause loben und lieben, jenseits der Türschwelle aber ungerecht tadeln würden (35 f.). Aus dem, was der Dichter uns hier verrät, hat man immer wieder geschlossen, die 26–23 v. Chr. veröffentlichte Odensammlung des Horaz sei von den Zeitgenossen nicht sehr positiv aufgenommen worden. Bestätigt sah man das durch den Kommentar, den der Dichter zu dem von Maecenas referierten «reader response» abgibt. Was Horaz hier vorbringt, ist in erster Linie ein erneutes Bekenntnis zu dem Grundsatz des Kallimachos, nicht für die Masse zu schreiben (S. 80); außerdem lehnt er es ab, sich mit denen zu streiten, die ihm vorwürfen, er spare seine Sachen für das Ohr Jupiters (also des Augustus) auf und glaube, nur er könne poetischen Honig strömen lassen (37–49). Gewiß, hier deutet Horaz an, daß er sich als *poeta doctus* (gelehrter Dichter) nur an diejenigen wendet, denen eine umfassende Bildung ermöglicht, seine Texte adäquat zu würdigen. Aber aus der von ihm zu Beginn von 1.19 erhobenen Behauptung, er werde in Rom eifrig nachgeahmt, ergibt sich denn doch wohl, daß seine lyrische Poesie großen Anklang fand. Es waren ja ohnehin nur die Angehörigen der Oberschicht, welche über die für das Lesen literarischer Texte nötigen Voraussetzungen verfügten.

Die sich in 1.19 artikulierende Scheu des Dichters vor dem großen Publikum steht auch im Hintergrund des Epilogs zu den Episteln 1–19 (1.20). Dieses Gedicht richtet er an das Buch und stellt resigniert fest, es strebe danach, sich öffentlich zum Verkauf darzubieten, weil es bekümmert sei, daß es nur wenigen gezeigt werde. Horaz redet hier zu der Papyrusrolle in der Art, als wäre sie ein von ihm geliebter Sklavenjunge, der sich gegen den Willen seines Herrn prostituieren möchte; das geht im Originaltext aus seinem Wortgebrauch klar hervor. In Anspielung auf die Ausdrucksweise eines Päderasten verheißt der Dichter dem Buch, es werde, einmal in die Welt hinausgegangen, sein Handeln in Zweifel ziehen, wenn es eine Kränkung erfahren habe; ja, es komme dann soweit, daß der *amator* (Liebhaber) genug von ihm habe und «erschöpft» sei (8). In Rom werde das Buch nur so lange gefragt sein, bis die Jugend es verlasse; danach diene es Motten zur Nahrung oder müsse in entfernte Regionen des Reiches entweichen oder in entlegenen Vororten den Kindern das Abc beibringen, während das Stammeln des Greisenalters es überfalle. Was wir hier vor uns haben, ist also die (prophezeite) «Vita» des ersten Epistelbuches, und dieses wiederum wird von Horaz am Anfang des zweiten Teils von 1.20 gebeten, es möge, wenn es einmal bei mildem Sonnenschein ein größeres Publikum habe, die Biographie seines Autors erzählen. Was es dabei sagen soll, verkündet Horaz ihm zum Abschluß des Epiloges; die entsprechenden Verse (20–28) wurden bereits in einem anderen Zusammenhang zitiert (S. 23).

Einsamer an Einsamen

Buch 2 der Episteln beginnt mit dem 270 Verse umfassenden Brief an den Prinzeps. Horaz, der am Ende von 1.20 seine Vita umrissen und sich zugleich selbst porträtiert hatte, nennt in der kurzen Vorrede zu 2.1 die drei wichtigsten Bereiche der Augusteischen Regierungstätigkeit und liefert so eine Skizze von der Person des Herrschers (1–4):

Da du so viele und so bedeutende Aufgaben allein auf dich nimmst,
das italische Reich mit Waffen schützt, mit guten Sitten schmückst
und durch Gesetze besserst, würde ich dem öffentlichen Interesse schaden,
wenn ich durch eine lange Plauderei deine Zeit in Anspruch nähme, Caesar.

Die wohl mit Absicht durch die beiden «Steckbriefe» hergestellte Verbindung zwischen dem Schluß von 1.20 und dem Anfang von 2.1 rückt nicht nur die beiden Briefbücher, sondern auch Poet und Prinzeps eng zusammen. Hier stehen sich zwei Männer gegenüber, die einst bei Philippi Feinde waren, dann Freunde wurden und zur Zeit der Abfassung von 2.1 (11/10 v. Chr.) auf ihrem jeweiligen Gebiet die führenden Persönlichkeiten sind – noch dazu in einsamer Größe innerhalb ihrer Generation. Der jetzt etwa 53jährige Augustus hatte 12 v. Chr. den Tod seines Schwiegersohnes und treuen Mitstreiters Agrippa zu beklagen (darauf dürfte «allein» in V. 1 anspielen); Horaz, zwei Jahre älter, ist, seit Vergil starb (19 v. Chr.), der einzige «Klassiker» unter den Dichtern der augusteischen Ära. Um seine Welt, die Poesie, geht es nun auch in *Epi.* 2.1, und zugleich um das Verhältnis des gegenwärtigen Rom sowie seines Herrschers speziell zur lateinischen Verskunst. Bei der Behandlung dieses Themas kommt Horaz auf die poetische Produktion früherer Epochen und der eigenen zu sprechen. Während er mehrere Personen als Vertreter der älteren Dichtung nennt, ist die jüngere nur durch den Autor der *Aeneis* und den ebenso bereits verstorbenen Varius repräsentiert (V. 247), nachdem Horaz in *Sat.* 1.10 eine ganze Liste von zeitgenössischen Kollegen geboten hatte.

Seine literaturtheoretische Erörterung eröffnet der Dichter mit einer Huldigung an Augustus: Der Prinzeps übertreffe Romulus, Bacchus, die Dioskuren und Herkules als die großen Helfer der Menschheit insofern, als sie während ihres Erdendaseins nur Undank erfuhren und erst nach dem Tode unter die Unsterblichen versetzt wurden, Augustus aber schon jetzt als Gott verehrt werde. Darin zeige sich ein auffälliger Kontrast zu der Eigenart der Römer, nur das alte, längst Vergangene zu schätzen. So werde denn auch die Poesie der frühen Republik der in jüngerer Zeit entstandenen vorgezogen (5–49). Diese Feststellung veranlaßt Horaz dazu, breit darzulegen, daß Dichter wie zum Beispiel Ennius und Plautus gelobt würden, obwohl sie formal unvollkommen seien (50–75). Nur sie würden sich allgemeiner Beliebtheit erfreuen, Modernes dagegen werde einfach deshalb abgelehnt, weil es modern ist. Also erhebe sich die Frage, was man von der alten Poesie der Griechen noch besäße, wenn auch ihnen alles Neue zuwider gewesen wäre (76–92). Horaz antwortet nicht direkt darauf, sondern vergleicht nun Hellenen und Römer in ihrer jeweiligen Haltung gegenüber der Dichtung: Die Sieger in den Perserkriegen hätten während des anschließenden Friedens in der Pflege der verschiedensten Künste geschwelgt und nach Art von Kleinkindern ihre Begeisterung rasch von einer Sache auf die nächste übertragen; in Rom dagegen habe man sich lange Zeit nur für pragmatische Dinge wie den Schutz der Rechte von Klienten und den Vermögenserwerb interessiert. Doch jetzt sei das Volk ins andere Extrem verfallen und begeistere sich so sehr für die Poesie, daß Knaben und ernste Väter mit Kränzen im Haar sogar während des Essens Gedichte diktierten. Horaz selbst beteuert zwar, er schreibe keine Verse mehr – bereits hier deutet er wohl an, was er in Epistel 2.2 näher ausführen wird –, aber auch er verlange schon vor Sonnenaufgang nach Feder, Papyrus und Rollenbehälter. Jedermann dichte, ob er etwas davon verstehe oder nicht (93–117).

Wir hatten nach dem negativen Urteil des Horaz über die ältere lateinische Poesie erwartet, daß er den besonderen Wert der Musenkunst seiner Epoche herausarbeiten werde. Statt dessen schildert er jetzt plötzlich die Schreibwut seiner Mitbürger und bekennt, er sei ihr selbst erlegen. Warum? Vermutlich spricht er ironisch, so daß wir schmunzeln, aber worauf will er hinaus? Was es ist, wird einigermaßen klar, wenn er danach sagt, der Dichterwahn habe auch gute Seiten und diese nun aufzählt; es sind zunächst einmal folgende (119b–131):

Des Dichters Sinn
ist nicht so schnell habgierig; Verse nur liebt er, ihnen allein gilt sein Bemühen.
Über Vermögensverlust, das Entlaufen von Sklaven und Brände lacht er;
nicht sinnt er auf irgendeinen Trug an seinem Partner oder seinem jungen
Mündel; er lebt von Hülsenfrüchten und zweitklassigem Brot.
Zwar für den Kriegsdienst zu faul und schlecht, ist er der Stadt doch nützlich,
wenn du nur zugestehst, daß durch Kleines auch Großes unterstützt werden kann.
Den zarten, stammelnden Mund des Knaben formt der Dichter,
lenkt ab von unanständigen Reden schon jetzt sein Ohr.
Bald bildet er auch seinen Geist durch freundliche Lehre,
bessert Grobheit, Neid und Zorn.
Von guten Taten erzählt er, heranwachsende Generationen unterweist er
mit berühmten Beispielen, den Armen und den Bekümmerten tröstet er.

Man mag auch das noch mit einem gewissen Lächeln lesen, wird aber bemerken, daß Horaz hier sich selbst in etwa so porträtiert, wie er uns aus seinem bisherigen Werk vertraut ist. Er fügt noch hinzu, vom Poeten würden keusche Knaben und Mädchen Gebete lernen, ihr Chor flehe zu den Göttern, bitte um Regen, wende Seuchen ab, verbanne Gefahren und erlange den Frieden sowie ein an Früchten reiches Jahr, ja durch das Lied würden die himmlischen Götter und die der Unterwelt versöhnt (132–138). Damit evoziert er das *Carmen saeculare*, und so wird endgültig deutlich: Hier empfiehlt sich dem Prinzeps derjenige, der an ihn schreibt, noch dazu genau in der Mitte der Epistel. Doch es geschieht in einem humorvollen Tonfall, der sich mit Bescheidenheit verbindet. Das schließt freilich nicht aus, daß Horaz zum Ausdruck bringen will, er repräsentiere die zeitgenössische Dichtung in herausragender Weise und verdiene daher mindestens ebensoviel Wertschätzung wie die frührepublikanischen Poeten. Doch er läßt uns nicht darüber nachsinnen, ob das zwischen den Zeilen zu lesen ist und ob alles bis zu diesem Punkt Vorgetragene darauf ausgerichtet war: Ganz abrupt setzt er nun zu einer neuen Gedankenreihe an.

Es ist die Geschichte des römischen Dramas, mit der Horaz die zweite Hälfte des Briefes an Augustus beginnt, und man muß sich eine Weile gedulden, bis man begreift, was er damit bezweckt. Nachdem er die vorliterarischen Formen ländlicher Schimpf- und Spottlieder betrachtet hat, erklärt er, die römischen Theaterstücke seien erst lange kunstlos gewesen, dann zwar unter dem Einfluß des griechischen Bühnenspiels besser geworden, aber es handle sich dabei nach wie vor um unvollkommene Dichtung (139–167). Und damit kehrt Horaz zu einem bereits angesprochenen Punkt zurück. Denn ebendas hatte er zuvor schon von der gesamten frührömischen Poesie behauptet, und jetzt nennt er für das Drama zwei Gründe: 1. Den Vertretern dieser Gattung fehle es an Kunstverstand, da sie der falschen Meinung seien, sie müßten sich keine große Mühe geben, schon gar nicht beim Verfassen von Komödien; doch das Gegenteil sei der Fall, wie Horaz dadurch zu belegen versucht, daß er Plautus als schlechten und nur auf Bezahlung bedachten Dichter darstellt (168–181). 2. Der heutige Publikumsgeschmack verhindere, daß Qualität geboten werde; denn der Pöbel verlange mitten zwischen Dramenversen Bärenhatz und Boxkampf, ja sogar die Ritterschaft sehe sich gerne Schaugefechte oder die Vorführung exotischer Tiere wie Giraffen oder weißer Elefanten an (182–207). Nun berichtet Sueton in seiner Augustus-Vita, der Prinzeps habe einerseits sehr häufig Showveranstaltungen der verschiedensten Art organisiert, darunter auch die Inszenierung von Seeschlachten, andererseits eine besondere Vorliebe für die attische Alte Komödie gehabt (43.1–4; 89.1). Darauf nimmt Horaz offenbar Rücksicht, wenn er nach seinen Ausführungen zum Theaterleben im Rom seiner Zeit schreibt, er habe einen enormen Respekt vor Dramatikern, die ihn durch Illusionen ängstigen, aufregen, beruhigen, mit erfundenen Schreckbildern erfüllen und bald nach Theben, bald nach Athen entrücken können (208–213). Aber zugleich schafft er sich dadurch einen glatten Übergang zum letzten

Abschnitt der Epistel. Dieser beginnt mit seiner Bitte an den Herrscher, auch der Buchdichtung ein wenig seine Aufmerksamkeit zu schenken.

Verfasser von Poesie, die nicht in szenisches Spiel umgesetzt, sondern entweder durch Anhören einer Lesung oder private Lektüre rezipiert wird, also Epik und die verschiedenen Formen lyrischen Sprechens, verdienen deshalb das Interesse des Augustus, weil eines der Themen solcher Autoren der Herrscherpreis ist. Dieses Genre darf natürlich, wie Horaz hervorhebt, keinem unwürdigen Poeten anvertraut werden. Ein abschreckendes Exempel biete Choirilos, dessen Verse über Alexander den Großen dokumentierten, wie durch abscheulich schlechte Gedichte glänzende Taten besudelt werden können. Dabei habe der Mann viel Gold für seine mißratene Panegyrik bekommen, und deshalb mache der König, der sich doch von Apelles auf Gemälden und von Lysipp in Statuen verewigen ließ, den Eindruck, er habe keine Ahnung von der Musenkunst. Ganz anders nun Augustus: Seinem positiven Urteil über Vergil und Varius sowie den Geschenken, die sie von ihm erhielten, würden die beiden Dichter keine Unehre machen (214–250a). Nun, das waren zwei Epiker. Aber wie steht es mit der Lyrik des Horaz, die ja Augustus keinen geringen Platz einräumt? Wird der Autor der «Römeroden» und des vierten Buches der *Carmina*, das etwa gleichzeitig mit dem zweiten Epistelbuch publiziert worden sein dürfte (S. 28), jetzt nicht mehr so bescheiden und selbstironisch von sich reden wie in der Mitte des Briefes an den Prinzeps im Hinblick auf seine Tätigkeit als Komponist des Jahrhundertliedes? Sehen wir, was er zu seiner Person schreibt (250b–263):

Auch ich möchte weniger gern Plaudereien,
die am Boden kriechen, als große Taten niederschreiben
und die Lage von Ländern und Flüsse besingen und Burgen,
die auf Bergen errichtet sind, und barbarische Königreiche und die unter deinem
Oberbefehl auf dem ganzen Erdkreis beendeten Kriege
und die Riegel, die Janus, den Hüter des Friedens, einsperren,
und das unter deiner Herrschaft von den Parthern gefürchtete Rom,
wenn ich so viel, wie ich möchte, auch könnte. Aber ein kleines Gedicht
erkennt deine Majestät nicht an, und es wagt nicht meine
Scheu, mich an einem Stoff zu versuchen, den meine Kräfte zu tragen sich weigern.
Beflissenheit aber, die töricht ihre Liebe zum Ausdruck bringt, fällt lästig,
besonders dann, wenn sie sich durch Rhythmen und Kunst empfiehlt.
Man bemerkt nämlich schneller und bewahrt lieber das im Gedächtnis,
worüber man sich lustig macht, als das, was man gutheißt und verehrt.

Horaz hält sich also für unfähig, Herrscherpanegyrik zu schreiben. Und er begnügt sich nicht damit, das ausführlich zu verkünden und zu rechtfertigen, sondern legt auch noch am Schluß der Epistel seinem Adressaten Augustus Worte in den Mund, mit denen dieser bekräftigt, daß er nicht in schlecht gebauten Versen verherrlicht zu werden wünsche (264–270). Aber all die Themen, die Horaz in der soeben zitierten Textpassage nennt, kommen im vierten Buch seiner Oden zur Sprache, speziell in 4.14 und 15, die wörtliche Übereinstimmungen aufweisen; so lesen wir zum Beispiel in 4.14.11 f. im Zusammenhang mit seinem Bericht über die Kämpfe des Drusus und Tiberius gegen die Vindeliker von den «Burgen, die auf den Alpen errichtet sind.» Wie soll man also die in V. 250b–263 erhobene Behauptung interpretieren? Wie im Zentrum des Briefs stellt sich die Frage, ob es sich hier einfach um eine humorige Bescheidenheitsgeste handelt oder die implizite Artikulation eines stark ausgeprägten Selbstbewußtseins. Trifft das letztere zu, dann verrät Horaz zwischen den Zeilen, er möchte von Augustus als derjenige unter den noch lebenden zeitgenössischen Dichtern angesehen werden, der als einziger den Prinzeps adäquat zu preisen vermag. Ich getraue mich nicht, zwischen beiden Möglichkeiten eine Wahl zu treffen, neige aber zu der zweiten.

Verse über den Abschied von den Versen

Mit dem, was Horaz den Prinzeps am Ende von Epistel 2.1 sagen läßt, wird auf das Schlimmste verwiesen, was einem poetischen Werk widerfahren kann: daß es in das Stadtviertel getragen werde, in dem man verkauft (269: *vendentem*), was in unbrauchbare Papyrusblätter eingewickelt wird. Gleich zu Beginn der 216 Verse umfassenden Epistel 2.2 an Iulius Florus geht es wieder ums Verkaufen (2: *vendere*), und man hat das Gefühl, der Wortbezug diene als Brücke zwischen 2.1 und 2.2. Aber es ist nicht sofort erkennbar, warum Horaz jetzt fingiert, jemand, der Florus für eine bestimmte Summe einen Sklaven anbietet, spreche über dessen Vor- und Nachteile, und warum der Dichter dann deutlich macht, Florus habe aufgrund der ihm gegebenen Informationen nach Erhalt der «Ware» kein Recht zu einer späteren Reklamation. Wenn man durchschaut hat, was das soll – Horaz erinnert Florus, der sich offenbar über das Ausbleiben eines Briefes beschwert hat, daran, daß er ihm bei der Abreise erklärt habe, er sei schreibfaul –, konstatiert man, daß vom Ende des Augustusbriefes an nichts weiter geschehen ist als dies: Horaz hat assoziativ Begriffe und Gedanken aneinandergereiht – wie so oft in seiner Hexameterpoesie. Im Falle von Epistel 2.2 ist mit dem, was der Dichter dem Adressaten ins Gedächtnis ruft, das eigentliche Thema des Textes freilich noch nicht erreicht, obwohl wir bereits bei Vers 24 angelangt sind. Doch nun wird uns wenigstens ein Stichwort gegeben: Wir vernehmen, Florus habe obendrein geklagt, weil Horaz irgendwelche von ihm erwartete Gedichte nicht schicke. Dann sind aber noch weitere 29 Verse zu lesen, bis man einigermaßen begreift, Horaz wolle überhaupt keine Poesie mehr produzieren und sei bereits dabei, das zu begründen. Jetzt erfolgt die assoziative Hinführung durch die Erzählung einer Anekdote über einen Soldaten des Lucullus und durch einen Abriß der Vita des Horaz bis zu der Zeit gleich nach Philippi als Hintergrund für seine derzeitige Lebenssituation (26–54).

Der Dichter verweist deshalb auf die Lage, in der er sich momentan befindet, weil er, den einst die «kühne Armut» (51) zum Versemachen getrieben habe, jetzt eine wesentliche Voraussetzung für die Beendigung seiner musischen Tätigkeit erfüllt sieht: Er hat alles, was er braucht (52). Doch er kann noch weitere Argumente für seine Entscheidung nennen, und wenn man dann erfährt, wie sie lauten, ist man überrascht, daß er auf einmal ganz übersichtlich Punkt für Punkt vorträgt: 1. Er ist zu alt für die Poesie (55–57); 2. Er kann es niemandem recht machen, da die einen Lyrik, die anderen Jamben und wieder andere Satiren wünschten (58–64); 3. Rom mit all den Sorgen und Mühen, die man dort hat, und dem hektischen Getriebe auf den Straßen beeinträchtigt die zum Schreiben nötige Ruhe. Selbst Athen wäre als Ort für stille Muße ungeeignet: Es gebe jemanden, der, dort über sieben Jahren geistiger Tätigkeit ergraut, nun ausgelacht werde, wenn er schweigend ausgehe (65–86); 4. In Rom ist es üblich, daß Dichter um die Wette rezitieren, und das braucht Horaz, wenn er auf die Poesie verzichtet, nicht mehr zu erdulden (87–105); 5. Zur Verskunst gehört virtuoser Umgang mit der Sprache, überlegte Wortwahl, Bereitschaft zur Verwendung von obsoleten Ausdrücken ebenso wie von Neuprägungen, ein ausgewogener und gleichzeitig variabler Stil (106–125); 6. Horaz würde es vorziehen, als verrückter, ungeschickter Dichter zu gelten, wenn er sich an seinen eigenen Fehlern erfreuen oder sie übersehen würde, statt sachkundig zu sein und sich zu ärgern; wir müssen wohl ergänzen, daß er dazu nicht fähig wäre (126–140).

Kann man das, was Horaz hier vorbringt, als Rechtfertigung für eine Abkehr von den Musen akzeptieren? Nein, denn zum einen ist kein Argument zwingend. Warum – um nur eines herauszugreifen – sollte Horaz, der bei seinen Lesern «artistisches Entzücken» zu wecken vermag (S. 7), die von ihm an die äußere Form der Poesie gestellten Anforderungen nicht selbst zu erfüllen fähig sein? Zum anderen zeugen die Beispiele, mit denen er das Plädoyer untermauert, von seiner großen Freude am Dichten. Man nehme etwa, was er über das Leben in den Gassen der Großstadt berichtet, das ihn angeblich irritiert (72–76):

Es eilt daher ein hitziger Bauunternehmer mit seinen Maultieren und Lastträgern,
es windet bald einen Felsblock, bald einen riesigen Balken ein Kran in die Höhe,
düstere Leichenzüge verheddern sich mit schweren Lastfuhrwerken,
hier flüchtet eine tollwütige Hündin, dort stürzt ein schmutziges Schwein heran.
So, jetzt geh hin und ersinne bei dir klangschöne Verse!

Sicherlich gibt es Poeten, deren Schaffensdrang zum Erliegen kommt, wenn sie sich mit dergleichen konfrontiert sehen. Man denke etwa an Wilhelm Buschs Balduin Bählamm, der sich ständig am Dichten gehindert sieht, sogar dann, wenn er in häuslicher Geborgenheit am Schreibpult die Feder in das Tintenfaß tauchen will:

Begeistert blickt er in die Höh:
«Willkommen, herrliche Idee!»
Auf springt die Tür. – An Bein und Arm
Geräuschvoll hängt der Kinderschwarm ...

Doch Horaz ist kein Balduin Bählamm. Denn Szenen wie die in V. 72–76 skizzierte haben ihn schon als Satiriker nicht vom Dichten abgeschreckt, sondern vielmehr dazu inspiriert. Ja, man kann sagen, daß aus allem, was er in seinem Sechs-Punkte-Katalog anführt, eine große Liebe zur Poesie spricht. Dennoch ist er nun fest entschlossen, sich nur noch der Moralphilosophie zu widmen, und deshalb verkündet er, nachdem er seine Gründe für den Abschied von den Versen vorgebracht hat (141–145):

Selbstverständlich ist es nützlich, den Kleinkram abzuwerfen, vernünftig zu sein
und Knaben das Spiel zu überlassen, das zu ihrem Alter paßt,
und nicht nach Worten zu suchen, die zur lateinischen Lyra zu singen sind,
sondern Rhythmen und Weisen der richtigen Lebensart zu erlernen.
Deshalb spreche ich bei mir folgendes und beherzige es stillschweigend:

Ja, was? Natürlich das, was er sich schon im ersten Epistelbuch mehrfach vor Augen gehalten hat. So wendet er sich wieder einmal zunächst gegen das Streben nach Geld – diesmal unter dem Aspekt, daß man wirkliches Eigentum gar nicht erwerben könne –, wobei er sich gleichzeitig zur Zufriedenheit mit einem bescheidenen Besitz bekennt (146–204). Nachdem Horaz sich dann noch kurz zur Notwendigkeit der Bekämpfung von Lastern wie Ehrgeiz, Todesfurcht, Zorn geäußert hat, formuliert er ein Schlußwort, das er sicherlich an niemanden anders als sich selbst richtet (213–216):

Wenn du nicht richtig zu leben weißt, weiche denen, die es können!
Du hast genug Spaß gehabt, genug gegessen und getrunken.
Es ist Zeit für dich abzutreten, damit dich nicht, weil du mehr als recht getrunken hast,
das Alter, dem Ausgelassenheit besser steht, auslacht und fortstößt.

Das ist nun nicht mehr nur Abschied von der Dichtung, sondern von einem Leben, welches nicht aufhören will, an den Freuden teilzuhaben, von denen in den ersten drei Odenbüchern oft die Rede ist, statt sich im Hinblick auf Alter und Tod auf das *recte vivere* zu besinnen. Die Verse erinnern an diejenigen am Ende des ersten Gedichtes im ersten Satirenbuch, in denen Horaz schreibt, selten finde sich ein Mensch, der zu sagen vermöchte, er habe glücklich gelebt, und der wie ein gesättigter Gast zufrieden dahingehe (*Sat.* 1.1.117–119; S. 64 und 95). Noch ähnlicher als dieser Passage sind sie einer Stelle bei Lukrez, auf die Horaz schon mit der älteren anspielte. Dort ermahnt die «Natur der Dinge» höchstpersönlich einen Greis, der «mehr als recht» über das nahende Ende jammert (3.954.956–962):

‹Weg mit den Tränen, du Schlund, und bezähme die Klagen!
Alles Schöne im Leben hast du genossen, und nun welkst du dahin.
Aber weil du stets begehrst, was nicht da ist, und das, was da ist, verachtest,
ist dir unvollendet und unerfreulich dein Leben entglitten,
und wider Erwarten stellte sich der Tod dir zu Häupten, bevor
du gesättigt und erfüllt von den Dingen scheiden konntest.
Jetzt gib alles auf, was deinem Alter fremd ist,
und mit Gleichmut – auf denn! – weiche den Klugen: Es muß sein!›

Horaz ist bereit, zu weichen. Gewiß, er wird noch einmal einen poetischen Text vorlegen, den dritten im zweiten Epistelbuch, der noch dazu sein bei weitem längstes Gedicht ist. Darin wird er an das «Alter, dem Ausgelassenheit besser steht», das Wort richten, indem er den beiden jungen Pisonen seine Theorie des Versemachens entwickelt und somit gemäß der in 2.2.142 verkündeten Devise «Knaben das Spiel» überläßt, «das zu ihrem Alter paßt.» Aber Abschied von diesem Spiel nimmt er im Florusbrief, da er bereits dort einen persönlichen Blick zurück auf die eigene

Tätigkeit als Dichter wirft. Es gibt in *Epi.* 2.2 einen Abschnitt, der ahnen läßt, daß bei der Verzichtserklärung sogar ein wenig Wehmut mitschwingt. Dabei handelt es sich um die Anekdote, die Horaz im Zusammenhang mit seinem sechsten Grund für die Abkehr von der Poesie erzählt. Nachdem er hier die Möglichkeit ins Auge gefaßt hat, er könnte ein verrückter Dichter sein, der seine Unfähigkeit nicht wahrnimmt, weiß er folgendes zu berichten (128b–140):

Es lebte einer von nicht geringer Herkunft in Argos,
der immer glaubte, er lausche wunderbaren Tragödienschauspielern,
während er fröhlich im leeren Theater saß und klatschte,
der aber die übrigen Lebensaufgaben auf rechte
Weise wahrnahm, ein ganz guter Nachbar, ein liebenswürdiger Gastfreund,
freundlich zu seiner Frau, einer, der den Sklaven verzeihen konnte
und nicht herumtobte, wenn das Siegel einer Weinflasche verletzt war,
und der einer Felsspalte oder einem offenen Brunnen ausweichen konnte.
Als dieser durch Hilfe und Sorgfalt seiner Verwandten wiederhergestellt war,
mit ganz reiner Nieswurz seine Krankheit samt der Galle ausgetrieben hatte
und zu sich zurückgekehrt war, rief er: ‹Beim Pollux, ihr habt mich umgebracht,
Freunde, nicht gerettet, mich, dem so die Freude entrissen
und weggenommen ist mit Gewalt der angenehmste Irrtum meines Geistes!›

War das Dichten für Horaz – wie für diesen Mann das Hören von Stimmen – ein holder Wahn? Das wohl nicht, aber den Kummer darüber, daß es nun zu Ende ist mit dem, was ihm offensichtlich Spaß gemacht hat, dürfte er mit dem braven Spinner teilen.

Vom Monstrum zum Blutegel

Wie gezeigt, fordert Horaz sich am Schluß von Epistel 2.2 selbst auf abzutreten, damit ihn, den Trunkenen, nicht junge Leute verlachen (216: *rideat*). Gleich zu Beginn des dritten Briefes in Buch 2, der sogenannten *Ars poetica*, gibt er seinen Adressaten, den Pisonen (S. 29), Gelegenheit, sich zu amüsieren (5: *risum*), aber über etwas anderes (1–5):

Wenn ein Maler mit dem Kopf eines Menschen den Hals eines Pferdes
verbinden wollte und buntes Gefieder anlegen
an Gliedmaßen, die von überallher zusammengetragen sind, so daß in einen
scheußlich schwarzen
Fisch ausliefe eine oben schöne Frau,

könntet ihr, sobald man euch zum Anschauen zugelassen hat, das Lachen
halten, Freunde?

Die höchst einprägsame Beschreibung eines Gemäldes, auf dem disparate Elemente zusammengestückt sind, dient Horaz als eines von mehreren Negativbeispielen seiner Ausführungen darüber, was für ihn zu einem einheitlichen und somit vollkommenen Werk der Dichtkunst gehört; dies wiederum ist das erste von zwei Hauptthemen des Pisonenbriefes. Er behandelt es, nachdem er den Pisonen in einer Einleitung assoziativ sein Anliegen entwickelt hat (1–37), schwerpunktmäßig in V. 38–308, um dann für den Rest des Textes zu Teil 2 überzugehen: seinen Vorstellungen von einem vollkommenen Dichter (309–476). Dieses Thema, das schon im ersten Teil ständig präsent ist und sich von V. 265 an allmählich in den Vordergrund drängt, wird durch ein Bild abgerundet, das ähnlich einprägsam ist wie das Eröffnungstableau. Horaz, der am Ende seiner poetologischen Lektion den Typus des verrückten Dichters porträtiert, warnt in den Abschlußversen davor, daß ein solcher diejenigen, welche seiner Rezitationswut nicht entrinnen können, als Blutegel durch Vorlesen umbringe. In Gestalt dieses Tierchens rahmen der verrückte Dichter und das Monstrum der ersten Verse miteinander den Text; vielleicht ist es kein Zufall, daß *hirudo* (Blutegel), das letzte Wort im letzten Vers, eine gewisse Ähnlichkeit hat mit *humano*, dem ersten Wort im ersten Vers.

Das vollkommene Werk der Dichtkunst

Zu Beginn des ersten Hauptteils deutet Horaz an, was aus seiner Sicht eine wesentliche Voraussetzung für Qualität im Bereich der *ars poetica* ist, indem er zu den beiden jungen Pisonen sagt (38–40a):

Nehmt, die ihr schreibt, einen Stoff, der euren Kräften
entspricht, und überlegt lange, was eure Schultern zu tragen verweigern,
was sie schaffen können.

Wer Verse macht, muß also einen Blick für das ihm Gemäße haben. Dazu ist vernünftige Selbsteinschätzung und Bescheidenheit erforderlich, und beides empfiehlt Horaz in seinem gesamten Werk immer wieder allen, die das *recte vivere* anstreben. Ebendieses gilt ihm also als Basis für das *recte scribere*. Er bringt das im folgenden dadurch zum Ausdruck, daß er das Bemühen um Angemessenheit als Leitmotiv in drei Abschnitten verwendet, die bei erstem Lesen nur locker miteinander verbunden wirken: Stil (45–88), Personencharakteristik (89–178), dramatische Technik (179–250).

Wie es dem Dichter gelingt, die drei Themen sinnvoll miteinander zu verknüpfen, kann nur eine sorgfältige, hier nicht zu leistende Textanalyse aufzeigen, aber ich will versuchen, auf das Wichtigste hinzuweisen.

Wenn Horaz mit einer Erörterung über die Wortwahl beginnt, greift er auf einen schon in dem Brief an Florus behandelten Gegenstand zurück (2.2.106–125), den er hier variiert, erweitert und durch einen Passus über die den einzelnen Gattungen zugeordneten Metren ergänzt. Wie das Versmaß, so wechselt auch – das bemerkt Horaz kurz in V. 86 f. – das Stilniveau von Genre zu Genre. Dies veranlaßt ihn zu ersten Betrachtungen über die Kunst, Menschen adäquat zu porträtieren. Gleichzeitig kündigt sich schon jetzt, da er aus Komödie und Tragödie bekannte Figuren wählt, das Thema an, welches ihn in der ersten Hälfte des Pisonenbriefs vorrangig interessiert: die Poetik des Dramas, das in seiner optimalen Gestalt als Exempel für ein vollkommenes Werk der Poesie dient. Doch erst einmal stiftet Horaz eine gewisse Verwirrung, wenn er sich im Zusammenhang mit Problemen der Charakterisierungskunst zu der Frage äußert, ob die Figuren eines Theaterstücks vorgegebenen Stoffen wie dem Trojamythos zu entnehmen oder neu zu erfinden seien. Denn darüber gerät er plötzlich in Überlegungen zum Homerischen Epos (131–152). Sie wirken zunächst wie ein Exkurs. Aber es ist zu bedenken, daß der Autor der *Ilias*, weil er – so Horaz – unter anderem seine Geschichte nicht *ab ovo* begann, sondern gleich *in medias res* ging (147 f.), allen Dichtern, die nach einem ihrem Talent entsprechenden Sujet suchen, als bedeutendstes Vorbild gelten darf. Also ist auch der Passus über Homer dem Leitmotiv «Bemühen um das Angemessene» zugeordnet; die vermeintliche Abschweifung erweist sich bei näherer Betrachtung als zur Sache gehörig. Anschließend werden wir weiter über das Charakterisieren von Personen belehrt (153 ff.) und damit dann auch zum Thema «dramatische Technik» geführt. Hier hält Horaz sich erst eine Weile mit Lehren auf, die man fast als banal bezeichnen könnte – zu nennen wäre etwa die von der Einteilung des Dramas in fünf Akte (189 f.) –, sagt dann aber Substantielles über die Funktion des Chors und der Flötenmusik sowie zum Wesen des Satyrspiels (193–250).

Entfernt sich Horaz mit dem Kapitel über eine Form von Bühnenstück, das etwas spezifisch Griechisches ist, nicht zu weit von den Bedürfnissen der Pisonen und seiner übrigen zeitgenössischen Leser? Nun, das Satyrdrama – es folgte im klassischen Athen auf eine Trilogie von Tragödien und parodierte ein zu dieser Gattung passendes Sujet, ohne sich dabei außerhalb der Welt des Mythos zu bewegen – bildet die Mitte zwischen Trauerspiel und Komödie. Das wirkt sich wesentlich auf die Wahl der Stilebene aus, und wer hier das Richtige treffen will, muß über das dafür nötige Augenmaß verfügen, also wieder einmal zeigen, daß er weiß, was dem Stoff adäquat ist und was nicht. Der Abschnitt über das Satyrdrama ist genau in der Mitte der Pisonenepistel plaziert (220–250), und allein schon daraus läßt sich ableiten, daß ihm im Horazischen Konzept vom *recte scribere* Bedeutung zukommt. Außerdem wurde in der Forschung mit durchaus plausiblen Argumenten dafür plädiert, im Theaterleben des augusteischen Rom sei auch die «satyrische» Persiflage der Tragödie in irgendeiner modifizierten Gestalt vertreten gewesen und die Pisonen hätten sich daher gerne darüber informieren lassen. Dennoch waren sie Horaz vielleicht ganz dankbar dafür, daß er nach mehr als der Hälfte der Epistel endlich auch etwas über das «klassische» römische Drama schreibt. Den Weg vom Satyrspiel dorthin findet er über kurze Bemerkungen zum jambischen Trimeter, dem Sprechvers des griechischen Dramas, den auch die lateinischen Dichter verwendeten. Zu deren Umgang mit diesem Versmaß hat Horaz allerdings nichts Gutes zu sagen (V. 258b–274), und er setzt so die im Brief an Augustus vorgetragenen negativen Äußerungen zur frührömischen Poesie fort (2.1.50 ff.). Damit die Pisonen als Dichter die Fehler vermeiden, die ihre Vorläufer in der archaischen Epoche der lateinischen Literatur gemacht haben, predigt Horaz ihnen (268b–269):

Ihr sollt die griechischen Originaltexte
aufrollen mit fleißiger Hand in der Nacht, aufrollen am Tag!

Mit einem Abriß der griechisch-römischen Theatergeschichte erinnert Horaz nun immerhin daran, daß seine Landsleute durch das Kreieren der Sorte von Tragödie, in der römisches Heldentum auf die Bühne gebracht wird, innovativ waren. Doch er kann ihnen den Vorwurf nicht ersparen, sie hätten beim Versemachen die zeitraubende Mühe des sorgfältigen Überarbeitens gescheut (275–294). Dementsprechend mißfällt es ihm, daß manche zeitgenössische Dichter durch die von dem griechischen Philosophen Demokrit verfochtene Meinung, angeborenes Talent sei für einen Poeten wichtiger als Kunstverstand, verleitet würden, sich lange Krallen und Bärte wachsen zu lassen, die Einsamkeit zu suchen und die Bäder zu meiden (296–298) – offenbar um sich als Genies zu gerieren und gleichzeitig zu demonstrieren, daß sie verschmähen, was Horaz den Pisonen gerade angeraten hat: ein selbstverfaßtes Gedicht zehnmal «mit geschnittenem Fingernagel» (wir würden sagen: «haarscharf») zu prüfen (294). Das Unwesen jener Dichterlinge gibt Horaz nun den Anstoß dazu, sein Idealbild eines Poeten zu malen und damit zu seinem zweiten Hauptthema überzugehen.

Der vollkommene Dichter

Wer das *recte scribere* beherrschen will, dem stellt Horaz gleich zu Beginn von Teil 2 folgende Bedingungen (309–318):

Für das richtige Schreiben ist Weisheit Ausgangspunkt und Quelle.
Den Inhalt können dir die Schriften der Sokratiker zeigen,
die Worte werden dem vorgesehenen Inhalt nicht widerwillig folgen.
Wer gelernt hat, was er dem Vaterland schuldig ist und was den Freunden,
wie er seinen Vater, wie seinen Bruder und den Gastfreund lieben soll,
was die Pflicht eines Senators, was die eines Richters ist, welche
Aufgabe ein in den Krieg geschickter Heerführer hat, der weiß sicherlich
jeder Person, was ihr angemessen ist, zu geben.
Auf ein vorbildliches Leben und einen vorbildlichen Charakter schauen heiße ich
den ausgebildeten Nachahmer, und von dort lebendige Worte holen.

Wie man sieht, muß der vollkommene Dichter über Kenntnisse in der Philosophie (für welche die sokratischen Schriften nur ein Beispiel sind) verfügen, die ihn ja das *recte vivere* lehren können. Auch ein guter Staatsbürger soll er sein. Doch einen allzu römischen Charakter darf er nicht haben. Denn daran hat laut Horaz die Sorge um das finanzielle Vermögen einen starken Anteil. Er versucht das sehr amüsant zu belegen, indem er vorführt, wie Knaben darauf gedrillt werden, anhand von Zinsberechnungen arithmetische Übungen zu betreiben und gleichzeitig sparen zu lernen (325–330a). Mit diesem Bild will er wohl zum Ausdruck bringen, daß der philosophisch geschulte Poet nicht allein Ethik und damit Lehren, die gesellschaftlich relevant sind, in seine Verse einbringen soll, sondern auch Sinn für die Schönheit alles Musischen, der über die Kleinlichkeit merkantil denkender Römer erhaben ist. Bestätigt wird das, wie ich meine, durch die berühmte Formel, die kurz darauf folgt (333 f.):

aut prodesse volunt aut delectare poetae
aut simul et iucunda et idonea dicere vitae
(Entweder nützen oder unterhalten wollen die Dichter oder das sagen, was zugleich erfreulich ist und zweckmäßig fürs Leben).

In dem nicht sehr langen Abschnitt, der mit den beiden zitierten Versen beginnt, fordert Horaz von den Poeten, sich kurz zu fassen und Fingiertes der Realität anzunähern, betont dann, daß beim Publikum am beliebtesten sei, wer «das Nützliche mit dem Angenehmen» (*utile dulci*) verbindet, und beendet damit seine Lektion über die Vorzüge, die seiner Ansicht nach ein Dichter haben sollte (335–346). Der übrige Text setzt sich primär mit den Mängeln auseinander, die man Autoren poetischer Werke anlasten kann (347 ff.). Dazu zählt Horaz, nachdem er sich direkt an den älteren der beiden Söhne Pisos gewandt hat, Mittelmäßigkeit, die er in anderen Bereichen, etwa bei der Tätigkeit eines Juristen, gelten läßt, der Verskunst aber nicht zugesteht. Dennoch, so stellt er fest, würden Dilettanten sich ans Dichten wagen. Den gerade Angesprochenen nimmt er von solchen Leuten aus, schärft dem jungen Mann aber gleichzeitig ein, frisch Geschriebenes dem Kunstrichter Maecius, seinem Vater und ihm selbst vorzutragen, um es dann neun Jahre unter Verschluß zu halten (366–390). Ohne daran direkt anzuknüpfen, skizziert Horaz danach eine Kulturgeschichte unter dem Aspekt, daß die Menschen ihre Gesittung Dichtern der Urzeit wie Orpheus und Amphion zu verdanken hätten (391–407); anscheinend will er durch diese Art von Verweis auf die hohe Bedeutung der Poesie für die Gesellschaft seine Mahnung an den jungen Adepten der Verskunst unterstützen. Dazu paßt, daß er gleich danach hervorhebt, außer über angeborene Begabung müsse ein Dichter unbedingt über Kunstverstand verfügen; hier vernehmen wir wie auch sonst immer wieder im Pisonenbrief die Stimme des kallimacheischen *poeta doctus*. Freilich genügt es laut Horaz im Rom seiner Zeit zu behaupten, man schmiede wunderbare Verse und würde es als Schande empfinden, darauf aus Mangel an Bildung zu verzichten (408–418).

Mit dem zuletzt geäußerten Gedanken kehrt Horaz zu dem Thema «Fehler der Dichter» zurück (V. 419 ff.). Jetzt schildert er in unverkennbar satirischem Tonfall eine Szene, in welcher jemand, der ein Geschenk bekommen hat, die poetischen Stümpereien des Gebers überschwenglich lobt (426–433). In scharfen Kontrast dazu setzt er die erbarmungslose Strenge, mit der Quintilius Varus (S. 54 und 128) Kritik zu üben pflegte, wenn man ihm Gedichte vorlas (V. 438 ff.). Nachdem Horaz betont hat, wie wichtig selbst das Korrigieren von vermeintlichen Kleinigkeiten sei und daß sie den Dichter, der einmal übel ausgelacht wurde, in ernste Schwierigkeiten brächten, spottet er im Finale der Epistel über den Typus, vor dem alle vernünftigen Menschen davonlaufen: den verrückten Poeten (V. 453 ff.). Diesem könne es passieren, daß er, während er erhaben seine Verse «rülpse», in einen Brunnen oder eine Grube fällt. Sollte ihn dann wider Erwarten jemand herausziehen wollen, würde Horaz den Mann fragen, wie er wissen könne, ob der Sturz nicht beabsichtigt sei, und den Sprung des Empedokles in den Ätna als Analogie nennen. Dem würde er folgendes hinzufügen (466b–476):

‹Für Dichter gelte das Recht und die Erlaubnis, zugrunde zu gehen.
Wer gegen dessen Willen einen rettet, handelt genauso wie ein Mörder.
Der hat das auch nicht nur einmal gemacht, und ist er herausgezogen, wird er
nicht gleich ein Mensch und legt ab das Verlangen nach einem ruhmvollen Tod.
Es ist auch nicht ganz klar, warum er andauernd Verse macht, ob er
auf die Asche seines Vaters gepißt oder ein schauriges Blitzmal
gottlos entfernt hat. Ganz gewiß ist er wahnsinnig, und wie ein Bär,
dem es gelang, das vor seinen Käfig gelegte Gitter zu zerbrechen,
treibt er Ungebildete wie Gebildete in die Flucht als gnadenloser Rezitator.
Wen er aber gepackt hat, den hält er fest und bringt ihn um durch Vorlesen
als ein Blutegel, der nicht von der Haut läßt, bis er voll ist vom Blut.›

Man sollte bei der Lektüre dieser Verse durchaus die Möglichkeit erwägen, wenn nicht gar der festen Überzeugung sein, daß Horaz sich hier selbst karikiert. Die «Lizenz zu sterben» hatte er sich ja schon in seinem Epilog zu der vorausgegangenen Epistel erteilt, und was dort mit beinahe pathetischen, ein ausgefülltes Dichterleben resümierenden Worten erfolgte, ist hier satirisch verzerrt. Denn wie bereits am Schluß des allerersten Gedichtes wird der Gedanke des *iam satis est* (Sat. 1.1.120: «Jetzt ist es genug»; S. 95) aufgebracht – hier zwar nicht explizit, aber zwischen den Zeilen um so deutlicher erkennbar. Wir haben das Ende des mit Abstand längsten unter den insgesamt 162 Gedichten des Horaz erreicht, einer zwar stellenweise sehr witzigen, aber inhaltlich zumindest partiell schwere Kost bietenden, 476 Verse umfassenden Abhandlung über die Dichtkunst. Man kann sich wahrhaft ausgesaugt fühlen nach der Lektüre eines solchen Textes, des letzten in unseren Ausgaben, der vielleicht auch der zu allerletzt von Horaz geschriebene war (S. 30), und denken: «Nun reicht's.» Doch gleichzeitig wird man schmunzeln über diesen Dichter, welcher dermaßen weit geht in seiner Selbstironie. Blutegel? In der Weltliteratur dürfte lange suchen müssen, wer einen Autor finden will, der souverän genug ist, sich auch nur implizit mit einem solch ekelhaften Wurm gleichzusetzen. Aber gibt es denn überhaupt jemanden, der Quintus Horatius Flaccus wirklich ähnlich ist? Ich glaube nicht.

Bibliographie

Anderson, William Scovil (1956): Horace, the Unwilling Warrior: Satire 1.9, in: American Journal of Philology 77, S. 148–166; auch in: Anderson 1999b, S. 237–251.

– (1966): Horace *Carm.* 1.14: What Kind of Ship?, in: Classical Philology 61, S. 84–98.

– (1968): Two Odes of Horace's Book Two, in: California Studies in Classical Antiquity 1, S. 35–61; 45–61 auch in: Anderson 1999b, S. 154–166.

– (1984): Horace's Different Recommenders of *carpe diem* in *c.* 1.4, 7, 9, 11, in: The Classical Journal 88, S. 115–122; auch in: Anderson 1999b, S. 37–43.

– (1999a): The Secret of Lydia's Aging: Horace, Odes 1.25, in: Anderson 1999b, S. 85–91.

– (1999b; Hg.): Why Horace? A Collection of Interpretations, Wauconda.

Armstrong, David (1986): *Horatius eques et scriba*: Satires 1.6 and 2.7, in: Transactions and Proceedings of the American Philological Association 116, S. 255–288.

– (1993): The Addressees of the Ars poetica: Herculaneum, the Pisones and Epicurean Protreptic, in: Materiali e discussioni per l'analisi dei testi classici 31, S. 185–230.

– (2004): Horace's *Epistles* 1 and Philodemus, in: Ders./Fish, Jeffrey/Johnston, Patricia/Skinner, Marilyn B. (Hgg.): Vergil, Philodemus, and the Augustans, Austin, S. 267–298.

Asper, Markus (2004): Kallimachos, Werke. Griechisch und deutsch, Darmstadt.

Barchiesi, Alessandro (1994a): Alcune difficoltà nella carriera di un poeta giambico. Giambo ed elegia nell'epodo XI, in: Cortéz Tovar, Rosario/Fernández Corte, José Carlos (Hgg.): Bimilenario de Horacio, Salamanca (Acta Salmanticensia. Estudios filológicos 258), S. 127–138.

– (1994b): Ultime difficoltà nella carriera di un poeta giambico: l'epodo XVII, in: Atti dei convegni di Venosa, Napoli, Roma, novembre 1993, [a cura del] Comitato nazionale per le celebrazioni del bimillenario della morte di Q. Orazio Flacco, Venosa (Bimillenario della morte di Q. Orazio Flacco. Atti dei convegni 3), S. 205–220.

– (1995a): Poetica di un mito sessuale: la strega giambica, in: Raffaelli, Renato (Hg.): Vicende e figure femminili in Grecia e Roma. Atti del Convegno, Pesaro 28–30 aprile 1994, Ancona, S. 335–342.

– (1995b): Simonide e Orazio sulla morte di Achille, in: Zeitschrift für Papyrologie und Epigraphik 107, S. 33–38 = Simonides and Horace on the Death of Achilles, in: Arethusa 29, 1996, S. 247–253; auch in: Boedeker, Deborah/Sider, David (Hgg.): The New Simonides: Contexts of Praise and Desire, Oxford 2001, S. 255–260.

– (1996): Poetry, Praise and Patronage: Simonides in Book 4 of Horace's *Odes*, in: Classical Antiquity 15, S. 5–47.

– (1997): Otto punti su una mappa dei naufragi, in: Materiali e discussioni per l'analisi dei testi classici 33, S. 209–226.

– (2000): Rituals in Ink: Horace on the Greek Lyric Tradition, in: Depew, Mary/ Obbink, Dirk (Hgg.): Matrices of Genre: Authors, Canons, and Society, Cambridge, S. 167–182.

– (2001): Horace and Iambos: The Poet as Literary Historian, in: Cavarzere/Aloni/ Barchiesi 2001, S. 141–164.

– (2002a): Palingenre: Death, Rebirth and Horatian Iambos, in: Paschalis 2002, S. 47–69.

– (2002b): The Uniqueness of the *Carmen Saeculare* and Its Tradition, in: Woodman/Feeney 2002, S. 107–123.

– (2007): *Carmina*: *Odes* and *Carmen Saeculare*, in: Harrison 2007, S. 144–161.

Basto, Ronald (1982): Horace's Propempticon to Vergil: A Re-examination, in: Vergilius 28, S. 30–43.

Becker, Carl (1963): Das Spätwerk des Horaz, Göttingen.

Bradshaw, Arnold T. von S. (2002): Horace's Birthday and Deathday, in: Woodman/Feeney 2002, S. 1–16.

Braund, Susan H. (1992): Roman Verse Satire, Oxford (Greece & Rome. New Surveys in the Classics 23).

Bringmann, Klaus (1974): Struktur und Absicht des horazischen Briefes an Kaiser Augustus, in: Philologus 118, S. 236–256.

Brink, Charles Oscar (1963–1982): Horace on Poetry. I: Prolegomena to the Literary Epistles [1963]. II: The ‹Ars Poetica› [1971]. III: *Epistles* Book II: The Letters to Augustus and Florus [1982], Cambridge.

Brown, P. Michael (1993): Horace: Satires I. With an Introduction, Text, Translation and Commentary, Warminster (Classical Texts).

Buchheit, Vinzenz (1961): Horazens programmatische Epode (VI), in: Gymnasium 68, S. 520–526.

– (1968): Homerparodie und Literaturkritik in Horazens Satiren I.7 und I.9, in: Gymnasium 75, S. 519–555.

Buchmann, Jürgen (1974): Untersuchungen zur Rezeption hellenistischer Epigrammatik in der Lyrik des Horaz, Dissertation Konstanz.

Cairns, Francis (1992): The Power of Implication: Horace's Invitation to Maecenas (*Odes* 1.20), in: Woodman, Tony/Powell, Jonathan (Hgg.): Author and Audience in Latin Poetry, Cambridge, S. 84–109.

– (1995a): Horace's First Roman Ode (3.1), in: Papers of the Leeds Latin Seminar 8, S. 91–141.

– (1995b): M. Agrippa in Horace ‹Odes› 1.6, in: Hermes 123, S. 211–217.

Caston, Ruth Rothaus (1997): The Fall of the Curtain (Horace *S.* 2.8), in: Transactions and Proceedings of the American Philological Association 127, S. 233–256.

Cavarzere, Alberto (1992): Orazio, Il libro degli Epodi. A cura di A. C. Traduzione di Fernando Bandini, Venezia (Letteratura universale Marsilio).

– (1996): Sul limitare. Il ‹motto› e la poesia di Orazio, Bologna (Testi e manuali per l'insegnamento universitario del latino 47).

– /Aloni, Antonio/Barchiesi, Alessandro (2001; Hgg.): Iambic Ideas: Essays on a Poetic Tradition from Archaic Greece to the Late Roman Empire, Lanham, MD.

Classen, Carl Joachim (1978): Horace – a Cook?, in: The Classical Quarterly 28, S. 333–348.

Clay, Jenny Strauss (2002): Sweet Folly: Horace, *Odes* 4.12 and the Evocation of Virgil, in: Paschalis 2002, S. 129–140.

Cucchiarelli, Andrea (2001): La satira e il poeta: Orazio tra *Epodi* e *Sermones*, Pisa (Biblioteca di ‹Materiali e discussioni per l'analisi dei testi classici› 17).
– (2004/05): La nave e lo spettatore. Forme dell'allegoria da Alceo a Orazio, in: Studi Italiani di Filologia Classica 97, S. 189–206; 98, S. 30–72.
Davis, Gregson (1991): Polyhymnia. The Rhetoric of Horatian Lyric Discourse, Berkeley/Los Angeles/Oxford.
Della Corte, Francesco/Mariotti, Scevola (1996–1998; Hgg.): Enciclopedia Oraziana. Fondata da F. D. C. Direttore: S. M. 3 Bde., Roma.
Doblhofer, Ernst (1981): Horaz und Augustus, in: Aufstieg und Niedergang der Römischen Welt II 31.3, S. 1922–1986.
Döpp, Siegmar (1994): Horazens Ode 1,7. Zur Analyse ihrer Struktur, in: Philologus 138, S. 305–314.
DuQuesnay, I. M. Le M. (1984): Horace and Maecenas: The Propaganda Value of *Sermones* 1, in: Woodman, Tony/West, David (Hgg.): Poetry and Politics in the Age of Augustus, Cambridge, S. 19–58.
Edmunds, Lowell (1992): From a Sabine Jar: Reading Horace, Odes 1.9, Chapel Hill/London.
Ehlers, Widu-Wolfgang (1985): Das ‹Iter Brundisinum› des Horaz (Serm. I,5), in: Hermes 113, S. 69–83.
Eidinow, J. S. C. (1995): Horace's Epistle to Torquatus (*Ep.* 1.5), in: The Classical Quarterly 45, S. 191–199.
Färber, Hans/Schöne, Wilhelm ([9]1982; Hgg.): Horaz: Sämtliche Werke. Lateinisch und deutsch, München (Sammlung Tusculum).
Feeney, Denis C. (1993): Horace and the Greek Lyric Poets, in: Rudd, Niall (Hg.): Horace 2000: A Celebration. Essays for the Bimillennium, London, S. 41–63.
– (1998): Literature and Religion in Rome: Cultures, Contexts, and Beliefs, Cambridge (Roman Literature and Its Contexts).
– (2002a): The Odiousness of Comparisons: Horace on Literary History and the Limitations of Synkrisis, in: Paschalis 2002, S. 7–18.
– (2002b): *Vna cum scriptore meo*: Poetry, Principate and the Traditions of Literary History in the Epistle to Augustus, in: Woodman/Feeney 2002, S. 172–187.
Felgentreu, Fritz (1999): Horaz, *Satiren* I,8 und die Vielfalt der Einfalt, in: Hyperboreus 5, S. 257–282.
Fenik, B. (1962): Horace's First and Sixth Roman Odes and the Second Georgic, in: Hermes 90, S. 72–96.
Ferri, Rolando (1993): I dispiaceri di un epicureo. Uno studio sulla poetica oraziana delle *Epistole* (con un capitolo su Persio), Pisa (Biblioteca di ‹Materiali e discussioni per l'analisi dei testi classici› 11).
– (2007): The *Epistles*, in: Harrison 2007, S. 121–131.
Fitzgerald, William C. (1988): Power and Impotence in Horace's Epodes, in: Ramus 17, S. 176–191.
Fraenkel, Eduard (1957): Horace, Oxford = Horaz, Darmstadt 1963.
Fränkel, Hermann (1951): Dichtung und Philosophie des frühen Griechentums, New York; München [4]1993.
Freudenburg, Kirk (1990): Horace's Satiric Program and the Language of Contemporary Theory in *Satires* 2.1, in: American Journal of Philology 111, S. 187–203.
– (1993): The Walking Muse: Horace on the Theory of Satire, Princeton, N. J.

– (1995): Canidia at the Feast of Nasidienus (Hor. *S.* 2.8.95), in: Transactions and Proceedings of the American Philological Association 125, S. 207–219.
– (2001): Satires of Rome: Threatening Poses from Lucilius to Juvenal, Cambridge/New York.
Fuhrer, Therese (2003): Was ist gute Dichtung? Horaz und der poetologische Diskurs seiner Zeit, in: Rheinisches Museum 146, S. 346–364.
Gagliardi, Donato (1993): Orazio e gli amori ancillari: per l'interpretazione di *Carm.* II,4, in: Bruno, Giuseppe (Hg.): Letture oraziane, Venosa, S. 91–97.
Gentili, Bruno (1958; Hg.): Anacreon, Roma.
Gerding, Henrik (2004): Horatius, *Ode* 2.10 and the Crassus Affair, in: Sandin, Pär/Wifstrand Schiebe, Marianne (Hgg.): Dais Philēsistephanos: Studies in Honour of Professor Staffan Fogelmark. Presented on the Occasion of His 65th Birthday 12 April 2004, Uppsala, S. 128–148.
Glei, Reinhold F. (1995): Ein Paradigma höfischer Kommunikation: Horaz' viertes Odenbuch als Spiegel dynastischer Politik, in: Binder, Gerhard/Ehlich, Konrad (Hgg.): Kommunikation durch Zeichen und Wort, Trier (Stätten und Formen der Kommunikation im Altertum 4 = Bochumer Altertumswissenschaftliches Colloquium 23), S. 333–350.
Gowers, Emily (1993a): Horace, *Satires* 1.5: An Inconsequential Journey, in: Proceedings of the Cambridge Philological Society 39, S. 48–66.
– (1993b): The Loaded Table: Representations of Food in Roman Literature, Oxford.
– (2002): Blind Eyes and Cut Throats: Amnesia and Silence in Horace *Satires* 1.7, in: Classical Philology 97, S. 145–161.
– (2003): Fragments of Autobiography in Horace *Satires* 1, in: Classical Antiquity 22, S. 55–91.
– (2005): The Restless Companion: Horace, *Satires* 1 and 2, in: Freudenburg, Kirk (Hg.): The Cambridge Companion to Roman Satire, Cambridge, S. 48–61.
Graßmann, Viktor (1966): Die erotischen Epoden des Horaz. Literarischer Hintergrund und sprachliche Tradition, München (Zetemata 39).
Habinek, Thomas N. (1986): The Marriageability of Maximus: Horace, *Ode* 4.1.13–20, in: American Journal of Philology 107, S. 407–416.
Harrison, Stephen J. (1990): The Praise Singer: Horace, Censorinus and Odes 4.8, in: The Journal of Roman Studies 80, S. 31–43.
– (1995a; Hg.): Homage to Horace: A Bimillenary Celebration, Oxford.
– (1995b): Horace, Pindar, Iullus Antonius, and Augustus: *Odes* 4.2, in: Harrison 1995a, S. 108–127.
– (1995c): Poetry, Philosophy, and Letter-Writing in Horace, *Epistles* I, in: Innes, Doreen/Hine, Harry/Pelling, Christopher (Hgg.): Ethics and Rhetoric: Classical Essays for Donald Russell on His 75th Birthday, Oxford, S. 47–61.
– (2001a): Simonides and Horace, in: Boedeker, Deborah/Sider, David (Hgg.): The New Simonides: Contexts of Praise and Desire, Oxford, S. 261–271.
– (2001b): Some Generic Problems in Horace's *Epodes*: Or, On (Not) Being Archilochus, in: Cavarzere/Aloni/Barchiesi 2001, S. 165–186.
– (2007): The Cambridge Companion to Horace, Cambridge.
Haß, Karin (2002): Irreführendes Spiel? Zur Komposition der ersten horazischen Odensammlung mit einer Interpretation der Ode I,19, in: Appunti Romani di Filologia 4, S. 167–185.

Heinze, Richard (1938): Vom Geist des Römertums. Ausgewählte Aufsätze, Leipzig; Darmstadt [4]1972.

Heldmann, Konrad (1987): Die Wesensbestimmung der Horazischen Satire durch die Komödie, in: Antike und Abendland 33, S. 122–139.

Holzberg, Niklas (1994): Horaz und seine ‹Deutsche Schule›. Resultate und Perspektiven einer nationalen Forschungstradition, in: Lampas 27, S. 290–304.

– (2008): A Sensitive, Even Weak and Feable Disposition? The Elegist C. Valgius Rufus, in: Arweiler, Alexander/Möller, Melanie (Hgg.): Vom Selbst-Verständnis. Notions of the Self in Antiquity and Beyond, Berlin usw., S. 21–32.

Horsfall, Nicholas (1998): The First Person Singular in Horace's *Carmina*, in: Knox, Peter/Foss, Clive (Hgg.): Style and Tradition: Studies in Honor of Wendell Clausen, Stuttgart/Leipzig, S. 40–54.

Hubbard, Thomas K. (2000/01): Horace and Catullus: The Case of the Suppressed Precursor in *Odes* 1.22 and 1.32, in: The Classical World 94, S. 25–37.

Hunter, Richard L. (1985): Horace on Friendship and Free Speech (Epistles I 18 and Satire I 4), in: Hermes 113, S. 480–490.

– (2006): The Shadow of Callimachus, Cambridge (Roman Literature and Its Contexts).

Hutchinson, Gregory O. (2002): The Publication and Individuality of Horace's *Odes* Books 1–3, in: The Classical Quarterly 52, S. 517–537.

– (2007): Horace and Archaic Greek Poetry, in: Harrison 2007, S. 36–49.

Johnson, Timothy Scott (2003/04): Locking-in and Locking-out Lydia: Lyric Form and Power in Horace's C. I.25 and III.9, in: The Classical Journal 99, S. 113–134.

– (2004): A Symposion of Praise: Horace Returns to Lyric in *Odes* IV, Madison.

Kerkhecker, Arnd (1988): Zur Komposition des vierten Horazischen Odenbuches, in: Antike und Abendland 34, S. 124–143.

Kießling, Adolf/Heinze, Richard ([4]1914): Q. Horatius Flaccus, Briefe, Berlin ([11]1984).

– ([5]1921): Q. Horatius Flaccus, Satiren, Berlin ([11]1977).

– ([7]1930): Q. Horatius Flaccus, Oden und Epoden, Berlin ([14]1984).

Klingner, Friedrich (1939; Hg.): Q. Horati Flacci Carmina, Lipsiae (Bibliotheca Teubneriana); [2]1950; [3]1959 = [6]1982 [Benutzte Ausgabe].

– (1943): Römische Geisteswelt. Essays über Schrifttum und geistiges Leben im alten Rom, Leipzig; Wiesbaden [2]1952; München [3]1956 ([4]1961; [5]1965 = Stuttgart 1979).

– (1964): Studien zur griechischen und römischen Literatur, Zürich/Stuttgart.

Knoche, Ulrich (1935): Betrachtungen über Horazens Kunst der satirischen Gesprächsführung, in: Philologus 90, S. 372–390; 469–482; auch in: Korzeniewski, Dietmar (1970; Hg.): Die römische Satire, Darmstadt (Wege der Forschung 238), S. 284–319.

– ([4]1982): Die römische Satire, Göttingen.

Knorr, Ortwin (2004): Verborgene Kunst. Argumentationsstruktur und Buchaufbau in den Satiren des Horaz, Hildesheim u. a. (Beiträge zur Altertumswissenschaft 15).

– (2006): Horace's Ship Ode (*Odes* 1.14) in Context: A Metaphorical Love-Triangle, in: Transactions and Proceedings of the American Philological Association 136, S. 149–169.

Kofler, Wolfgang (1997): *Mena mane ad cenam venit*: Zu Horaz *Ep*. 7.60–76, in: Mnemosyne 50, S. 342–346.

Konstan, David (1995): Patrons and Friends, in: Classical Philology 90, S. 328–342.

– (2001): Horace *Odes* 1.10: A Turning Point?, in: Cuadernos di Filología Clásica (L) 21, S. 15–18.

Korenjak, Martin (2005): Abschiedsbriefe. Horaz' und Ovids epistolographisches Spätwerk, in: Mnemosyne 58, S. 46–61; 218–234.

Kraggerud, Egil (1984): Horaz und Actium. Studien zu den politischen Epoden, Oslo u. a. (Symbolae Osloenses Suppl. 26).

Krasser, Helmut (1995): Horazische Denkfiguren: Theophilie und Theophanie als Medium der poetischen Selbstdarstellung des Odendichters, Göttingen (Hypomnemata 106).

Krenkel, Werner (1970): Lucilius, Satiren. Lateinisch und deutsch. 2 Bde., Leiden.

Krevans, Nita (1984): The Poet as Editor: Callimachus, Virgil, Horace, Propertius and the Development of the Poetic Book, Dissertation Princeton University.

Kuhn, Franz (1973): Illusion und Desillusionierung in den erotischen Gedichten des Horaz, Dissertation Heidelberg.

Kytzler, Bernhard ([2]2006): Horaz, Sämtliche Werke. Lateinisch-deutsch. Mit den Holzschnitten der Straßburger Ausgabe von 1498, Stuttgart (Universal-Bibliothek 18466).

Labate, Mario (1994): La forma dell'amore: appunti sulla poesia erotica oraziana, in: Atti dei convegni di Venosa, Napoli, Roma, novembre 1993, [a cura del] Comitato nazionale per le celebrazioni del bimillenario della morte di Q. Orazio Flacco, Venosa (Bimillenario della morte di Q. Orazio Flacco. Atti dei convegni 3), S. 69–87.

– (2005): Poetica minore e minima: Mecenate e gli amici nelle Satire di Orazio, in: Materiali e discussioni per l'analisi dei testi classici 54, S. 47–63.

Leach, Eleanor Winsor (1997): Horace and the Material Culture of Augustan Rome: A Revisionary Reading, in: Habinek, Thomas/Schiesaro, Alessandro (Hgg.): The Roman Cultural Revolution, Cambridge, S. 105–121.

Lebek, Wolfgang Dieter (1981): Horaz und die Philosophie. Die ‹Oden›, in: Aufstieg und Niedergang der Römischen Welt II 31.3, S. 2031–2092.

Lee, Guy (1998): Horace: Odes and Carmen Saeculare with an English Version in the Original Metres, Introduction and Notes, Leeds.

Leeman, Anton Daniel (1985): Die dramatische Form der Cleopatra-Ode, in: Ders.: Form und Sinn. Studien zur römischen Literatur (1954–1984), Frankfurt a. M. (Studien zur klassischen Philologie 15), S. 231–233.

Lowrie, Marie Michèle (1995): A Parade of Lyric Predecessors: Horace *C*. 1.12–1.18, in: Phoenix 49, S. 33–48.

– (1997): Horace's Narrative Odes, Oxford.

Luther, Andreas (2003): Zur Regulus-Ode (Horaz, c. 3,5), in: Rheinisches Museum 146, S. 10–22.

Lyne, Richard O. A. M. (2005a): Horace *Odes* Book 1 and the Alexandrian Edition of Alcaeus, in: The Classical Quarterly 55, S. 542–558; auch in: Ders., Collected Papers on Latin Poetry, Oxford 2007, S. 293–313.

– (2005b): Structure and Allusion in Horace's Book of *Epodes*, in: The Journal of Roman Studies 95, S. 1–19; auch in: Collected Papers (s. o.), S. 314–340.

McGann, Michael J. (1969): Studies in Horace's First Book of Epistles, Bruxelles (Collection Latomus 100).

Macleod, Colin W. (1983): Collected Essays, Oxford.
Mankin, David (1995): Horace, Epodes, Cambridge (Cambridge Greek and Latin Classics).
Mauch, Helmut (1986): *O laborum dulce lenimen*. Funktionsgeschichtliche Untersuchungen zur römischen Dichtung zwischen Republik und Prinzipat am Beispiel der ersten Odensammlung des Horaz, Frankfurt a. M. u. a. (Studien zur klassischen Philologie 29).
Mayer, Roland G. (1986): Horace's *Epistles* I and Philosophy, in: American Journal of Philology 107, S. 55–73.
– (1994): Horace: Epistles. Book I, Cambridge (Cambridge Greek and Latin Classics).
Mette, Hans Joachim (1961): ‹Genus tenue› und ‹mensa tenuis› bei Horaz, in: Museum Helveticum 18, S. 136–139; auch in: Oppermann, Hans (1972; Hg.): Wege zu Horaz, Darmstadt (Wege der Forschung 99), S. 220–224, und in: Kleine Schriften, Frankfurt a. M. 1988, S. 188–191.
Moles, John L. (1987): Politics, Philosophy, and Friendship in Horace, *Odes* 2,7, in: Quaderni Urbinati di Cultura Classica 25, S. 59–72; auch in: Anderson 1999b, S. 130–142.
– (2002): Poetry, Philosophy, Politics and Play: *Epistles* I, in: Woodman/Feeney 2002, S. 141–157.
Morrison, Andrew (2006): Advice and Abuse: Horace, Epistles 1 and the Iambic Tradition, in: Materiali e discussioni per l'analisi dei testi classici 56, S. 29–61.
Muecke, Frances (1993): Horace: Satires II. With an Introduction, Translation and Commentary, Warminster, Wiltsh.
Müller, Hildegund (2001): Zu Horaz, carm. 3,21, in: Wiener Studien 114, S. 267–284.
Neumeister, Christoff (1976): Horaz und Merkur, in: Antike und Abendland 22, S. 185–194.
Nisbet, Robin G. M. (2007): Horace: Life and Chronology, in: Harrison 2007, S. 7–21.
– /Hubbard, Margaret (1970–1978): A Commentary of Horace: Odes, Book 1–2, 2 Bde., Oxford.
– /Rudd, Niall (2004): A Commentary on Horace: Odes, Book III, Oxford.
Oberhelman, Steven/Armstrong, David (1995): Satire as Poetry and the Impossibility of Metathesis in Horace's *Satires*, in: Obbink, Dirk (Hg.): Philodemus and Poetry: Poetic Theory and Practice in Lucretius, Philodemus and Horace, New York, S. 233–254.
Oksala, Teivas (1979): Beatus ille – O fortunatos. Wie verhalten sich Horazens zweite Epode und Vergils Georgica zueinander?, in: Arctos 13, S. 97–109.
Oliensis, Ellen Sarah (1991): Canidia, Canicula, and the Decorum of Horace's *Epodes*, in: Arethusa 24, S. 107–138.
– (1995): Life After Publication: Horace, *Epistles* 1.20, in: Arethusa 28, S. 209–224.
– (1997): *Ut arte emendaturus fortunam*: Horace, Nasidienus, and the Art of Satire, in: Habinek, Thomas/Schiesaro, Alessandro (Hgg.): The Roman Cultural Revolution, Cambridge, S. 90–104.
– (1998): Horace and the Rhetoric of Authority, Cambridge.
– (2007): Erotics and Gender, in: Harrison 2007, S. 221–234.
Owens, William M. (1991/92): *Nuntius vafer et fallax*: An Alternative Reading of Horace, C. 3.7, in: The Classical World 85, S. 161–171.

– (1992): Double Jealousy: An Interpretation of Horace *Odes* 1.13, in: Deroux, Carl (Hg.): Studies in Latin Literature and Roman History VI, Bruxelles (Collection Latomus 217), S. 237–244.
Paschalis, Michael (2002; Hg.): Horace and Greek Lyric Poetry, Rethymnon (Rethymnon Classical Studies 1).
Pavlock, Barbara (1982): Horace's Invitation Poems to Maecenas: Gifts to a Patron, in: Ramus 11, S. 79–98.
Pöhlmann, Egert (1965): Marius Victorinus zum Odengesang bei Horaz, in: Philologus 109, S. 134–140.
Pöschl, Viktor (1970): Horazische Lyrik. Interpretationen, Heidelberg; 2., erweiterte Auflage 1991.
– (1979): Kunst und Wirklichkeitserfahrung in der Dichtung. Abhandlungen und Aufsätze zur Römischen Poesie. Kleine Schriften I, hg. von Wolf-Lüder Liebermann, Heidelberg.
– (1986): Horazens Ode an den Weingott (c. I 18). *Nullam Vare sacra*, in: Wiener Studien 20, S. 193–203.
– (1994): Die Horazode ‹Aequam memento› (c. 2,3), in: Rheinisches Museum 137, S. 118–127.
– (1996/97): Tradition und Erneuerung in der Horazode III 24, in: Acta Antiqua Academiae Scientiarum Hungaricae 37, S. 235–243.
Poiss, Thomas (1992): *Plenum opus aleae*. Zum Verhältnis von Dichtung und Geschichte in Horaz carm. 2,1, in: Wiener Studien 105, S. 129–153.
– (2001): Horaz als Erotiker betrachtet. Überlegungen zu carm. 2,8 und carm. 3,9, in: Wiener Studien 114, S. 251–266.
Pollmann, Karla (1998): Panegyrische Technik in Horaz, Ode 4,9, in: Würzburger Jahrbücher für die Altertumswissenschaft 22, S. 159–175.
Pucci, Pietro (1975): Horace's Banquet in *Odes* 1.17, in: Transactions and Proceedings of the American Philological Association 105, S. 259–281.
Putnam, Michael C. J. (1982): Essays on Latin Lyric, Elegy, and Epic, Princeton, N. J.
– (1986): Artifices of Eternity: Horace's Fourth Book of Odes, Ithaca/London (Cornell Studies in Classical Philology 43).
– (1992/93): The Languages of Horace *Odes* 1.24, in: The Classical Journal 88, S. 123–135.
– (1994): Structure and Design in Horace *Odes* 1.17, in: The Classical World 87, S. 357–375.
– (1996): Horace's Arboreal Anniversary (C. 3.8), in: Ramus 25, S. 27–38.
– (2000): Horace's Carmen Saeculare: Ritual Magic and the Poet's Art, New Haven.
– (2006a): Horace to Torquatus: *Epistle* 1.5 and *Ode* 4.7, in: American Journal of Philology 127, S. 387–413.
– (2006b): Poetic Interplay: Catullus and Horace, Princeton, N. J. (Martin Classical Lectures).
Rahn, Helmut (1970): Zufall oder Absicht? Eine Vermutung zum Sinn der Gedichtzahl des ersten horazischen Odenbuches, in: Gymnasium 77, S. 478 f.
Reissinger, Walter (1975): Formen der Polemik in der römischen Satire. Lucilius – Horaz – Persius – Juvenal, Dissertation Erlangen.
Ronnick, Michele Valerie (1993): Green Lizards in Horace: *lacertae virides* in *Odes* 1.23, in: Phoenix 47, S. 155–157.

Rüpke, Jörg (1996): *Quantum distat ab Inacho* – der Dichter als Arbiter bibendi (Hor. *Carm.* 3,19), in: Museum Helveticum 53, S. 217–231.
– (1998): Merkur am Ende: Horaz, Carmen 1,30, in: Hermes 126, S. 435–453.
Russell, Donald A. (1973): Ars poetica, in: Costa, C. D. N. (1973; Hg.), Horace, London/Boston (Greek and Latin Studies: Classical Literature and Its Influence), S. 113–134; auch in: Laird, Andrew (Hg.): Ancient Literary Criticism, Oxford 2006, S. 325–345.
Rutherford, R. B. (1981): Horace, *Epistles* 2.2: Introspection and Retrospective, in: The Classical Quarterly 31, S. 375–380.
Sage, Paula Winsor (1994): Vatic Admonition in Horace *Odes* 4.9, in: American Journal of Philology 115, S. 565–586.
Sallmann, Klaus (1970): Satirische Technik in Horaz' Erbschleichersatire (II 5), in: Hermes 98, S. 178–203.
– (1974): Die seltsame Reise nach Brundisium. Aufbau und Deutung der Horazsatire I,5, in: Musa iocosa. Arbeiten über Humor und Witz, Komik und Komödie der Antike. Festschrift Andreas Thierfelder, Hildesheim, S. 179–206.
– (1988): Lyrischer Krieg. Die Verschiebung der Genera in der Pollio-Ode 2,1 des Horaz, in: Filologia e forme letterarie. Studi offerti a Francesco Della Corte, Bd. 3, Urbino, S. 69–87.
Santirocco, Matthew Stephen (1986): Unity and Design in Horace's Odes, Chapel Hill/London.
Schetter, Willy (1971): Zum Aufbau des Mevius-Jambus des Horaz (Epode 10), in: Philologus 115, S. 249–255.
Schmidt, Peter Lebrecht (1984): Structure and Sources of Horace, *Ode* 1,12, in: Evjen, Harold D. (Hg.): Mnemai. Classical Studies in Memory of Karl K. Hulley, Cico (Calif.), S. 139–149.
Schmitzer, Ulrich (1994): Vom Esquilin nach Trastevere. Hor. sat, 1,9 im Kontext zeitgenössischen Verstehens, in: Koster, Severin (1994; Hg.): Horaz-Studien, Erlangen (Erlanger Forschungen, Reihe A, Bd. 66), S. 9–30.
Schönberger, Otto ([2]1991): Q. Horatius Flaccus: Satiren und Episteln. Lateinisch und deutsch, Berlin (Schriften und Quellen der Alten Welt 33).
Schröder, Bianca-Jeanette (1999): *inimice lamnae* (Hor. carm. 2,2), in: Gymnasium 106, S. 335–342.
Schröter, Robert (1967): Horazens Satire 1,7 und die antike Eposparodie, in: Poetica 1, S. 8–23.
Schwinge, Ernst-Richard (1965): Horaz, Carmen II,20, in: Hermes 93, S. 438–459.
Scodel, Ruth (1987): Horace, Lucilius, and Callimachean Polemic, in: Harvard Studies in Classical Philology 91, S. 199–215.
Seel, Otto (1965): Weltdichtung Roms. Zwischen Hellas und Gegenwart, Berlin.
– (1970): Zur Ode 1, 14 des Horaz. Zweifel an einer communis opinio, in: Festschrift Karl Vretska, Heidelberg, S. 204–249.
– (1972): Von Heimkehrern und Überlebenden, in: Ders.: Verschlüsselte Gegenwart. Drei Interpretationen antiker Texte, Stuttgart, S. 111–277.
Sharland, Suzanne (2003): Priapus' Magic Marker: Literary Aspects of Horace, *Satire* 1.8, in: Acta Classica 46, S. 97–109.
Suerbaum, Werner (1993): Q. Horatii Flacci disiecti membra poetae: Beihefte zur Horaz-Ausstellung 1993. Bd. 1–4, München.
– (2002; Hg.): Die archaische Literatur von den Anfängen bis Sullas Tod. Die vorlite-

rarische Periode und die Zeit von 240 bis 78 v. Chr., München (Handbuch der Lateinischen Literatur der Antike 1).

Syndikus, Hans Peter (1972/73): Die Lyrik des Horaz. Eine Interpretation der Oden. 2 Bde., Darmstadt; 3., völlig neu bearbeitete Auflage 2001.

Thibodeau, Philip (2002/03): Can Vergil Cry? Epicureanism in Horace *Odes* 1.24, in: The Classical Journal 98, S. 243–256.

Tsakiropoulou-Summers, Anastasia (1998): Horace, Philodemus and the Epicureans at Herculaneum, in: Mnemosyne 51, S. 20–29.

Vahlen, Johannes ([2]1903): Ennianae poesis reliquiae, Leipzig.

Vielberg, Meinolf (1995): Horaz, Carmen 1.1, in: Hermes 123, S.193–210.

Voigt, Eva-Maria (1971): Sappho et Alcaeus: Fragmenta, Amsterdam.

Watson, Lindsay C. (1994): Horace, *Odes* 1.23 and 1.25: A Thematic Pairing?, in: Journal of the Australasian Universities Language and Literature Association 82, S. 67–84.

– (2003): A Commentary on Horace's Epodes, Oxford.

Welwei, Karl-Wilhelm/Maier, Mischa (1997): Der Topos des ruhmvollen Todes in der zweiten Römerode des Horaz, in: Klio 79, S. 107–116.

West, Martin L. ([2]1989–[2]1992): Iambi et Elegi ante Alexandrum cantati. 2 Bde., Oxford.

Williams, Gordon (1995): *Libertino Patre Natus*: True or False?, in: Harrison 1995a, S. 296–313.

Wimmel, Walter (1960): Kallimachos in Rom. Die Nachfolge seines apologetischen Dichtens in der Augusteerzeit, Wiesbaden (Hermes Einzelschriften 16).

Wiseman, T. P. (1988): Satyrs in Rome? The Background to Horace's *Ars poetica*, in: The Journal of Roman Studies 78, S. 1–13.

Wittchow, Frank (2005): Der Dichter auf der Suche nach seiner Rolle: Zur *persona* in den Jamben des Horaz, in: Antike und Abendland 51, S. 69–82.

Woodman, Tony (2002): *Biformis vates*: The *Odes*, Catullus and Greek Lyric, in: Woodman/Feeney 2002, S. 53–64.

– /Feeney, Denis C. (2002; Hgg.): Traditions and Contexts in the Poetry of Horace, Cambridge.

Zanker, Paul (1987): Augustus und die Macht der Bilder, München.

Zehnacker, Hubert (1995): Horaz, Carmen III 27, in: Rheinisches Museum 138, S. 68–82.

Zetzel, James E. G. (1980): Horace's *Liber Sermonum*: The Structure of Ambiguity, in: Arethusa 13, S. 59–77.

Ziolkowski, Theodore (2005): Uses and Abuses of Horace: His Reception since 1935 in Germany and Anglo-America, in: International Journal of the Classical Tradition 12, S. 183–215.

Zeittafel

65 v. Chr.:
Horaz in Venusia geboren

42 v. Chr.: Sieg Octavians und des M. Antonius über die Caesarmörder bei Philippi; Horaz, für diese kämpfend, wechselt danach auf die Seite der beiden Imperatoren, die vor 33 noch nicht um die höchste Macht rivalisieren.

zwischen 35 und 33 v. Chr.:
Satiren Buch 1

31 v. Chr.: Sieg Octavians über M. Antonius und Kleopatra bei Actium

30 v. Chr.:
Epoden und *Satiren* Buch 2

27 v. Chr.: Octavian von nun an als Prinzeps faktisch Alleinherrscher; Name «Augustus»

26/25–24/23 v. Chr.:
Oden 1–3

20 v. Chr.: Rückgabe der bei Carrhae 53 v. Chr. erbeuteten römischen Feldzeichen durch die Parther

19/18 v. Chr.:
Episteln 1

17 v. Chr.: Jahrhundertfeier; Horaz komponiert das *Carmen saeculare* (Jahrhundertlied)

11/10 v. Chr.:
Oden 4 und *Episteln* 2

9 v. Chr.: Einweihung der Ara Pacis (Friedensaltar)

8 v. Chr.:
Horaz (in Rom?) gestorben

Glossar

Acheron: Unterweltsfluß

Actium: Ort des Siegs Octavians über Antonius und Kleopatra (31 v. Chr.)

Ädil: römischer Beamter, der für die Polizei, die Lebensmittelversorgung und die Organisation von Spielen zuständig war

Adoneus: lyrischer Vers («*Phoébus Apóllo*»)

albanisch: Adjektiv zu Alba Longa, der Mutterstadt Roms

Anakreontiker: eine Gruppe deutscher Dichter des 18. Jh.s; sie schrieben in der Art der seit dem Hellenismus entstandenen Gedichte in der Nachfolge Anakreons (um 570–um 485 v. Chr.), die von Liebe und Wein singen und deren anonyme Verfasser den Eindruck erwecken, es spreche der frühgriechische Poet selbst

Anchises: zeugt mit Venus Aeneas, als dessen Nachkomme Augustus gilt

Apostrophe: Anrede

Apotheose: Vergöttlichung

Asclepiadeus, kleiner: lyrischer Vers, der gegenüber dem Glykoneus (siehe dort) durch Einschub eines Choriambus («Nútze den Tág!») nach der sechsten Silbe erweitert ist

Ataraxie: Gemütsruhe, Seelenfrieden

Atrium: Halle; Empfangssaal im römischen Wohnhaus

Augur: Priester, der aufgrund einer Vogelschau die Zukunft prophezeit

Bacchantin: Anhängerin des Weingottes Bacchus, die in rauschhafter Begeisterung seinem Schwarm in Wälder und auf Berge folgt

Binnenproöm: Vorrede in der Mitte eines literarischen Werkes

Blitzmal: mit einem Steinring eingefaßte Stelle, wo ein Blitz eingeschlagen hat; ein solcher Ort galt als heilig, weshalb es ein Frevel war, das Mal zu entfernen

Caecuber: edle Weinsorte

Carmen saeculare: Jahrhundertlied

carpe diem: «Nutze den Tag!» (*Od.* 1.11.8)

Diptychon: etwas, das aus zwei Teilen besteht, z. B. ein Buchpaar

elegisches Distichon: aus Hexameter und Pentameter zusammengesetzter Zweizeiler

Episteln: Briefe (in Versen)

Epoden: jambische Gedichte, in denen lange mit kurzen Versen in jambischen und/oder daktylischen Metren alternieren

eques: Ritter

Faustitas: Göttin des Flursegens

Gigantomachie: Kampf erdgeborener Riesen gegen die olympischen Götter

Glykoneus: lyrischer Vers («Níemàls hábe ich Géld bei mír»)

«Große» Poesie: Epos, Tragödie

Hedonist: Vertreter einer Lehre, die in dem Streben nach *hedoné* (griech. Lust) das höchste Ziel sieht

Hendekade: Einheit von elf Gegenständen

Heros: Halbgott
Ilion: Troja
Imperator: Heerführer
Intertextualität: Bezüge eines literarischen Textes auf andere literarische oder außerliterarische Texte
Invektive: Schmährede; Beleidigung
Iolkos: Stadt in Thessalien, dem Land der Hexen und Zauberer. Dorthin wird Medea von Jason nach Beendigung der Argonautenfahrt gebracht
Jambiker: Spott- und Schmähdichter
Kapitol: einer der sieben Hügel Roms
«Kleine» Poesie: fein ausgearbeitete Dichtung mit nicht allzu anspruchsvollem Inhalt
Kodex: spätantike oder mittelalterliche Handschrift eines Textes
Korpus: Textsammlung
Lakonier: Hundeart
láthe biósas: griech. «Lebe im Verborgenen!»
Lehrgedicht: (meist) in Hexametern abgefaßte Dichtung, die einen Lehrstoff vermittelt
libertas: Freiheit
Lustrum: Zeitraum von fünf Jahren
Mänade: Bacchantin (s. o.)
Maia: Mutter des Gottes Merkur
metapoetische Aussage: selbstreflexive Äußerung eines Dichters über seine Kunst; sie kann in direkten Worten oder Andeutungen erfolgen
mimetisches Gedicht: In einem solchen läuft während der Worte des Ich-Sagenden ein Geschehen ab
Molosser: Hundeart
monde à l'envers: Verkehrte Welt
mos maiorum: Sitte der Vorfahren
Naulochos: Ort des Seesiegs Octavians über Sextus Pompeius 36 v. Chr.
Nieswurz: antikes Heilmittel gegen Wahnsinn
Oden: lyrische Gedichte
otium: Muße, Ruhe
Palatin: einer der sieben Hügel Roms
Panegyrik: literarisches Werk, dessen Thema Herrscherlob ist, bzw. Herrscherlob in einem literarischen Werk
Paraklausithyron: an der Tür gesungenes Klagelied
Parzen: Schicksalsgöttinnen
pax Augusta: augusteischer Frieden
Pentade: «Fünfheit», z. B. Einheit von fünf Gedichten
persona: Maske, Rolle, poetisches Ich
Pherekrateus: um eine Silbe verkürzter Glykoneus (siehe dort)
Philippi: Ort der Siege Octavians über die Caesar-Mörder (42 v. Chr.)
Phorminx: Saiteninstrument
poeta doctus: gelehrter Dichter
Prätext: Text, auf den ein literarisches Werk anspielt
Priapus: in der Regel aus Holz geschnitzter Gartengott, der mit seinem riesigen Phallus Diebe und Vögel abschrecken soll

Prinzeps: der Kaiser als erster Mann in dem offiziell als Republik bezeichneten, faktisch aber eine Monarchie darstellenden römischen Staat
Quousque tandem ...: Beginn der 1. Rede Ciceros gegen Catilina («Wie lange noch ...?»)
recte scribere: richtig schreiben
recte vivere: richtig leben
Sabinum: Horaz' Landgut in den Sabinerbergen
Salier: römisches Priesterkollegium, zu dessen Ritualen Tanz und die Ausrichtung eines Festmahls für die Götter gehört
Sibyllinen: Weissagungsbücher
Sphragis: griech. «Siegel»; Angaben eines Autors über die eigene Person am Ende seines Werks
Symposion: Gastmahl
Testimonium: Zeugnis
Theogonie: Götterentstehung
Triade: «Dreiheit», z. B. Einheit von drei Gedichten oder Strophen
Triptychon: etwas, das aus drei Teilen besteht
vates: Seher, Dichter, Sänger

Personen- und Sachregister

Werkindex